权威·前沿·原创

皮书系列为
“十二五”“十三五”国家重点图书出版规划项目

BLUE BOOK

智库成果出版与传播平台

甘肃蓝皮书

BLUE BOOK OF GANSU

甘肃舆情分析与预测（2020）

ANALYSIS AND FORECAST ON PUBLIC OPINION OF GANSU (2020)

主　编／王俊莲　许振明

社会科学文献出版社
SOCIAL SCIENCES ACADEMIC PRESS (CHINA)

图书在版编目(CIP)数据

甘肃舆情分析与预测. 2020 / 王俊莲，许振明主编
. --北京：社会科学文献出版社，2020.1
（甘肃蓝皮书）
ISBN 978-7-5201-5863-3

Ⅰ.①甘… Ⅱ.①王… ②许… Ⅲ.①社会分析-甘肃-2020 ②社会预测-甘肃-2020 Ⅳ.①D668

中国版本图书馆CIP数据核字（2019）第278925号

甘肃蓝皮书
甘肃舆情分析与预测（2020）

主　　编 / 王俊莲　许振明

出 版 人 / 谢寿光
责任编辑 / 张　超
文稿编辑 / 王春梅

出　　版 / 社会科学文献出版社·皮书出版分社（010）59367127
地址：北京市北三环中路甲29号院华龙大厦　邮编：100029
网址：www.ssap.com.cn
发　　行 / 市场营销中心（010）59367081　59367083
印　　装 / 三河市东方印刷有限公司

规　　格 / 开 本：787mm×1092mm　1/16
印 张：19.5　字 数：289千字
版　　次 / 2020年1月第1版　2020年1月第1次印刷
书　　号 / ISBN 978-7-5201-5863-3
定　　价 / 128.00元

本书如有印装质量问题，请与读者服务中心（010-59367028）联系

《甘肃舆情分析与预测（2020）》
编辑委员会

主要编撰者简介

王俊莲 甘肃省社会科学院党委委员、副院长，研究员，甘肃省领军人才，甘肃省公共文化服务体系建设专家委员会主任委员。主要研究领域：政府文化治理、中国传统文化的现代价值等。主要研究成果：《甘肃乡镇综合文化站资源利用情况调研报告》《以创新理念探索基层公共文化服务治理新模式》《现代政府管理视域下的公共文化服务体系构建》《文化资源有效转化产业发展优势的对策研究——以甘肃为例》《甘肃省构建公共文化服务体系的困难与对策》《浅论公共文化服务体系构建与政府职能定位》等。

许振明 甘肃省社会科学院副研究员、马克思主义研究所副所长，中国人口学会理事。主要研究领域：社会学理论与方法、社会保障、社会评估。主要研究成果：主持完成“甘肃省养老服务业发展‘十二五’规划”“甘肃省华夏文明传承创新区‘十三五’规划”；发表《甘肃社会保障体系建设发展概述》《甘肃省城市农民工群体状况调查与分析》《西北民族地区的生态移民与环境》《夏河县拉卜楞镇族际通婚状况调查》《甘肃底层社会结构分析》《甘肃省城乡社会救助体系建设述评》等论文；参与多项国家、省市社会评估项目。

总　序

“甘肃蓝皮书”从诞生至今，走过了十四年风雨历程，成为全面反映甘肃经济建设、社会建设、文化建设、生态建设等各领域发展最新情况的系列蓝皮书。其社会影响力日益扩大，已由最初的省社会科学院科研平台，发展成为服务党委、政府决策和全省经济社会发展的甘肃省内重要的智库品牌、甘肃社会科学界的学术品牌、甘肃文化领域的标志品牌、甘肃重要行业及市（州）工作的展示品牌。

“甘肃蓝皮书”的诞生与发展，既生动记录了甘肃省经济社会的巨大变迁和人民群众关注点的时代变化，又充分展现了传统社会科学研究机构向现代特色智库、高端智库、数字智库转型的发展历程。2006 年，我院编研的《甘肃经济社会发展分析与预测》《甘肃舆情分析与预测》面世，标志着“甘肃蓝皮书”的正式诞生。至“十一五”末，《甘肃经济发展分析与预测》《甘肃社会发展分析与预测》《甘肃县域发展分析与预测》《甘肃文化发展报告》相继面世，“甘肃蓝皮书”由原来的 2 种增加到 5 种，覆盖了经济、政治、社会、县域、文化等研究领域。2011 年，我院首倡甘肃、陕西、宁夏、青海、新疆西北五省（区）社会科学院联合编研出版的《中国西北发展报告》面世，使我院系列蓝皮书的研究范围拓展到了“丝绸之路经济带”的国内主要相关区域。

从 2014 年起，我院持续发挥“甘肃蓝皮书”品牌效应，加强与省内重要部门和市州的合作。先后与省住房和城乡建设厅、省民族事务委员会、酒泉市政府、省商务厅、省统计局等积极合作，共同编研出版住建、民族、商务、酒泉等蓝皮书。2018 年与省精神文明办、平凉市合作，新增了《甘肃精神文明发展报告》《平凉经济社会发展报告》。2018 年 7 月，新增的《甘肃文化建设成果报告》在第三届丝绸之路（敦煌）国际文化博览会上成功发布。2019 年，我院又与省文化和旅游厅、临夏州合作，新增了《甘肃旅游业发展报告》《临夏回族自治州经济社会发展形势与预测》。至此，我院年度“甘肃蓝皮书”的编研规模拓展到“5+9+1”共计15部。

2019年是新中国成立70周年，我院继续秉持稳定规模、完善机制，提升质量、扩大影响的编研理念，在出版发行的15部“甘肃蓝皮书”的选题和框架设计方面，紧密结合甘肃省70年来发展成就，做到了紧跟时代、反映当下。这也体现了“甘肃蓝皮书”始终坚持的宗旨：一是始终坚持原创，注重学术观点和科研方法的创新。坚持研究在先，编写在后，在继承中创新，注重连续性；从源头上抓质量，注重可靠性；在深入研究上下功夫，注重科学性；在服务上抓效果，注重影响力。二是始终坚持追踪前沿，注重选题创新。追踪前沿就是让专家学者更多地参与社会实践，发现问题、研究问题、解决问题，最终通过蓝皮书为人们提供正确的指导，展示社科专家服务社会的能力和实力，提高蓝皮书的知名度和美誉度。三是始终坚持打造品牌，创新编研机制。十四年来，我们始终把蓝皮书的质量看作蓝皮书的生命线，组织有研究能力的专家开展深入研究，向社会提供事实根据充分、分析深入准确、结论科学可靠、对策具体可行的研究成果。

展望未来，作为省属综合性社会科学研究机构和智库，将沿着打造西部最具国内外影响力的现代特色智库、高端智库、数字智库的方向迈进，进一步围绕甘肃经济社会发展的实际，开展应用研究、战略研究、对策研究，发挥好决策咨询、咨政建言、服务地方的作用。“甘肃蓝皮书”作为我院打造陇原特色新型智库的主要载体之一，也将开启服务省委省政府决策，为甘肃改革发展提供智力支撑的新航程。相信在各方共同努力下，“甘肃蓝皮书”将继续提升品牌影响力，成为服务党委、政府决策的更有作用的参考书，成为让社会各方面更有参考价值的应用成果。

此为序。

王福生

2019年12月6日

摘　要

《甘肃舆情分析与预测（2020）》，是"甘肃蓝皮书"系列成果之一，是为国家和社会各类智库、科研院校的理论工作者，以及支持和关注甘肃经济政治社会发展的各界人士提供的具有区域性特点的年度舆情调研报告。本书以"五位一体"总体布局和习近平总书记视察甘肃时重要讲话精神及"八个着力"重要指示为根本统领，由甘肃省社会科学院马克思主义研究所、社会学研究所、公共政策研究所等部门的10多位专家学者组成的《甘肃舆情分析与预测（2020）》调研组完成。

全书由总报告和13个分报告组合而成，分为"总报告""社会热点篇""群众认识篇""专题篇"四个部分。"总报告"以13个专题调研报告为基础，从11个方面概述了2019年甘肃舆情的基本情况及热点和特点，并分析预测了2020年甘肃舆情的基本态势。"社会热点篇"重点调查了民众关注的社会热点，包括民众对持续推进生态文明建设的评价及建议、民众对驻村帮扶工作成效的感受和评价、民众对落实就业优先的感受和建议，以及民众对个人网络信息安全的看法及评价等。"群众认知篇"主要就党政干部对落实新发展理念的认识和建议、企业经营者对优化营商环境的认识及建议、农民群体对农村人居环境整治的看法和评价、基层干部对基层减负的反响和建议等问题做了调查。"专题篇"围绕网络媒体中的甘肃形象建构与传播、突发事件中政务"两微一端"应对机制、兰州民众对城市交通建设的感受与评价、甘肃法治政府建设的进展与成效等问题，做了专门调研和深度分析，并提出了针对性较强的对策建议。

《甘肃舆情分析与预测（2020）》调查成果显示，2019年甘肃民众关注度排在前10位的社会热点问题依次是：教育问题、生态环境问题、住房问题、医疗问题、养老与社会保障问题、食品安全问题、就业问题、物价问题、反腐败和干部作风问题、扫黑除恶（社会安全和稳定）。对比 2018 年甘肃民众关注的热点问题，排在前十位的问题发生变化，“扫黑除恶（社会安全和稳定）”从 2018 年第 12 位跻身前十，列第 10 位，“新型城镇化建设”跌出前十位，居第 12 位，住房问题、养老与社会保障问题、物价问题的关注度有所上升，其余问题排序变化不大。

本书预测 2020 年甘肃舆情健康向上，平稳发展。党的十九大确立了习近平新时代中国特色社会主义思想的历史地位，制定了决胜全面建成小康社会、夺取新时代中国特色社会主义伟大胜利的宏伟蓝图和行动纲领。甘肃省委省政府领导全省人民深入贯彻落实党的十九大精神，坚持新发展理念，增强政治意识、大局意识、核心意识、看齐意识，坚持从严治党，反腐倡廉，推进“一带一路”建设，扶贫攻坚，推动地方经济社会事业不断发展。当前，甘肃经济政治文化社会各项事业稳定发展，党风政风和社会风气明显好转，社会和谐进步，民众关注的各种民生问题不断得到有效解决和改善，民众的生活环境、收入水平、生活质量和幸福感进一步改善和提升。

关键词： 甘肃　舆情　生态文明建设　营商环境

Abstract

Analysis and Forecast on Public Opinion of Gansu (*2020*), one of the series achievements of "Gansu blue book", is an annual public opinion research report with regional characteristics for theoretical workers of various think tanks and scientific research institutions of the state and society, as well as people from all walks of life who support and pay attention to the economic, political and social development of Gansu. The book is based on the overall layout of the "five in one" and the spirit of general secretary Xi Jinping's inspection of the important speech in Gansu and the "eight efforts" important instructions. The Gansu public opinion research group, composed of more than 10 experts from the Marx Institute, the Institute of sociology and the Public Policy Research Institute of the Gansu Academy of Social Sciences, is responsible for the completion.

The book is composed of the general report and 13 sub reports, which are divided into four parts: "general report", "hot social topics", "mass cognition" and "special subjects". Based on 13 special research reports, the "general report" summarizes the basic situation, hot spots and characteristics of Gansu public opinion in 2019 from 11 aspects, and analyzes and forecasts the basic situation of Gansu public opinion in 2020. "Hot social topics" focuses on the social hot spots that people pay close attention to, the evaluation and suggestions of the people on the continuous promotion of ecological civilization construction, the feelings and evaluation of the people on the effectiveness of the assistance work in the village, the feelings and suggestions of the people on the implementation of employment priority, and the evaluation of the people's views on the safety of personal network information. "Mass cognition" mainly investigates the understanding and suggestions of the party and government cadres on the implementation of the new development concept, the understanding and suggestions of the enterprise managers on the optimization of the business environment, the views and evaluation of the farmers on the improvement of the rural residential environment, and the response and suggestions of the grassroots cadres on the reduction of the burden at the grassroots level. "Special subjects" focuses on the image construction and communication of Gansu in the network media, the response mechanism of "two micro ends" of government affairs in emergencies, Lanzhou people's special research and in-depth analysis on the urban traffic construction, the progress and effectiveness of the construction of Gansu legal government, etc., and puts forward the more targeted countermeasures and suggestions.

According to the survey results of *Analysis and Forecast on Public Opinion of Gansu (2020)*, the top 10 social hot issues in 2019 are: education, ecological environment, housing, medical care, pension and social security, food safety, employment, price, anti-corruption and cadre style, social security and stability fixed problems. Compared with the hot issues that Gansu people pay close attention to in 2018, the top ten issues have changed. The "eradication of crime (social security and stability issues)" ranked in the top ten from the 12th place last year, ranking 10th. The "new urbanization construction" fell out of the top ten, ranking 12th. The concerns on housing, pension and social security issues, and price issues have increased, while the rest of the issues rank the top ten. The order is basically unchanged.

It is predicted that the public opinion in Gansu will develop healthily and steadily in 2020. The 19th CPC National Congress established the historical position of the thought on socialism with Chinese characteristics for a new era, and worked out a grand blueprint and a program of action to win the victory of building a well-off society in an all-round way and win the great victory of socialism with Chinese characteristics in the new era. The Gansu provincial Party committee and the provincial government led the people of the whole province to thoroughly implement the spirit of 19th CPC National Congress, adhere to the new development concept, enhance political awareness, overall awareness, core consciousness and sense of alignment, adhere to strict administration of the party, fight against corruption and build a clean government, promote the construction of "the belt and road", tackle poverty and accelerate the development of local economic and social undertakings. At present, Gansu's economic, political, cultural and social undertakings have developed steadily, the Party style, government style and social atmosphere have improved significantly, the society has made harmonious progress, various livelihood issues concerned by the people have been effectively solved and improved, and the living environment, income level, quality of life and happiness of the people have been further improved. Under such a large social background, it is predicted that the public opinion situation will be stable as a whole and the development situation will be healthy and upward in 2020.

Keywords: Gansu; Public Opinion; Ecological Civilization Constraction; Business Environment

目 录

Ⅰ 总报告

Ⅱ 社会热点篇

Ⅲ 认知篇

Ⅳ 专题篇

皮书数据库阅读**使用指南**

CONTENTS

I General Report

Ⅱ Hot Social Topics

Ⅲ Mass Cognition

Ⅳ Special Subjects

总　报　告

General Report

B.1
2019～2020年甘肃舆情分析与预测

许振明*

摘　要： 2019年6～8月，《甘肃舆情分析与预测（2020）》调研组，分别深入甘肃省14个市（州）进行问卷调查、个案访谈、座谈讨论等，形成了13个专题调研报告。本报告是这些专题调研报告的总报告，主要分析和反映了甘肃民众对持续推进生态文明建设的评价及建议、对驻村帮扶工作成效的感受与评价、对落实就业优先的感受和建议、对个人网络信息安全的看法及评价，还有党政干部对贯彻落实新发展理念的认识和建议、企业经营者对优化营商环境的认识及建议、农民群众对农村人居环境整治的看法和评价、基层干部对基层减负的反响和建议，另外本报告还涉及网络媒体中的甘肃形象建

* 许振明，甘肃省社会科学院副研究员，主要研究方向为社会学理论与方法。

构与传播研究、突发事件中政务“两微一端”应对机制研究、兰州市民对城市交通建设的感受与评价、甘肃法治政府建设的进展与成效评估等专题。最后，本报告对甘肃民众关注的社会热点及网络涉甘舆情做了总结分析，概括了2019年甘肃舆情的发展特点和变化，预测了2020年甘肃舆情的基本态势。

关键词： 甘肃　舆情　民生问题

2019年是决胜全面建成小康社会、如期完成“十三五”规划目标的关键一年。甘肃省在以习近平同志为核心的党中央的坚强领导下，认真学习贯彻习近平新时代中国特色社会主义思想和“八个着力”重要指示精神，凝心聚力、攻坚克难，努力实现稳增长、促改革、调结构、惠民生、防风险的各项目标任务，着力提升人民群众的获得感、幸福感，全省经济社会各项事业稳定和谐发展。

在此情形下，甘肃的舆情状况有怎样的新发展、新变化、新情况、新特点呢？为此，2019年6~8月，我们分赴甘肃省的14个市（州）及重点县（区），进行问卷调查和访谈。调查样本涵盖国家与社会管理者、经理人员、私营企业主、专业技术人员、办事人员、个体工商户、商业服务业员工、产业工人、农业劳动者、失业人员等十大阶层，按社会阶层的人口比例安排问卷数量和访谈人数。同时，兼顾地域环境、经济和社会发展状况以及性别、年龄、民族、文化程度、城乡等社会学统计要素。本次调查共设计13个专题300多个问题，共发放问卷2800份，回收有效问卷2732份，使用SPSS软件录入分析问卷，并个别访谈数百人次，下面就调查情况做一概括论述。

一　持续推进生态文明建设，提升绿色发展水平

从党的十八大提出生态文明建设以来，全国上下掀起了建设生态文明

的热潮。而甘肃脆弱的生态环境使其面临比其他省份更加艰难的局面，但勤劳的甘肃人民毫不气馁，自 2013 年以来，甘肃省坚持贯彻“八个着力”要求，积极推进国家生态安全屏障综合试验区建设，努力打造生态安全、生态经济、生态文化的甘肃模式，生态文明建设工作取得初步进展。为反映这方面的舆情，真实了解民众对持续推进生态文明建设的评价和建议，课题组对此做了专题调查。共发放问卷 600 份，回收有效问卷 581 份。

（一）近五成的民众对周边的生态环境表示满意，78.15%的民众认为生态文明建设与自己息息相关，需要每一位公民为之奉献

调查显示：当被问及“您对自己生活周边的生态环境是否满意?”时，有 6.88% 的民众对身边的生态环境感到很满意，有 40.62% 的民众对身边的生态环境感到满意，有 42.00% 的民众对身边的生态环境感到一般，有 10.50% 的民众对身边的生态环境感到不满意。总体而言，民众对甘肃省生态环境的期许还是比较高的，今后生态环境的改善和维护将是重中之重。

在本次调查中，当被问及“您认为生态文明建设主要是谁的责任?”时，有 31.33% 的被访民众认为生态文明建设是居民自己的责任，有 46.82% 的被访民众认为生态文明建设是大家共同的责任，有 4.30% 的被访民众认为生态文明建设是企业单位的责任，有 17.21% 的被访民众认为生态文明建设是政府的责任，有 0.34% 的被访民众认为生态文明建设是媒体的责任。调查表明，越来越多的民众意识到生态文明建设的重要性和自己肩负的责任，生态文明建设不是一句口号，是实实在在关乎人民福祉的伟大工程，与 GDP 的增长一样和每一位公民的利益相关。

（二）66.26%的民众对生态环境的现状和整治力度持积极的态度，有88.98%的民众愿意深入学习和传播生态文明

在本次调查中，当被问及“您对甘肃生态环境现状持什么态度?”时，有 23.75% 的民众认为目前甘肃省生态环境建设感觉很好，前景光明，有

42.51%的民众持基本还可以的态度。但是，也有21.86%的被访民众对甘肃生态环境的现状持十分担忧的态度，有10.67%的被访民众对甘肃生态环境现状担忧且向有关部门表达自己的看法。也有1.20%的被访民众表现出对甘肃省生态环境现状漠不关心，持与我无关，只要自己不受害就行的态度。

当被问及“您是否愿意更加深入地学习传播生态文明、保护生态?”时，有88.98%的被访民众表示愿意更加深入地学习传播生态文明、保护生态，有3.44%的被访民众表示不愿意更加深入地学习传播生态文明、保护生态，还有7.57%的被访民众对学习传播生态文明、保护生态表示顺其自然。随着生态文明建设的深入推进，越来越多的民众开始认识到生态文明建设和生态环境保护的重要性，从被动的行为约束向主动的思想行动迈进。

（三）67.80%的民众对生态文明建设的概念有相关的了解，引导形成绿色发展方式和生活方式任重而道远

调查显示，67.80%的被访民众对生态文明建设的概念有相关的了解，但是基本停留在只字片语、不解深意的状态，其中有56.80%和29.10%的被访民众处于基本了解和听说过的阶段，只有11.00%的被访民众对生态文明建设的内涵和制度十分了解。

针对引导形成绿色发展方式和生活方式，本报告认为应做到如下几点。一是促进经济绿色低碳循环发展。对城市污染的重点区域、重点流域、重点行业和产业布局开展规划环评，调整优化不符合生态环境功能定位的产业布局、规模和结构。二是推进能源资源全面节约。强化能源和水资源消耗、建设用地等总量和强度双控行动，实行最严格的耕地保护、节约用地和水资源管理制度。三是引导公众绿色生活。加强生态文明宣传教育，倡导简约适度、绿色低碳的生活方式，反对奢侈浪费和不合理消费。提倡绿色居住，节约用水用电，合理控制夏季空调和冬季取暖室内温度。大力发展公共交通，鼓励使用自行车、步行等绿色出行方式。

二　深入开展驻村帮扶，有效促进脱贫攻坚

驻村帮扶工作的成效评价一般分为主客观两个方面，客观方面主要以驻村帮扶干部的考勤、工作量、工作实绩等组织部门、扶贫办及帮扶所在地的县乡政府设置的帮扶干部考核指标体系来进行。主观方面主要从帮扶对象的主观感受出发，也就是通过询问帮扶对象是否真切感受到了驻村帮扶对于自己的实际生活有切实的帮助，发挥了作用。民众对驻村帮扶工作的认识和评价从主观指标设置来看，包括两个方面的内容，第一个方面一是民众对驻村帮扶工作的认识，即是否了解（知道）驻村帮扶，驻村帮扶是通过什么体现的，主要做了哪些工作等；二是驻村帮扶工作是否取得了成效。第二个方面重点在于民众对于驻村帮扶工作的成效是否有真切的感受，他们对于工作成效有什么样的评价，比如对驻村帮扶工作认可不认可、满意不满意，对驻村帮扶工作还有没有什么期待等。我们在选取调查对象时考虑到了城市和乡村的实际区别，即在一些城市居民和乡村居民的居住地没有实施精准扶贫，他们也没有接触过驻村帮扶，因而无法对驻村帮扶工作成效做出评价。但是由于他们通过各种渠道了解（知道）精准扶贫和驻村帮扶，因而可以了解他们对于驻村帮扶工作的认识和期待，这可以看作对精准扶贫和驻村帮扶的宣传教育成效的考察。关键的问题在于如何实现驻村帮扶工作可操作化，设置什么样的指标去衡量。我们经过分析，决定通过驻村帮扶工作队员（驻村干部）的日常帮扶工作去测量，通过民众对帮扶工作队的实际工作评价来衡量，最终确定帮扶工作的效果。

（一）70%的民众认为帮扶工作队真心帮忙、经常走访、水平高，为村里和自己解决生产生活中的实际困难，36%的民众认为帮扶工作队工作作风好，这表明实际工作和群众认可还有一定差距

我们通过询问“您觉得帮扶工作队对您帮助最大的是什么”来考察民众对驻村帮扶工作成效的主观评价。调查显示，有149人选择“真心帮忙，

帮助我解决生活中的具体困难和问题”这个选项，占总人数的26%；有147人选择“经常走访，听取我的诉求和愿望”，占总人数的25%；有75人回答“水平高，为我脱贫致富出主意想办法”，占总人数的13%；还有34人选择“门路广，为村里争取到了项目和资金”，占总人数的6%。由此可见，对于民众个人而言，驻村帮扶干部能多来家里走访，多关心民众个人的诉求和愿望，为他们解决生活中的具体困难和问题，为他们脱贫致富出主意想办法是帮助最大，也是成效最明显的工作内容。民众对于帮扶工作和帮扶干部的绩效评价主要是从个人是否获得实质帮助出发，这也符合一般的认识论基础和人性前提。

在“您觉得帮扶工作队工作作风怎么样”的回答中，有36%（212人）的被调查者认为帮扶工作队工作作风好，而好的原因是他们能实心为群众办事；有25%（146人）的被调查者认为帮扶工作队的工作作风一般，（与本地干部相比）没有什么特殊的感受；还有9%（51人）的被调查者对此问题“说不清楚”，实质上是表达了一种模棱两可或漠不关心甚至偏向于否定的态度。

（二）24%的民众希望工作队多走近群众，多了解他们的呼声和愿望；21%的民众希望工作队多帮他们争取项目和资金；25%的民众希望工作队多给他们出主意，提供各方面的指导，多帮助解决他们的具体问题和现实困难

我们希望了解民众对帮扶工作队的期待和要求，调查显示，有137位被调查者选择“多走近群众，多了解我们的呼声和愿望”这个选项，占样本总数的24%；有123位，占样本总数21%的被调查者选择“多帮我们争取项目和资金”，这成为他们希望帮扶工作队能更好发挥作用的工作内容；13%的被调查者（78人）选择“多给我们出主意，提供各方面的指导”选项；有71位被调查者选择“多帮助解决我们的具体问题和现实困难”这个选项，占样本总数的12%。将这道题与“您觉得帮扶工作队对您帮助最大的是什么”相比，会发现一个很有意思的现象，那就是被调查者认为对个人而言帮助最大的并不是“争取资金和项目”，而是干部能够与自己多来

往、多交流，多倾听自己的声音。但是对于帮扶工作队的帮扶工作来说，民众希望他们能够为帮扶对象“多争取项目和资金”，在这个问题上的“公私分明”说明社会公众对精准扶贫和驻村帮扶在“集体和个人”两个层面能够发挥不同的作用有比较清晰和理性的认识。

（三）关于帮扶队员的能力和素质，32%的民众认为熟悉三农情况，了解各种涉农政策，才能更好地发挥作用，做出成绩

在“帮扶工作队应该具备哪些素质才能更好地发挥作用”这个问题中，结果显示，185个调查对象选择“熟悉三农情况，了解各种涉农政策”，占样本总数的32%；97人选择“与农民打交道的能力”，96人选择“农村工作的经验”，分别占样本总数的17%和16%；还有7%（42人）选择“有关系有门路有资源”这个选项。这说明民众认为驻村帮扶干部应该具备熟悉农村情况，拥有农村工作经验，掌握涉农政策，能够与农民无障碍地打交道等能力，这样他们才能更好地发挥作用，做出成绩。

在“帮扶队员最好由哪些人组成才能更好地发挥作用”问题中，有26%（152人）的被调查者选择“有干劲的年轻干部”；有94个调查对象选择“有经验的中老年干部”，占样本总数的16%；还有10%（56人）的被调查者选择“有门路有资源的干部”；最后有116人选择“最好是前面所有的干部都有”这个选项，占样本总数的20%。这或许是驻村帮扶工作队人员构成的一个“完美模型”，也表明相当一部分民众对驻村帮扶工作队人员构成的期待和想象。

三 落实就业优先政策，营造良好就业环境

就业是民生之本，也是安国之策，2019年《政府工作报告》中就业优先政策被首次置于宏观政策层面，与财政政策、货币政策并列为宏观调控三大政策。国家如此强调就业问题，一方面体现了就业问题的极端重要性，另

一方面也意味着稳就业任务的复杂艰巨性。甘肃作为一个欠发达省份，进一步稳就业，就需要全面研判当前就业形势，深入分析促进就业面临的问题、挑战，制定实施切实有效的政策措施。为了反映这方面的舆情，我们以经济发展和人口分布为综合考虑因素，兼顾重点地区和重点人群，分别选取河西地区的武威市和河东地区的天水市，以问卷调查为主，辅以个别座谈和访谈的形式进行，以期获得较为真实的调查结果。调研共发放问卷600份，回收有效问卷581份，有效问卷回收率为96.83%。

（一）六成以上的被访者对当前就业形势表示乐观或谨慎乐观

就业形势包括就业现状和就业预期，有36.49%的被访者认为十分严峻，很难找到合适工作；40.45%的被访者认为就业形势比较严峻，但只要努力仍能找到满意的工作；20.14%的被访者认为形势较好，就业容易；另有2.93%的被访者表示说不清。可见，六成多的被访者对就业现状和就业预期持乐观或谨慎乐观态度，这说明在多措并举促进就业的政策“组合拳”下，甘肃省就业形势正在向良性发展。但同时，我们也应该看到，仍有近四成的被访者认为甘肃省就业形势十分严峻，很难找到合适工作，对就业形势持完全乐观态度的仅有两成多，这说明甘肃省就业形势稳中有忧，应该引起各级党委和政府的高度重视。

（二）诸多因素导致被访者“求职难”

就业优先就是要解决就业难的问题。当前，就业难既有求职者“一职难求”的问题，也有用人单位“招人难”的问题，这种现象的原因为何？问卷调查显示，诸多因素困扰着求职者，根据多项选择结果，首先是就业信息不足，占比为53.55%；其次是个人能力不足，占比为42.29%；再次是缺乏社会关系，占比为40.73%。最后依次是缺乏工作经验、专业不对口、求职方法技巧欠缺、用人单位选拔不公正、性别劣势、健康状况影响、其他，占比分别为35.01%、29.29%、28.42%、23.92%、10.92%、6.07%、4.33%。

（三）薪酬与福利仍然是大多数民众求职时的首要考虑因素，近九成的被访者有自主创业的意愿

就业必须乐业。多项选择结果显示，77.24%的被访者选择的是薪酬与福利；51.38%的被访者选择的是工作地点；47.41%的被访者选择的是个人发展机会。其他依次是单位发展前景、个人兴趣和专长、单位性质、工作时间、工作职位、社会评价，占比分别为36.55%、26.55%、16.38%、10.86%、8.62%、7.24%。

民众对自主创业有何看法呢？调查显示，对于自主创业，44.58%的被访者表示想过，并且想试；44.75%的被访者表示想过，但顾虑风险；仅有10.67%的被访者表示没想过。

四　加强个人信息监管，筑牢网络安全屏障

个人网络信息安全是大数据时代国家网络安全的重要组成部分，近年来，甘肃省下大力气进一步完善和加强个人网络信息安全的统筹管理机制、数据安全平台建设，全面深入普及网络信息安全知识技能，稳步推进全省网络安全体系建设。为反映这方面的真实情况，我们以普通民众为调查对象，通过调查问卷获取民众对个人网络信息安全的看法及评价，希望有利于推进甘肃省个人网络信息安全工作真正落到实处。课题组共发放问卷600份，涉及十大阶层，以期得到科学合理的结果。

（一）民众普遍意识到个人网络信息泄露的危害，且多数民众认为个人网络信息安全存在隐患是由于个人原因

有77.1%的人曾经由于个人隐私泄露在学习、工作和生活中受到骚扰（人身安全受到威胁）；有60.2%的人曾经因为社交网络、电子商务、电子政务、网络营销等个人隐私泄露而造成后续网络应用被限制（基于网络的应用受到质疑）；有59%的人认为个人隐私信息的泄露会造成社会信息化进

程缓慢，如个人隐私泄露对信息化的信任程度有所降低；有 73.5% 的人认为个人隐私泄露会使法律法规受到挑衅，让一些不法分子或组织钻法律的空子；有 54.2% 的人认为个人隐私泄露会造成社会伦理道德底线面临挑战，危害还包括社会信用体系受到伤害、不利于构建和谐社会、其他。因此，大部分民众认为个人隐私的泄露不仅会给个人带来一定的危害，也会给社会的繁荣稳定带来危害。

对 581 份有效回收问卷的分析显示，63.86% 的被访者认为信息安全的有效防护手段水平过低，如个人账户密码设置简单、经常会随意打开/回复不明邮件、无意识下载安装插件等个人因素是网络信息安全存在隐患的主要因素。

（二）80%以上被访者认为必须增强个人隐私保护意识，大部分民众应掌握一定的网络信息自我保护措施

通过对被访者的反馈统计，大部分民众认为对个人网络信息安全进行保护最为重要的是增强个人对隐私的保护意识。在问卷涉及的选项中，有三项关于增强主观保护意识，有三项关于改善客观保护环境，具体包括：增强个人隐私保护意识、加强个人网络安全教育培训、提高社交网络安全技术水平、加强行业自律、健全相关法律法规、提高全民伦理道德修养。其中被访者认为加强个人网络安全最应该注意的是增强个人隐私保护意识，这一比例达到 88%。

大部分民众认为一些具体措施能对个人隐私的保护起到促进作用，养成良好的上网习惯，如不点击、不打开情况不明的网址链接，不打开来历不明的邮件，浏览网页结束后及时断网/关机等；安装插件时需要确认安全；不随意转载和评论不确定的信息。这三种措施对于大部分民众的信息保护来说是积极有效的。也有部分民众采取过及时下载安全补丁、安装正版软件并及时升级、不随意乱用 U 盘等措施来保护个人隐私。因此，大部分民众了解一定的保护个人隐私的措施，并都相应地采取过措施来保护个人隐私，这说明民众对于个人隐私的保护意识在增强。

（三）半数以上被访者认为盗取、买卖个人隐私现象呈逐年上升趋势，六成以上被访者认为保护个人信息安全要健全相关法律法规

对“盗取、买卖个人隐私现象是否有逐年上升趋势”的调查项目分析可知，十大阶层的认知程度相近。57.77%的被访者对这一问题持肯定态度。对“保护个人网络信息安全是否需要健全相关法律法规”的调查项目分析可知，66.61%的被访者对这一问题持肯定态度。其中国家与社会管理者阶层的占比为3.10%；经理人员阶层的占比为4.13%；私营企业主阶层的占比为4.99%；专业技术人员阶层的占比为11.19%；办事人员阶层的占比为6.37%；个体工商户的占比为6.54%；商业服务业员工阶层的占比为2.75%；产业工人阶层的占比为12.05%；农业劳动者阶层的占比为10.67%；失业人员阶层的占比为4.82%。由此可见，大部分被访者认同通过健全相关法律法规的手段保护个人网络信息安全是至关重要的。

五　践行新发展理念，党政干部率先垂范

党的十八届五中全会提出了创新、协调、绿色、开放、共享五大新发展理念。同时，“党的干部是党的事业的骨干”。“新发展理念要落地生根、变成普遍实践，关键在各级领导干部的认识和行动”。各级党政干部对于新发展理念的认识和理解水平，直接关系到新发展理念在我国经济社会发展实践中的落实效果。为了解党政干部对贯彻落实新发展理念的真实舆情，我们以甘肃党政干部为调查对象，通过问卷调查，统计分析甘肃党政干部对贯彻落实新发展理念的认识情况，提出加强甘肃党政干部贯彻落实新发展理念的对策建议。

（一）甘肃省党政干部对新发展理念的总体定位较为准确、对基本内涵认识较为一致、对预期成效充满信心

调查统计显示，作为党的事业的骨干，党政干部对新发展理念的了解程

度较高。在被问及“您对新发展理念的了解程度”时，136人表示对新发展理念“非常了解”，占样本总数的75.97%；40人表示对新发展理念“一般了解”，占样本总数的22.35%。对于“新发展理念是新时期发展思路、发展方向、发展着力点的集中体现，是发展行动的先导”这一观点，多数被访者表示非常赞同。选择非常赞同的有91人，占样本总数的50.84%；选择赞同的有62人，占样本总数的34.63%；选择比较赞同的有23人，占样本总数的12.85%。

调查统计显示，在被问及“您认为‘四个全面’战略布局与‘新发展理念’的关系”（可多选）时，选择“二者是内在统一的”有145人，占样本总数的81.01%；选择“‘四个全面’是‘新发展理念’的战略统领”的有126人，占样本总数的70.39%；选择“‘新发展理念’是‘四个全面’的具体展开”的有114人，占样本总数的63.69%；选择“二者是并列关系”的有17人，仅占样本总数的9.50%。

此外，绝大多数被访者认为“新发展理念与可持续发展、包容性发展是对立的”这一认识不符合新发展理念的内涵要求，显示出甘肃党政干部对新发展理念内涵的认识是非常到位而且一致的。

（二）甘肃省党政干部贯彻落实新发展理念的主动性较强，对落实新发展理念预期成效充满信心

对于“参加新发展理念的教育培训是否必要”，有143人认为非常有必要，占样本总数的79.89%，显示出甘肃省党政干部有很强的提升思想观念水平、提高发展能力的意愿；有32人认为有必要，占样本总数的17.88%；有4人认为比较有必要，占样本总数的2.23%；没有人认为参加教育培训是不必要的。

对于贯彻落实新发展理念的预期成效，选择很有信心的有128人，占样本总数的71.51%；选择有信心的有42人，占样本总数的23.46%；选择比较有信心的有9人，占样本总数的5.02%；没有人表示对贯彻落实新发展理念没有信心。

（三）甘肃省党政干部对新发展理念的认识和行动存在一定偏差，解放思想是甘肃贯彻落实新发展理念的关键因素

当被访者被问及“您认为周边领导和同事对于新发展理念的认识程度”时，有超过一半的被访者认为周边领导和同事对新发展理念的认识理解较为正确。选择认识理解全面深刻的有62人，占样本总数的34.64%；选择认识理解较为正确的有91人，占样本总数的50.84%。同时，调查数据显示，在一些党政干部中，既有不作为、乱作为的问题，也有面对经济发展新常态无所适从、不会为不善为的问题，存在素养和能力不适应的问题。当被问及“您认为党政干部在贯彻落实新发展理念中存在的主要问题”（可多选）时，超过半数的人认为主要问题是“不会为不善为”和“认识不一致”，超过1/3的人认为主要问题是“等待观望”，还有小部分人认为主要问题在于“无所适从”，甚至存在“不作为乱作为”的现象。

对于在实践中贯彻落实新发展理念的最大障碍（可多选），按照被选次数由多到少排列，分别是“思想观念落后”（118次，占样本总数的65.92%）、“人才缺乏”（111次，占样本总数的62.01%）、“社会利益结构固化”（103次，占样本总数的57.54%）、“体制机制束缚”（91次，占样本总数的50.84%）、“经济下行压力较大”（60次，占样本总数的33.52%）、“工作推进不利”（43次，占样本总数的24.04%）。

六　优化营商环境，企业经营者大力支持

营商环境是衡量一个地方经济发展的重要指标，是公共服务能力的具体体现，良好的营商环境为企业的发展创造了便利的条件，是促进地方经济社会发展的助推器。为考察企业经营者对当前甘肃营商环境的舆情认识，课题组以问卷和访谈为主，进行了调查。发出问卷100份，回收有效问卷92份，有效问卷回收率为92%。

（一）33.28%的被访者认为本地公共服务便利程度一般，多数被访者（40.85%）认为企业经营获得各项行政审批是较为便利的

33.28%的被访者认为本地公共服务便利程度一般，31.69%的被访者认为本地公共服务不太便利，15.84%的被访者认为本地公共服务较便利，14.17%的被访者认为本地公共服务便利，5.02%的被访者认为本地公共服务不便利，可见多数被访者认为本地公共服务一般或是不太便利。

40.85%的被访者认为企业经营获得各项行政审批是较便利的，认为不便利的占最少数，只有13.24%。这说明地方政府从政策层面对优化营商环境是十分支持的，企业经营者获取各项行政审批总体上是较为便利的。

（二）只有20.66%的企业经营者对本地营商环境表示满意，不太满意和不满意的比例分别为25.59%和19.54%

企业经营者对一个地方营商环境的满意度可以很直观地反映当地营商环境的情况。优化营商环境不仅需要政府在政策层面支持，还需要有政策执行环节的法律制度保障。调查显示，仅有20.66%的被访者对本地营商环境表示满意，34.21%的被访者认为一般，不太满意和不满意的比例分别为25.59%和19.54%，看来改善营商环境还有很多工作要做。

（三）45.86%的被访者（主要是个体工商户）认为企业承担的税负在0~10%，30.91%的被访者（主要是中小企业）认为企业承担的税负在10%~30%，中小企业被访者认为企业的税负还是比较重的，大多数被访者认为行政事业性收费占企业销售额比重较小

45.86%的被访者认为企业承担的税负在0~10%，30.91%的被访者认为企业承担的税负在10%~30%，23.23%的被访者认为企业承担的税负在30%~50%，没有被访者认为企业承担的税负在50%~70%。调查中，一些企业经营者认为，“营改增”后非但没能给企业减税，反而增加了企业的税收负担，大部分中小企业在“营改增”后税负不降反增，是因为大部分

中小企业的人力成本所占比重相对较大，抵扣进项税的前提是必须取得增值税专用发票，但人力成本是不能抵扣进项税额的，所以它们之前按5%交营业税，“营改增”后就得按6%交增值税了，税负增加。

此外，65.12%的被访者认为行政事业性收费占企业销售额的0～10%，21.08%的被访者认为行政事业性收费占企业销售额的10%～30%，13.8%的被访者认为行政事业性收费占企业销售额的30%～40%，被访者中没有人认为行政事业性收费占企业销售额的40%～50%，这说明大多数被访者认为行政事业性收费占企业销售额比重较小。

七 推进人居环境整治，农民群众获益匪浅

甘肃自2018年5月出台《农村人居环境整治三年行动实施方案》以来，坚持以农村垃圾、污水处理和村容村貌提升为主攻方向，加快补齐农村人居环境突出短板。课题组以农业劳动者为调查对象，以期了解这一阶层对农村人居环境整治的看法和评价。本次调查共发放问卷220份，回收有效问卷217份，问卷有效回收率为98.64%。

（一）91.71%的被访者对农村人居环境整治是满意的，满意度较高；94.47%的被访者认为加强农村人居环境整治对改变村容村貌有积极作用，作用明显

从对“农村人居环境整治的总体评价”看，98位被访者表示“非常满意”，占45.16%；70位被访者表示“比较满意”，占32.26%；31位被访者表示“基本满意”，占14.29%；14位被访者表示“不太满意”，占6.45%；4位被访者表示“很不满意”，占1.84%。91.71%的被访者对甘肃省农村人居环境整治表示“非常满意”、“比较满意”和“基本满意”，总体评价较高。

从“推进人居环境整治对改变村容村貌的作用”看，87位被访者认为“有很大作用”，占40.09%；72位被访者认为“有较大作用”，占33.18%；

46位被访者认为“有一定作用”，占21.20%；7位被访者认为“没有作用”，占3.23%；5位被访者表示“不好说”，占2.30%。94.47%的被访者认为加强农村人居环境整治对改变村容村貌“有很大作用”、“有较大作用”和“有一定作用”，作用明显。

（二）97.24%的被访者认为政府对农村人居环境整治是重视的，重视程度较高

从“本地政府对农村人居环境整治工作的重视程度”看，选择“非常重视”的有96人，占44.24%；选择“比较重视”的有84人，占38.71%；选择“一般重视”的有31人，占14.29%；选择“不太重视”的有4人，占1.84%；选择“很不重视”的有2人，占0.92%。97.24%的被访者认为本地政府对农村人居环境整治“非常重视”、“比较重视”和“一般重视”，地方政府高度重视对农村人居环境的整治。

（三）94.47%的被访者对加强农村人居环境整治充满信心，94.01%的被访者对加强农村人居环境整治抱有希望

从“加强农村人居环境整治的信心”看，100位被访者表示“有很大信心”，占46.08%；57位被访者表示“有较大信心”，占26.27%；48位被访者表示“有一定信心”，占22.12%；8位被访者表示“没有信心”，占3.69%；4位被访者表示“不好说”，占1.84%。94.47%的被访者对农村人居环境整治表示“有很大信心”“有较大信心”“有一定信心”。

从“对加强农村人居环境整治的希望”看，112位被访者表示“抱有很大希望”，占51.61%；49位被访者表示“抱有较大希望”，占22.58%；43位被访者表示“抱有一定希望”，占19.82%；6位被访者表示“不抱希望”，占2.76%；7位被访者表示“不好说”，占3.23%。94.01%的被访者对加强农村人居环境整治“抱有很大希望”、“抱有较大希望”和“抱有一定希望”，希望程度较高。

八　落实基层减负，基层干部轻装上阵谋发展抓落实

破除形式主义、官僚主义，为基层干部最大限度减负，是党中央关注的重要议题，是舆论讨论的焦点话题，也是广大基层干部由衷的心声。为深入了解这一方面的舆情，课题组对甘肃省的临夏回族自治州三个县、定西市三个县、天水市两个县县级以下党政机关干部、城市街道社区干部、乡镇村干部通过实地访谈、问卷调查的方式展开调查。共发放调查问卷300份，回收有效问卷293份，有效问卷回收率达97.67%。

（一）广大基层干部认为基层减负意见出台得太及时，是英明之举

基层干部是连接基层工作与群众之间的直接桥梁与纽带，是做好基层工作的骨干力量。在访谈中，受访干部都认为基层减负意见出台得太及时，是英明之举，是党和国家对基层干部的关爱和对基层工作的高度负责，他们非常赞同。受访干部表示，“这既是民之所向，又温暖走心，让我们干事儿的劲头也更足了。2019年，我们更加明确工作目标，更加轻装上阵，把更多的时间和精力投入到群众工作上来，投入到在为老百姓做实事上来”，“为基层减负，触到了我们基层干部的痛点。我们早就盼着文件少发一些、会议少开一些、检查少开展一些，这样就有更多的时间实实在在地服务群众。我坚决支持！”

（二）大部分基层干部认为基层减负带来了实实在在的变化

在访谈中大部分基层干部认为自《关于解决形式主义突出问题为基层减负的通知》出台以来，基层工作不同程度地进行了“减负”，各种会议少了，统计数据和材料报表少了，督查考核少了，工作压力小了，工作效率提高了，基层工作脱虚向实转化。“今年4月以后，区上通知我们参加的会议和各项检查明显少了。大会都是以视频形式召开的，效率提高了很多。”

"我们尽量不开会，到现场听取意见、解决问题、服务群众。"可见，基层减负受到了广大基层干部的高度肯定。贯彻落实好通知精神必能有效为基层减负，有力促进干部担当作为，更好地为民谋利、为民办事、为民解忧。

（三）87.36%的基层干部认为减负重在减负不是减责

基层干部减负实质是将基层干部从无谓的事务中解脱出来，减负不减责，减负是为了更好地服务人民群众是基层干部的共识。在调查中，87.36%的受访干部认为减负就是减压，也是添动力，重在减负不是减责。大部分基层干部认为基层减负最终的落脚点是把基层干部从"无谓的事物"中解脱出来，让基层干部把更多时间、更多精力用于关注群众的呼声、解答群众的问题上，全神贯注地为群众办实事，心无旁骛地及时解决群众的难题，努力实现人民对美好生活的向往，不断提升群众获得感、幸福感和安全感。

九　做好形象设计，加强甘肃网络形象建构

网络形象是一个地区物质文明状况和精神文明状况的综合反映，良好的网络形象在区域发展中起到重要作用。近年来，甘肃省政府采取一系列措施，不断增加投入，大力打造新的甘肃网络形象。为了如实反映网络媒体中的甘肃形象，课题组主要采取问卷调查的形式，以期对此问题有全面的研究。共发放问卷210份，回收问卷205份，其中有效问卷为204份，有效问卷回收率为97.14%。

（一）46.08%的被访者认为甘肃省网络形象"一般"，网络形象中法治环境评价值最高、经济发展评价值最低

从被访者对甘肃省网络形象的总体评价来看，选择"一般"的人数最多，有94人，所占比重为46.08%；选择"比较好"的被访者有78人，所占比重为38.24%；17人选择"非常好"，占8.33%；7人选择"比较差"，

8 人选择“非常差”，占比分别为 3.43% 和 3.92%。如果将“非常好”“比较好”“一般”“比较差”“非常差”分别赋以 5、4、3、2、1 分，则基于调查数据计算出的甘肃省区域网络形象的分数为 3.44 分，处于中等略微偏上水平。

群众对甘肃网络形象的 9 个方面——自然环境、法治环境、经济发展、民生环境、环保发展、政治环境、科技发展、文化状况、城市建设的综合评价值均为 3～4 分，其中法治环境评价值最高，为 3.52 分，经济发展评价值最低，为 3.01 分，说明在群众视野中，甘肃省网络形象的各分项均表现平平。

（二）多数被访者认为网络媒体对甘肃形象的宣传比较好，54.90%的被访者认为网络媒体对甘肃的宣传内容吸引力不足，70.10%的被访者认为网络媒体对甘肃的宣传需要一定改进

在回答“您认为甘肃省网络媒体对甘肃形象宣传效果如何?”这一问题时，共有 203 人作答，调查结果中，认为“非常好”的被访者占 8.87%，85 位被访者认为“比较好”，占 41.87%；另有 85 位被访者选择“一般”，比例为 41.87%；11 位被访者认为“比较差”，占 5.42%；4 位被访者认为“非常差”，占 1.97%。总体来看，持积极态度的被访者所占比重最大，接着是持中立态度的，持消极态度的被访者比重最小。可见，网络媒体对甘肃形象建构与传播所起的作用值得肯定。

有 112 人认为甘肃网络形象宣传存在“宣传内容吸引力不足”的问题，所占比例为 54.90%；92 名受访者选择“宣传力度不够”，所占比例为 45.10%；90 人选择“网络宣传渠道不够丰富”，占比为 44.12%；79 人选择“网络宣传渠道影响力不足”，比例为 38.73%；72 位被访者认为“不太贴近群众”，占 35.29%。因此，采取多种手段增强宣传内容的吸引力是今后甘肃在网络宣传方面首先需要解决的问题。

绝大部分被访者认为对甘肃的报道需要不同程度的改进，其中 58 人选择“需要大幅改进”，占 28.43%；143 人认为“需要一定改进”，比重为

70.10%；只有3人认为“不需要改进”，所占比重仅为1.47%。可见，想要进一步提升甘肃形象在网络媒体中的建构和传播效率，就必须重视宣传手段、宣传内容等。

（三）52.45%的被访者认为对甘肃正面的报道比较多，同时被访者普遍认为网络媒体中关于甘肃形象的报道还不丰富，在报道数量方面有待进一步增加

当被问到“您认为当前网络媒体中关于甘肃报道中，正负面报道的数量如何?”时，有107名受访者选择“正面报道较多”，所占比例为52.45%；74名受访者选择“正负面报道数量差不多”，所占比例为36.27%；只有23人选择“负面报道较多”，占比为11.27%。

51.47%的被访者认为网络媒体中关于甘肃的报道数量“一般”；选择“较少”的占24.51%；34人选择“较多”，占比为16.67%；仅有15人选择“很多”，比例为7.35%。可见，群众认为网络媒体中关于甘肃形象的报道还不丰富，在报道数量方面有待进一步增加。

十　健全完善政务“两微一端”，积极应对突发事件

政务“两微一端”作为政务服务的新工具，逐渐成为在线政务服务的主要发展方向，尤其在应对突发事件中扮演重要角色。为准确把握突发事件中的政务“两微一端”的应对机制，课题组对此做了深入的研究，并提出相应的应对举措。

（一）建立事前预警机制，增强舆情监测力和研判力

突发事件的网络舆情预警工作是网络舆情处置的桥头堡。构建科学合理的政务“两微一端”突发事件网络舆情预警机制，可以把突发事件舆情工作由事后扑火向事前预警推移，有利于提前介入，有利于防患于未然，以将突发事件舆情隐患最大限度地限制在最小的危害范围内。

（二）健全媒体运营机制，加强新媒体矩阵体系建设

最大限度地提高政务“两微一端”应对突发事件的协同效应，需要健全媒体运营机制，加强新媒体矩阵体系建设。首先要做好顶层设计，规划好新媒体矩阵体系工作，线上线下联动推广工作。其次要建设更加权威的信息发布和解读回应平台、更加便捷的政民互动和办事服务平台，形成新媒体规范发展、创新发展、融合发展的新格局。最后要建成以省级政府新媒体客户端为核心，以政务微博和微信公众号为侧翼，涵盖地方各级政务“两微一端”，拥有一批优质精品账号，整体协同、响应迅速的政务新媒体矩阵体系，全面增强政务新媒体的传播力、引导力、影响力及公信力。

（三）完善媒介融合机制，创新媒体融合业态

“两微一端”等新兴媒体的发展，在很大程度上吸引了诸多传统媒体的受众，但传统媒体也有自己的优势。一是发挥传统媒体细节解读的优势。二是处理好“不变”与“求变”的辩证关系。“不变”，就是要坚守新闻媒体人的初心，始终将正确的舆论导向贯穿媒体融合发展的各个层面。“求变”，就是要主动适应并把握新媒体迅猛发展的大势，变革新闻生产方式和信息传播模式，打造紧跟科技前沿的融媒体技术体系，构建完整的媒介生态链条，实现新闻价值和传播效果的有机平衡，在移动互联时代牢牢占据舆论阵地，服务受众，引领价值导向。

十一　2019年热点特点，2020年舆情变化预测

当前，全面深化改革进入攻坚期和深水区，改革的复杂性、敏感性、艰巨性更加突出，社会热点和舆情焦点大多指向经济社会生活中的重点、难点问题和关键环节。

就甘肃民众关注的社会热点及网络涉甘舆情而言，其形成、表现和变化都有特定的生成背景和地域背景，凝聚着民众诉求，反映着省情地情。开展

社会热点问题及网络涉甘舆情调研，“打捞”基层老百姓“沉没的声音”，有利于政府部门了解社情民意，科学对症解决，回应民众关切，进一步提高治理水平。

2019 年 8 ~9 月，课题组围绕“甘肃民众关注的社会热点问题”，在全省范围内进行问卷调查。调查共发放问卷 600 份，回收有效问卷 581 份，有效问卷回收率为 96.83%。

（一）2019年民众关注的社会热点问题

1. 民众关注的社会热点问题排行

课题组结合近一年来全国以及甘肃省经济社会形势变化，对 2018 年调查问卷做了重新调整，删掉了“学习贯彻十九大精神”“兰州新区建设”“创业创新环境问题”，新增了“不忘初心牢记使命”主题教育、“兰州地铁”、“营商环境问题”，将“社会安全和稳定问题”具体为“扫黑除恶（社会安全和稳定）”，问题仍为 29 个，要求被访者从中选出较关注的 10 个问题。问卷统计结果显示，被访者较关注的十个热点问题按选择人次从高到低依次为：“教育问题”“生态环境问题”“住房问题”“医疗问题”“养老与社会保障问题”“食品安全问题”“就业问题”“物价问题”“反腐败和干部作风问题”“扫黑险恶（社会安全和稳定）”（见表 1）。

表 1　甘肃民众对社会热点问题的关注度统计

单位：人次，%

关注度排名	关注的问题	选择人次	个案占比
1	教育问题	424	72.98
2	生态环境问题	403	69.36
3	住房问题	401	69.02
4	医疗问题	380	65.40
5	养老与社会保障问题	373	64.20
6	食品安全问题	361	62.13
7	就业问题	316	54.39
8	物价问题	301	51.81

续表

关注度排名	关注的问题	选择人次	个案占比
9	反腐败和干部作风问题	269	46.30
10	扫黑除恶(社会安全和稳定)	265	45.61
11	精准扶贫问题	187	32.19
12	新型城镇化建设	180	30.98
13	社会诚信问题	161	27.71
14	道路交通问题	154	26.51
15	收入差距和分配制度改革	142	24.44
16	“不忘初心牢记使命”主题教育	137	23.58
17	农村土地问题(土地流转、征地拆迁等)	132	22.72
18	乡村振兴	130	22.38
19	“一带一路”倡议和甘肃发展问题	103	17.73
20	依法行政问题	102	17.56
21	甘肃“华夏文化文明传承创新区”建设	83	14.29
22	中美贸易摩擦	77	13.25
23	营商环境问题	71	12.22
24	党和国家机构改革	66	11.36
25	“放管服”改革	56	9.64
26	中日关系问题	33	5.68
26	南海局势	33	5.68
28	兰州地铁	24	4.13
29	朝鲜半岛局势	18	3.10

从2019年民众关注的前10位的社会热点问题来看，“教育问题”关注度最高，排第1位，被访者选择比例达72.98%，2018年、2019年连续两年居民众关注度榜首。生态环境问题关注度热度未减，居第2位，选择比例达到69.36%。可见，甘肃省生态环境十分脆弱，经济发展对生态环境的依赖度较高，生态环境问题一直受到民众较高关注。住房问题关注度略有上升，居第3位。住房问题是基本民生，“房子、房价”牵动全社会关切，连续多年受到民众高度关注，排序与2018年相比上升1个位次。医疗问题关注度有所下降，居第4位，与2018年相比下降1个位次。问卷调查显示，64.20%的被访者（373人）选择“养老与社会保障问题”，对其的关注度

居第5位，关注度与2018年相比上升1个位次。食品安全问题关注度继续下降，居第6位。食品安全真真切切关系百姓生命健康，始终是民众关注焦点，一度数年列甘肃民众关注榜首。2018年民众对食品安全问题的关注度首次下降到第5位，2019年民众关注度再次下降。这得益于近年来甘肃不断构建严密高效的食品生产监管体系，加强食品生产监管规范化建设，用最严格的监管、最严厉的处罚、最严肃的问责保障“舌尖上的安全”。就业问题、物价问题关注度基本稳定，居第7位、第8位。“反腐败和干部作风问题”关注度居第9位，与2017年排序第6、2018年排序第8相比，关注度持续下滑。“扫黑除恶（社会安全和稳定）”关注度持续攀升，从2017年第15位、2018年第12位上升到2019年第10位。2019年以来，甘肃省在全省范围内组织开展了扫黑除恶整治社会治安2019“陇风一号”集中行动，提升了民众安全感。有45.61%的被访者（265人）关注“扫黑除恶（社会安全和稳定）”。

2. 2019年网络新闻关注甘肃问题的情况

课题组主要借助新闻、微信、微博、论坛等媒介，对2018年10月至2019年9月网络涉甘事件进行检索。通过检索，共梳理出13条主要网络涉甘事件（见表2）。

表2 主要网络涉甘事件

序号	时间	事件
1	2018年11月3日	兰海高速兰州南收费站撞车事故
2	2019年1月13日	甘肃八岁女孩被伤事件
3	2019年1月25日	甘肃一干部醉驾撞死环卫工免刑
4	2019年2月5日	甘肃会宁凶杀案
5	2019年2月25日	三全水饺在甘肃酒泉抽检中发现疑似非洲猪瘟病毒核酸阳性
6	2019年4月25日	甘肃甘南藏族自治州迭部县森林火灾事件
7	2019年4月30日	甘肃14岁少年被同学围殴致死
8	2019年5月7日	兰州安宁国土局涉嫌“一地二卖”
9	2019年6月5日	兰州马拉松赛圆满举行
10	2019年6月6日	兰州马拉松赛后部分选手成绩缺失
11	2019年8月16日	武威“打车难”将不再是问题
12	2019年8月19日	习近平考察甘肃
13	2019年9月24日	甘肃女子醉驾撞飞人称,给你10万你起来

网络舆论传播与不同地区发展情况、互联网普及程度、网民素质显著相关。由于研究方法、筛选样本、网络普及程序、网络基础设施建设、民众参与热情等因素，上述网络涉甘事件并不能代表甘肃社会舆情，但在一定程度上能够反映甘肃网络舆情乃至社会舆情的特点。2019 年甘肃整体舆情事件不多，但也发生了一些引发舆论聚焦的热点事件，如"甘肃八岁女孩被伤事件"，1 月 13 日至 1 月 21 日，全网有关该事件的舆情总量共 504913 条，其中，社交平台舆情量占总量的97.89%，接着为 App 和新闻平台[①]，"@头条新闻""@钱江晚报"等媒体大 V 发布相关博文予以关注，"中国新闻网"、"人民日报"、凤凰网等多家媒体转载，具有较大影响力，凸显了舆情热度板块下沉的特征。"甘肃会宁凶杀案"舆情热度排名进入人民网舆情数据中心统计的 2019 年上半年突发公共事件前十位。相关地方政府在发生舆情事件后，能通过"两微"平台等及时发声，快速应对，舆情积极回应呈现常态化，但部分基层政府应对能力和水平还存在欠缺。如在"甘肃一干部醉驾撞死环卫工免刑"事件中，陇西县纪监委曝光干部醉驾撞死环卫工免刑引爆舆情，办案检察官不当言论刺激舆情高涨。可见，在新媒体时代，仅靠"快速回应"应对舆情事件已不能满足需求，相关部门面对舆情事件应及时发声，摸准舆论痛点，正面回应疑虑，并要将线上灭火和线下问题解决相结合，解决社会舆情的深层次问题，提升社会治理水平。

（二）民众关注的社会热点问题特点分析

1. 民生问题仍然是民众关注的焦点

舆情凝聚着民生诉求。当前，教育、食品安全、医疗、住房、物价、养老等民生问题始终是民众舆论关注的焦点。从 2017～2019 年开展的问卷调查来看，甘肃民众对各类民生问题的关注度较高，这是因为民生问题是百姓感触最直接、最敏感、最明显的问题，凝聚着民众对美好生活的向往和期盼，也构成网络舆论的主要方面，容易引起网民的共鸣，网上网下问题相互

---

① 《甘肃八岁女孩被伤事件舆情分析》，知乎，https：//zhuanlan. zhihu. com/p/57012499。

交织容易形成重大舆情热点，一旦处置不当极易带来新的舆情危机。值得注意的是，近两年来教育问题关注度一直在高位运行，教育问题广受关注，教育公平、校园欺凌、学区房等网络高频词语都围绕教育形成。究其原因，这既同新时代公共服务供给不充分、不均衡有关，又与民众日趋复杂的多元诉求有关，是人民群众日益增长的美好生活需要和不平衡不充分发展之间矛盾的体现，对政府社会治理提出新的要求。

2. 不同阶层、不同居住地被访者的关注情况存在差异

不同阶层、不同居住地的被访者有着不同的利益诉求，其所关注的社会热点问题有所不同，这也是问卷调查反映出的问题，如国家与社会管理者对生态环境问题、反腐败和干部作风问题、“不忘初心牢记使命”主题教育、中美贸易摩擦更为关注；私营企业主、经理人员、个体工商户阶层对社会诚信问题、营商环境问题、扫黑除恶（社会安全和稳定）的关注度较高，农业劳动者阶层对精准扶贫问题、乡村振兴、道路交通问题、农村土地问题（土地流转、征地拆迁等）的关注度较高，失业人员阶层则对养老与社会保障问题、医疗问题、就业问题、物价问题、精准扶贫问题的关注度较高，体现出鲜明的职业偏向。

同时，不同居住地被访者的关注重点也存在差异，如被访者较为关注的十个社会热点问题中，在城区、城郊、县城居住的被访者对教育、住房、医疗、就业、物价等问题的关注度高于在农村居住的被访者，在乡镇、农村居住的被访者对生态环境问题、养老与社会保障问题、扫黑除恶（社会安全和稳定）、精准扶贫问题、乡村振兴、道路交通问题的关注度则较高，反映出民众关注度受到经济发展、人文心理、地域环境等因素影响。

3. 经济发展水平影响社会舆情的生成变化

经济发展是满足民众对美好生活需要的现实基础。经济发展水平在一定程度上影响民众的社会心态、舆论表达及行为选择，影响社会舆情的生成变化。问卷调查结果显示，63.04%的被访者认为“经济”问题是影响或困扰当地社会发展的主要问题，也有55.09%的被访者认为“发展理念”是主要问题，还有47.67%的被访者认为“发展环境”是主要问题。这是社会热点

问题的表现，受地方发展中生态环境、公共服务建设、教育发展、干部作风等多方面因素影响，特别是经济发展的不平衡、不充分是主要因素，影响社会舆情的生成变化。

（三）2020年舆情变化预测

1. 民生问题将是2020年民众主要关注的社会热点问题

民生问题具有宽领域、大纵深、投资多等特点，民生问题的解决不可能一蹴而就，且甘肃是一个欠发达地区，民生领域的欠账多，民生问题的改善必然是一个长期奋斗的过程。各级政府要持续关注民众日趋多样化的物质文化需求，切实制定措施解决教育、就业、医疗、住房、食品安全、生态环境等方面的突出问题，努力补齐民生短板。同时，也要加快民生领域中的体制机制改革，完善制度，引导预期，不断推动公众服务体系建设。要加强对民生问题的调查研究，使各项工作做到有的放矢，把民众的民生诉求和基层工作有机结合，让发展成果更多更公平惠及全体人民。

2. 网络舆情稳中有险，政府应对能力提升

盘点当前的社会热点舆情，我们认为今后一段时间，舆情态势将围绕以下方面展开。第一，舆情热点主要围绕社会民生、社会安全、司法公正、反腐败和干部作风等话题展开，在社会安全领域，关于群众生命财产安全的事件占多数，反映出民众高度的获得感、安全感诉求。第二，网络舆情传播中自媒体作用明显。自媒体在网络舆论场崭露头角，不少舆情热点事件是由微信公众号、微博、抖音、相关客户端等自媒体首先爆料而引发舆论关注的，如“甘肃八岁女孩被伤事件”就是最先由自媒体爆出，后被多个新闻媒体转发引起网民高度关注的。第三，舆情处置将更及时主动，制度机制将不断健全，如甘肃建设了领导干部应急演练基地、兰州市舆评中心等，在西部地区率先建设县级融媒体中心，多举措提高舆情应对能力；在人民网地方领导留言板，及时回复网友留给省委书记、省长的留言，妥善处理网民诉求。

社会热点篇

Hot Social Topics

B.2 甘肃民众关注的社会热点及网络涉甘舆情调查

梁海燕*

摘　要： 当前，伴随我国各项改革进入攻坚期和深水区，改革的复杂性、艰巨性、敏感性的特征更加突出，经济社会生活中的重点问题、难点问题、敏感问题和关键环节更容易成为社会舆情焦点。问卷调查结果显示，教育问题、生态环境问题、住房问题、医疗问题、养老与社会保障问题、食品安全问题、就业问题、物价问题、反腐败和干部作风问题、扫黑除恶（社会安全和稳定）是甘肃民众较为关注的十大热点问题，且呈现网上网下交织的态势，凝聚民众诉求。处理好舆情问题，需要各级政府树立舆情素养，健全舆情研判和评估机制，践行群众路线，重视公民参与，进一步深化改革，摸准舆论痛

* 梁海燕，法学硕士，甘肃省社会科学院助理研究员，主要研究方向为地方法治、法社会学。

点，向顽瘴痼疾开刀，化解民众关切的现实民生问题。

关键词： 社会热点 网络涉甘事件 舆情调查 社会治理

舆情问题是重要的社会治理问题。当前，随着全面深化改革的纵深推进，改革进一步触及深层次利益调整，复杂性、艰巨性、敏感性的特征更加突出，各类社会问题错综复杂，社会利益诉求更加多元，人民日益增长的美好生活需要和不平衡不充分的发展之间的矛盾凸显，社会舆情就和这种不平衡不充分的供给有关，舆情热点主要指向经济社会生活中的重点、难点和敏感问题，如教育、生态环境、住房、医疗、养老等问题，彰显民众关切，且互联网时代，社会舆情呈现线上与线下相互融合、相互影响的态势，社会热点问题容易被放到网上，进而发酵，出现情绪化、复杂化和放大化情况，增加社会治理压力。

甘肃民众关注的社会热点及网络涉甘舆情凝聚着民众诉求，是甘肃省情地情的反映。从全国来看，甘肃省位于西部地区，热点事件整体相对较少，但甘肃经济社会发展落后，生态环境十分脆弱，公共服务体系建设滞后，民生供给不足，发展不平衡不充分的问题更加突出，民众对于教育、生态环境、脱贫攻坚、医疗、养老与社会保障等问题的感触更为直接，关注更加明显。从近年来的甘肃重大舆情事件来看，这些领域的舆情事件引发民众高度关注，如“杨改兰事件”“祁连山生态破坏事件”“折达公路事件”“庆阳女生跳楼事件”等。因此，开展社会热点问题及网络涉甘舆情调查，了解社情民意，“打捞”基层老百姓“沉没的声音”，有利于回应民众关切，科学对症下药，进一步提高政府社会治理水平。

一 当前甘肃民众关注的社会热点问题

（一）问卷调查基本情况

2019 年 8 ~9 月，课题组围绕“甘肃民众关注的社会热点问题”，在全省范围内进行问卷调查。调查共发放问卷600份，回收有效问卷581份，有效问卷回收率为96.83%。调查选取兰州市、天水市秦州区、武威市凉州区为调查地点。被访者基本情况为：国家与社会管理者占4.30%，私营企业主占7.40%，经理人员占5.16%，个体工商户占10.33%，办事人员占9.12%，专业技术人员占14.29%，产业工人占16.01%，农业劳动者占22.03%，失业人员占7.75%，商业服务业员工占3.61%。被访者年龄段为：18～25岁的占7.57%，26～35岁的占29.26%，36～45岁的占38.04%，46～60岁的占24.10%，60岁以上的占1.03%。被访者文化程度情况为：不识字的占0.52%，小学的占8.61%，初中的占22.38%，高中（职中）的占25.13%，大专的占16.35%，大学本科的占23.58%，研究生以上的占3.44%。问卷还对被访者党派、性别等做了调查。

（二）甘肃民众关注的社会热点问题

课题组结合近一年来全国以及甘肃省经济社会形势变化，对2018年调查问卷做了重新调整，删掉了"学习贯彻十九大精神""兰州新区建设""创业创新环境问题"，新增了"不忘初心牢记使命"主题教育、"兰州地铁"、"营商环境问题"，将"社会安全和稳定问题"具体为"扫黑除恶（社会安全和稳定）"，问题仍为29个，要求被访者从中选出较关注的10个问题。问卷调查结果显示，"教育问题""生态环境问题""住房问题""医疗问题""养老与社会保障问题""食品安全问题""就业问题""物价问题""反腐败和干部作风问题""扫黑险恶（社会安全和稳定）"的民众关注度较高，居被访者选择前十位（见表1）。

表1　甘肃民众对社会热点问题的关注度统计

单位：人次，%

关注度排名	关注的问题	选择人次	个案占比
1	教育问题	424	72.98
2	生态环境问题	403	69.36
3	住房问题	401	69.02
4	医疗问题	380	65.40

续表

关注度排名	关注的问题	选择人次	个案占比
5	养老与社会保障问题	373	64.20
6	食品安全问题	361	62.13
7	就业问题	316	54.39
8	物价问题	301	51.81
9	反腐败和干部作风问题	269	46.30
10	扫黑除恶(社会安全和稳定)	265	45.61
11	精准扶贫问题	187	32.19
12	新型城镇化建设	180	30.98
13	社会诚信问题	161	27.71
14	道路交通问题	154	26.51
15	收入差距和分配制度改革	142	24.44
16	“不忘初心牢记使命”主题教育	137	23.58
17	农村土地问题(土地流转、征地拆迁等)	132	22.72
18	乡村振兴	130	22.38
19	“一带一路”倡议和甘肃发展问题	103	17.73
20	依法行政问题	102	17.56
21	甘肃“华夏文化文明传承创新区”建设	83	14.29
22	中美贸易摩擦	77	13.25
23	营商环境问题	71	12.22
24	党和国家机构改革	66	11.36
25	“放管服”改革	56	9.64
26	中日关系问题	33	5.68
26	南海局势	33	5.68
28	兰州地铁	24	4.13
29	朝鲜半岛局势	18	3.10

与2018年甘肃民众关注情况相比，前十位的热点问题发生变化，“扫黑除恶（社会安全和稳定）”从第12的排位跻身第10位，“新型城镇化建设”跌出前10位，居第12位，住房问题、养老与社会保障问题、物价问题的关注度有所上升，其余问题排序变化不大（见表2）。

表2　2018 年、2019 年甘肃民众关注的热点问题前十位变化情况

关注问题	2018 年排序	2019 年排序
教育问题	1	1
生态环境问题	2	2
住房问题	4	3
医疗问题	3	4
养老与社会保障问题	6	5
食品安全问题	5	6
就业问题	7	7
物价问题	9	8
反腐败和干部作风问题	8	9
扫黑除恶(社会安全和稳定)	12	10

结合问卷调查结果，综合往年民众对热点问题的关注情况，对 2019 年甘肃民众关注的社会热点问题进行以下分析。

1. 教育问题关注度较高，位居榜首

教育问题是基本民生问题，受到社会各界的广泛关注。特别是教育不均衡导致的“上学难”受到民众高度关注，教育负担、教学质量等也是民众比较关注的方面。调查结果显示，有 72.98% 的被访者（424 人）关注“教育问题”，2018 年、2019 年连续两年居民众关注榜首。从十个社会阶层被访者的选择看，私营企业主、个体工商户和农业劳动者三个阶层被访者选择“教育问题”居其阶层首位，国家与社会管理者、商业服务业员工的选择居其阶层第 2 位，专业技术人员和失业人员被访者对其的关注度略低，居其阶层选择第 5 位（见表 3）。

表3　十大阶层对于“教育问题”的选择情况

单位：人次，%

阶层	频次	比例	同阶层中排序
国家与社会管理者	20	80.00	2
经理人员	21	70.00	3
私营企业主	34	79.07	1
专业技术人员	57	68.67	5

续表

阶层	频次	比例	同阶层中排序
办事人员	35	66.04	3
个体工商户	51	85.00	1
商业服务业员工	16	76.19	2
产业工人	63	67.74	4
农业劳动者	96	75.00	1
失业人员	31	68.89	5

2. 生态环境问题关注度热度未减，居第2位

甘肃省生态环境十分脆弱，经济发展对生态环境的依赖度较高，生态环境问题一直受到民众较高关注。特别是 2017 年祁连山生态环境破坏事件被中央通报后，甘肃省持续推进问题整改落实和生态环境建设，扎实建设生态文明，加快甘肃绿色发展崛起，生态环境建设取得阶段性成效。2019 年 8 月习近平总书记视察甘肃时指出，“这些年来祁连山生态保护由乱到治，大见成效。甘肃生态保护工作体现了新发展理念的要求，希望继续向前推进”①，并希望“我们发展到这个阶段，不能踩着西瓜皮往下溜，而是要继续爬坡过坎，实现高质量发展，绿水青山就可以成为金山银山”②。他在八步沙林场考察调研时赞誉了“六老汉”的愚公精神，“要继续发扬‘六老汉’的当代愚公精神，弘扬他们困难面前不低头、敢把沙漠变绿洲的进取精神，再接再厉，再立新功，久久为功，让绿色的长城坚不可摧”。③问卷调查显示，403 人关注“生态环境问题”，占被访者总人数的 69.36%，居第 2 位。从十个阶层的选择看，国家与社会管理者、专业技术人员选择“生态环境问题”居其阶层第 1 位，农业劳动者被访者的选择

① 《开创富民兴陇新局面——习近平总书记甘肃考察纪实》，新华网，http：//www.xinhuanet.com//politics/2019－08/24/c_ 1124914866.htm。

② 《开创富民兴陇新局面——习近平总书记甘肃考察纪实》，新华网，http：//www.xinhuanet.com//politics/2019－08/24/c_ 1124914866.htm。

③ 《开创富民兴陇新局面——习近平总书记甘肃考察纪实》，新华网，http：//www.xinhuanet.com//politics/2019－08/24/c_ 1124914866.htm。

居其阶层的第 2 位，经理人员、产业工人和失业人员对其的关注度略低（见表 4）。

表 4　十大阶层对于“生态环境问题”的选择情况

单位：人次，%

阶层	频次	比例	同阶层中排序
国家与社会管理者	23	92.00	1
经理人员	19	63.33	6
私营企业主	32	74.42	4
专业技术人员	61	73.49	1
办事人员	34	64.15	4
个体工商户	41	68.33	5
商业服务业员工	13	61.90	3
产业工人	60	64.52	6
农业劳动者	93	72.66	2
失业人员	27	60.00	8

3. 住房问题关注度略有上升，居第3位

住房问题是基本民生，“房子、房价”牵动全社会关切，连续多年受到民众高度关注。问卷调查显示，69.02% 的被访者（401 人）选择“住房问题”，居第 3 位，排序与 2018 年相比上升 1 个位次。分阶层看，各阶层被访者对于住房问题的关注度较高，除失业人员阶层外，其进入各阶层选择前五位。其中，经理人员和商业服务业员工被访者居其阶层的首位，私营企业主、办事人员和产业工人被访者选择其阶层第 2 位。失业人员被访者的关注度略低，居其阶层选择第 7 位，与上年第 1 的排名相比大幅下降（见表 5）。

表 5　十大阶层对于“住房问题”的选择情况

单位：人次，%

阶层	频次	比例	同阶层中排序
国家与社会管理者	17	68.00	3
经理人员	26	86.67	1
私营企业主	33	76.74	2

续表

阶层	频次	比例	同阶层中排序
专业技术人员	58	69.88	4
办事人员	40	75.47	2
个体工商户	41	68.33	5
商业服务业员工	18	85.71	1
产业工人	66	70.97	2
农业劳动者	74	57.81	3
失业人员	28	62.22	7

4. 医疗问题关注度有所下降，居第4位

“看病难、看病贵”是民众关注度较高的热点问题。调查结果显示，65.40%的被访者关注“医疗问题”，居第4位，与2018年相比下降1个位次。近年来，甘肃省持续深化医疗卫生事业改革，加快医疗卫生事业发展，但与民众的期望还有差距，医疗资源分配不均、基层医疗卫生条件差、看病难看病贵、就医服务质量不高、便利度不够等问题仍然突出。从十个社会阶层的选择看，医疗问题居各阶层选择前十位。其中，办事人员、专业技术人员、产业工人选择该项居其阶层首位，失业人员选择该项居其阶层第2位，个体工商户、国家与社会管理者的关注度略低，选择该项分别居其阶层第7位、第9位（见表6）。

表6　十大阶层对于“医疗问题”的选择情况

单位：人次，%

阶层	频次	比例	同阶层中排序
国家与社会管理者	12	48.00	9
经理人员	20	66.67	5
私营企业主	32	74.42	4
专业技术人员	61	73.49	1
办事人员	42	79.25	1
个体工商户	37	61.67	7
商业服务业员工	12	57.14	4

续表

阶层	频次	比例	同阶层中排序
产业工人	67	72.04	1
农业劳动者	63	49.22	5
失业人员	34	75.56	2

5. 养老与社会保障问题关注度稳中有升，居第5位

养老与社会保障是社会稳定器，关系民生基本，是民众关注的焦点问题。问卷调查显示，64.20%的被访者（373人）选择“养老与社会保障问题”，居第5位，关注度与2018年相比上升1个位次。近年来，甘肃省各级政府积极落实养老与社会保障各项政策，健全养老医疗就业多层次保障体系，努力提升养老保障水平，得到民众认可。各阶层被访者对养老与社会保障问题的关注度都较高，但略有差异，其中，失业人员更多表现出对养老与社会保障的担忧和关注，有八成被访者选择，居其同阶层选择的首位，个体工商户和经理人员的选择居其阶层第2位，相比之下，国家与社会管理者、专业技术人员、私营企业主的关注度略低，选择该项分别居其阶层第5位、第6位、第6位（见表7），反映出民众对于建立更加完善的社会保障体系的期待。

表7　十大阶层对于“养老与社会保障问题”的选择情况

单位：人次，%

阶层	频次	比例	同阶层中排序
国家与社会管理者	13	52.00	5
经理人员	25	83.33	2
私营企业主	30	69.77	6
专业技术人员	55	66.27	6
办事人员	24	45.28	7
个体工商户	46	76.67	2
商业服务业员工	12	57.14	4
产业工人	62	66.67	5
农业劳动者	70	54.69	4
失业人员	36	80.00	1

6. 食品安全问题关注度大幅下降，居第6位

食品安全真真切切关系着百姓生命健康，始终是民众关注焦点，一度数年列甘肃民众关注度榜首。2018 年，民众对食品安全问题的关注度首次下降到第 5 位，2019 年，民众关注度再次下降，居第 6 位，有 62.13% 的被访者（361 人）予以关注。这得益于近年来甘肃省不断构建严密高效的食品生产监管体系，加强食品生产监管规范化建设，用最严格的监管、最严厉的处罚、最严肃的问责保障“舌尖上的安全”。但仍有不少被访者指出，由于农药、化肥、激素类药物使用太多，添加剂使用过量等，食品安全存在隐患，三全水饺在甘肃酒泉抽检中发现疑似非洲猪瘟病毒核酸阳性，让食品安全问题再度引发舆论广泛关注。分阶层看，十个阶层被访者的关注度不一，其中，私营企业主和个体工商户的关注度最高，七成以上被访者选择，居其阶层第 2 位，经理人员和专业技术人员的选择居其阶层第 3 位，国家与社会管理者的关注度最低，选择该项居其阶层第 9 位（见表 8）。

表 8　十大阶层对于“食品安全问题”的选择情况

单位：人次，%

阶层	频次	比例	同阶层中排序
国家与社会管理者	12	48.00	9
经理人员	21	70.00	3
私营企业主	33	76.74	2
专业技术人员	59	71.08	3
办事人员	34	64.15	4
个体工商户	46	76.67	2
商业服务业员工	11	52.38	6
产业工人	56	60.22	8
农业劳动者	60	46.88	6
失业人员	29	64.44	6

7. 就业问题、物价问题关注度基本稳定，居第7位、第8位

就业问题关系民生，长期以来是民众关注的热点问题。问卷调查结果显示，54.39% 的被访者（316 人）选择关注“就业问题”，排第 7 位，排位与 2018 年相同。从十个阶层的选择看，失业人员、个体工商户对就业问题的

关注度排前，分别居其阶层第3位、第4位；国家与社会管理者的关注度最低，居其阶层第14位（见表9）。

物价问题是民众感触最直接、最明显的问题，随着国内供给侧结构性改革进一步深入实施，物价呈现适度上涨态势。问卷调查显示，有51.81%的被访者（301人）关注"物价问题"，居第8位，排名与2018年相比上升1个位次，关注度基本稳定。从十个阶层被访者的选择看，产业工人的关注度最高，居其阶层第3位，有近七成被访者选择，商业服务业员工、失业人员、农业劳动者的关注度相对较低，分别居其阶层第10位、第10位、第12位（见表9）。

表9　十大阶层对于"就业问题""物价问题"的关注情况

单位：%

阶层	就业问题		物价问题	
	比例	排序	比例	排序
国家与社会管理者	40.00	14	52.00	5
经理人员	50.00	8	50.00	8
私营企业主	60.47	8	55.81	9
专业技术人员	51.81	9	56.63	8
办事人员	43.40	10	56.60	6
个体工商户	71.67	4	55.00	8
商业服务业员工	47.62	10	47.62	10
产业工人	61.29	7	69.89	3
农业劳动者	44.53	8	29.69	12
失业人员	71.11	3	57.78	10

8. 反腐败和干部作风问题关注度持续下滑

问卷调查显示，46.30%的被访者（269人）选择"反腐败和干部作风问题"，居第9位，与2017年排序第6、2018年排序第8相比，有所下滑。反腐败和干部作风问题从民众关注的最热点逐渐变成热点中的非热点，得益于从中央到地方，持续整治群众身边的腐败和作风问题，民众的获得感得到提升。从十个阶层的选择看，国家与社会管理者选择该项居其阶层第3位，关注度最高，农业劳动者的关注度最低，选择该项居其阶层第11位（见表10）。

表 10　十大阶层对于“反腐败和干部作风问题”的选择情况

单位：人次，%

阶层	频次	比例	同阶层中排序
国家与社会管理者	17	68.00	3
经理人员	16	53.33	7
私营企业主	20	46.51	10
专业技术人员	51	61.45	7
办事人员	24	45.28	7
个体工商户	23	38.33	10
商业服务业员工	9	42.86	9
产业工人	43	46.24	9
农业劳动者	39	30.47	11
失业人员	27	60.00	8

9. 扫黑除恶（社会安全和稳定）关注度居第10位

扫黑除恶（社会安全和稳定）关系民众安全感、幸福感和获得感。问卷调查显示，扫黑除恶（社会安全和稳定）关注度持续攀升，从 2017 年第 15 位、2018 年第 12 位跻身 2019 年第 10 位。2019 年以来，甘肃省在全省范围内组织开展扫黑除恶整治社会治安 2019“陇风一号”集中行动，提升了民众安全感。有 45.61% 的被访者（265 人）关注“扫黑除恶（社会安全和稳定）”。分阶层看，十个阶层被访者的选择差异较大，如失业人员选择该项居其阶层第 3 位，有 71.11% 被访者选择，其余阶层被访者的选择都在第 7 位及之后，其中私营企业主、办事人员、农业劳动者选择均居其阶层第 7 位，国家与社会管理者的选择居其阶层第 15 位，关注度最低（见表 11）。

表 11　十大阶层对于“扫黑除恶（社会安全和稳定）”的选择

单位：人次，%

阶层	频次	比例	同阶层中排序
国家与社会管理者	9	36.00	15
经理人员	9	30.00	12
私营企业主	27	62.79	7
专业技术人员	31	37.35	11

续表

阶层	频次	比例	同阶层中排序
办事人员	24	45.28	7
个体工商户	32	53.33	9
商业服务业员工	8	38.10	10
产业工人	35	37.63	11
农业劳动者	58	45.31	7
失业人员	32	71.11	3

10. 精准扶贫问题关注度与上年相同，居第11位

甘肃作为西部地区欠发达省份，扶贫脱贫始终是全面建成小康社会的重点任务，也是民众关注的热点问题。近年来甘肃省深化脱贫攻坚，努力解决各类民生问题。调查结果显示，被访者对精准扶贫问题的关注度与上年相同，有32.19%的被访者（187人）选择，居第11位。从十大阶层的关注情况来看，农业劳动者关注度最高，选择比例为41.41%，选择该项居其阶层第8位，商业服务业员工的关注度最低，选择该项居其阶层第20位（见图1）。

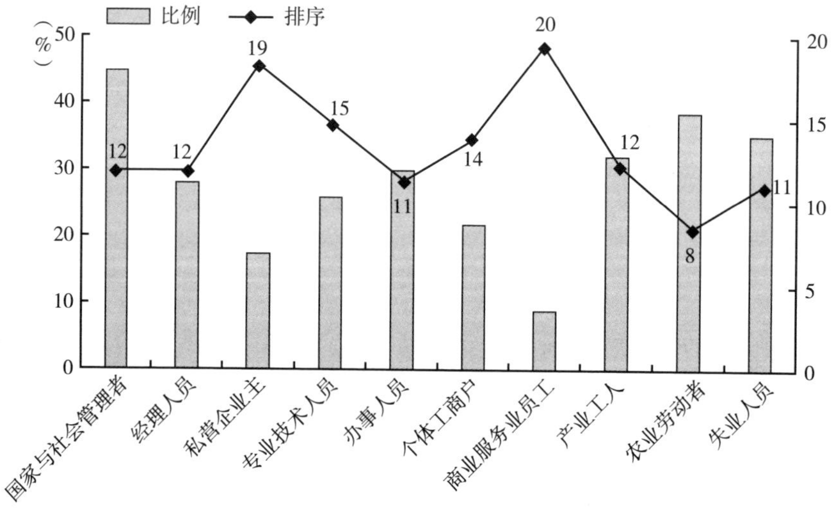

图1　十大阶层对于“精准脱贫”问题的选择比例和排序

11. 新型城镇化建设、社会诚信问题、道路交通问题关注度趋稳，居第12、13、14位

调查结果显示，民众对新型城镇化建设仍保持较高关注度，有30.98%的被访者（180人）关注这一问题，排第12位，与2018年相比排名下降2个位次，反映出新型城镇化建设仍然是广大民众的迫切愿望。十大社会阶层中，产业工人在被访者选择该项居其阶层第10位（见表12）。

有27.71%的被访者（161人）关注“社会诚信问题”，居第13位，与2018年相比上升1个位次；有26.51%的被访者（154人）关注“道路交通问题”，居第14位，关注度与2018年相比下降1个位次。从十个阶层的选择看，经理人员、商业服务业员工对“社会诚信问题”的关注度最高，均居其阶层选择第10位，农业劳动者的关注度最低，居其阶层选择第18位；农业劳动者对“道路交通问题”的关注度最高，居其阶层选择第10位，国家与社会管理者对“道路交通问题”的关注度最低，居其阶层选择第21位（见表12），反映出农民群众对道路交通建设具有殷切期望。

表12　十大阶层对于“新型城镇化建设”“社会诚信问题”“道路交通问题”的关注情况

单位：%

阶层	新型城镇化建设		社会诚信问题		道路交通问题	
	比例	排序	比例	排序	比例	排序
国家与社会管理者	32.00	16	52.00	13	24.00	21
经理人员	30.00	12	36.67	10	26.67	15
私营企业主	30.23	12	24.88	11	27.91	13
专业技术人员	34.94	12	31.33	13	25.30	16
办事人员	20.75	17	26.42	15	24.53	16
个体工商户	35.00	11	28.33	12	25.00	13
商业服务业员工	33.33	12	38.10	10	19.05	15
产业工人	38.71	10	32.26	13	26.88	17
农业劳动者	28.91	13	12.50	18	32.81	10
失业人员	20.00	14	24.44	12	17.78	16

12.“不忘初心牢记使命”主题教育有一定关注度，居第16位

“不忘初心牢记使命”主题教育是在全党范围内开展的主题教育活动，这对我们党不断进行自我革命，始终保持党的先进性纯洁性具有重大现实意义。甘肃各地创新形式，丰富载体，扎实开展主题教育活动。问卷调查显示，被访者对“不忘初心牢记使命”主题教育有一定关注度，23.58%的被访者（137人）关注。从十个阶层被访者的选择看，国家与社会管理者、办事人员的关注度最高，居其阶层第13位，产业工人的关注度最低，居其阶层第19位（见图2）。

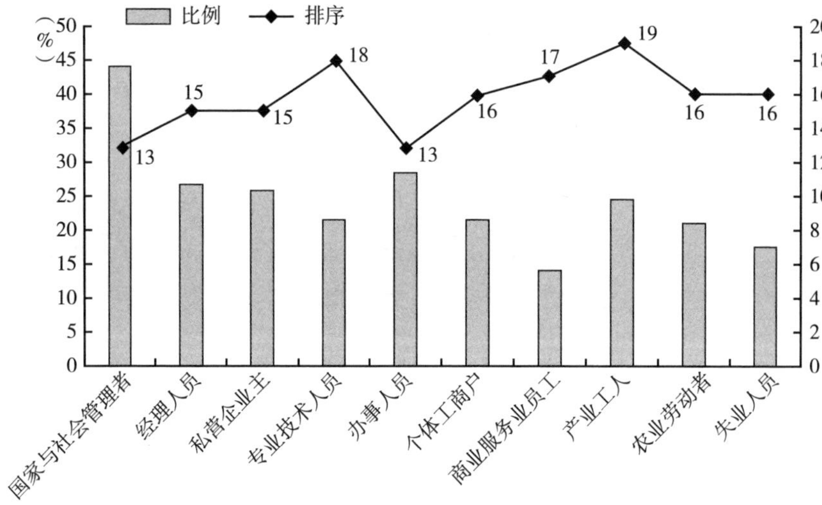

图2　十大阶层对于“不忘初心牢记使命”主题教育的选择比例和排序

13.农村土地问题（土地流转、征地拆迁等）、乡村振兴关注度变化不大，居第17、18位

党的十九大报告提出实施乡村振兴战略，提出了产业兴旺、生态宜居、乡风文明、治理有效、生活富裕的总要求。有22.72%的被访者（132人）关注“农村土地问题（土地流转、征地拆迁等）”，居第17位，有22.38%的被访者（130人）关注“乡村振兴”，居第18位，两个问题的关注度排名与2018年相比都下降了2个位次。从十个阶层的选择看，其中，商业服

务业员工对“农村土地问题（土地流转、征地拆迁等）”的关注度最高，居其阶层第12位，农业劳动者的关注度次之，居其阶层第13位，国家与社会管理者的关注度最低；农业劳动者对“乡村振兴”的关注度最高，居其阶层第13位，经理人员的关注度最低，居其阶层第24位（见表13）。

表13　十大阶层对于“农村土地问题（土地流转、征地拆迁等）”“乡村振兴”的关注情况

单位：%

阶层	农村土地问题（土地流转、征地拆迁等）		乡村振兴	
	比例	排序	比例	排序
国家与社会管理者	20.20	23	32.00	16
经理人员	23.33	18	13.33	24
私营企业主	20.93	18	16.28	22
专业技术人员	15.66	21	20.48	19
办事人员	9.43	23	13.21	21
个体工商户	21.67	16	20.00	18
商业服务业员工	33.33	12	4.76	22
产业工人	30.11	15	33.33	13
农业劳动者	28.91	13	28.91	13
失业人员	17.78	16	13.33	19

14.“‘一带一路’倡议和甘肃发展”“甘肃‘华夏文化文明传承创新区’建设”关注度略有上升，居第19、21位，兰州地铁关注度排名靠后

“‘一带一路’倡议和甘肃发展”“甘肃‘华夏文化文明传承创新区’建设”是关系甘肃建设发展的重要工程，问卷调查显示，民众对于这些问题的关注度不高，但相比2018年略有上升。问卷调查显示，有17.73%的被访者（103人）关注“‘一带一路’倡议和甘肃发展”，排第19位；有14.29%的被访者（83人）关注“甘肃‘华夏文化文明传承创新区’建设”，排第21位，两个问题的排名相比2018年均上升了2个位次。另有4.13%的被访者（24人）关注“兰州地铁”，排第28位。这一结果受到调查地点、调查对象的影响。

15. 依法行政问题、营商环境问题、党和国家机构改革、“放管服”改革的关注度偏低，居第20、23、24、25位

问卷调查结果显示，17.56%的被访者（102人）关注“依法行政问题”，排第20位，相比2018年下降1个位次；12.22%的被访者（71人）关注“营商环境问题”，排第23位，相比2018年下降2个位次；11.36%的被访者（66人）关注“党和国家机构改革”，居第24位，关注度排名相比2018年下降2个位次；9.64%的被访者（56人）关注“‘放管服’改革”，居第25位，关注度排名与2018年相同。从十大阶层被访者的选择看，失业人员最为关注“依法行政问题”，居其阶层选择第14位；经理人员对“营商环境问题”和“‘放管服’改革”的关注度最高，分别居其阶层选择第11位、第15位；私营企业主最为关注“党和国家机构改革”，居其阶层选择第16位。

16. 中美贸易摩擦、中日关系问题、南海局势、朝鲜半岛局势关注度不高，排名靠后

调查结果显示，有13.25%的被访者（77人）关注“中美贸易摩擦”，排第22位，与2018年相比上升了2个位次；关注“中日关系问题”和“南海局势”的被访者均占5.68%（33人），排第26位；有3.10%的被访者（18人）关注“朝鲜半岛局势”，排名最后。这反映出甘肃民众对国际政治关注度较低。

（三）社会热点问题关注原因

调查甘肃民众关注社会热点问题的原因，处于被访者选择首位的是“相关社会问题影响大”，有62.31%的被访者选择；接着是“与个人利益有关系”，选择比例为58.52%；排在第三位的是“电视、报刊等媒体报道多”，选择比例为54.39%。

二 网络涉甘舆情调查

随着互联网技术的迅猛发展，网民规模不断增长，“三微一端”、网络

社群、网络直播等快速普及，对社会舆情的形成、发展和演变有较大影响。至2019年6月，我国网民规模达8.54亿人，较2018年底增长2598万人，互联网普及率达61.2%，较2018年底提升1.6个百分点；手机网民规模达8.47亿人，网民使用手机上网的比例达99.1%①。在“人人可发声”的互联网时代，网络用户的话语权得到释放，网络成为新的舆论场域，线下问题极易被放到网上，进而发酵、放大，并与线下舆情相互影响，对舆情生成、传播产生深刻的影响，舆论引导工作难度提高，“强引导、弱效果”的特点突出，对政府社会治理造成“网上网下”的双重压力。因此，本报告将网络涉甘事件进行梳理，并在此基础上对网络舆情的特点和走向进行分析，以期为政府决策提供参考。

在研究方法上，课题组主要借助新闻、微信、微博、论坛等媒介，对2018年10月至2019年9月网络涉甘事件进行检索。通过检索，共梳理出13条主要网络涉甘事件（见表14）。

表14　主要网络涉甘事件

序号	时间	事件
1	2018年11月3日	兰海高速兰州南收费站撞车事故
2	2019年1月13日	甘肃八岁女孩被伤事件
3	2019年1月25日	甘肃一干部醉驾撞死环卫工免刑
4	2019年2月5日	甘肃会宁凶杀案
5	2019年2月25日	三全水饺在甘肃酒泉抽检中发现疑似非洲猪瘟病毒核酸阳性
6	2019年4月25日	甘肃甘南藏族自治州迭部县森林火灾事件
7	2019年4月30日	甘肃14岁少年被同学围殴致死
8	2019年5月7日	兰州安宁国土局涉嫌“一地二卖”
9	2019年6月5日	兰州马拉松赛圆满举行
10	2019年6月6日	兰州马拉松赛后部分选手成绩缺失
11	2019年8月16日	武威“打车难”将不再是问题
12	2019年8月19日	习近平考察甘肃
13	2019年9月24日	甘肃女子醉驾撞飞人称，给你10万你起来

① 《第44次〈中国互联网络发展状况统计报告〉（全文）》，中共中央网络安全和信息化委员会办公室网站，http://www.cac.gov.cn/2019-08/30/c_1124938750.htm。

网络舆论传播与不同地区发展情况、互联网普及程度、网民素质显著相关。由于研究方法、筛选样本、网络普及程序、网络基础设施建设、民众参与热情等因素，上述网络涉甘事件并不能代表甘肃社会舆情，但在一定程度上能够反映甘肃网络舆情乃至社会舆情的特点。2019 年甘肃整体舆情事件不多，但也发生了一些引发舆论聚焦的热点事件，如“甘肃八岁女孩被伤事件”，1 月 13 日至 1 月 21 日，全网有关该事件的舆情总量共 504913 条，其中，社交平台舆情量占总量的 97. 89% （见图 3），接着为 App 和新闻平台①，“@ 头条新闻”“@ 钱江晚报”等媒体大 V 发布相关博文关注，“中国新闻网”、“人民日报”、凤凰网等多家媒体转载，产生了较大的影响力，凸显了舆情热度板块下沉的特征。“甘肃会宁凶杀案”舆情热度排名进入人民

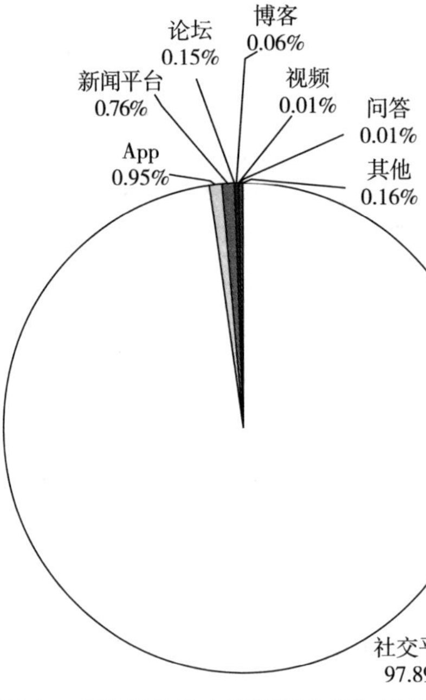

图 3 “甘肃八岁女孩被伤事件”平台分布

资料来源：《甘肃八岁女孩被伤事件舆情分析》，知乎，https：//zhuanlan. zhihu. com/p/57012499。

① 《甘肃八岁女孩被伤事件舆情分析》，知乎，https：//zhuanlan. zhihu. com/p/57012499。

网舆情数据中心统计的2019年上半年突发公共事件前十位。相关地方政府在发生舆情事件后，能通过“两微”平台等及时发声，快速应对，舆情积极回应呈现常态化，但部分基层政府应对能力和水平还存在欠缺。如在“甘肃一干部醉驾撞死环卫工免刑”事件中，陇西县纪监委曝光干部醉驾撞死环卫工免刑引爆舆情，办案检察官不当言论刺激舆情高涨。可见，在新媒体时代，仅靠“快速回应”应对舆情事件已不能满足需求，相关部门面对舆情事件应及时发声，摸准舆论痛点，正面回应疑虑，并要将线上灭火和线下问题解决相结合，解决社会舆情的深层次问题，提升社会治理水平。

三　分析与结论

分析2019年甘肃民众关注的社会热点问题及网络涉甘事件，可以看出民众在关注重点、关注原因、关注趋势等方面呈现一些特点，具体如下。

（一）民生问题仍然是民众关注的焦点

舆情凝聚着民生诉求。当前，教育、食品安全、医疗、住房、物价、养老与社会保障等民生问题始终是民众舆论关注的焦点。从2017～2019年开展的问卷调查来看，甘肃民众对各类民生问题的关注度较高（见图4），这是因为民生问题是百姓感触最直接、最敏感、最明显的问题，凝聚着民众对美好生活的向往和期盼，也构成网络舆论的主要方面，容易引起网民的共鸣，网上网下问题相互交织容易形成重大舆情热点，一旦处置不当极易带来新的舆情危机。值得注意的是，近两年来教育问题关注度一直在高位运行，教育问题广受关注，教育公平、校园欺凌、学区房等网络高频词语都围绕教育形成。究其原因，这既同新时代公共服务供给不充分、不均衡有关，又与民众日趋复杂的多元诉求有关，是人民群众日益增长的美好生活需要和不平衡不充分发展之间矛盾的体现，对政府社会治理提出新的要求。

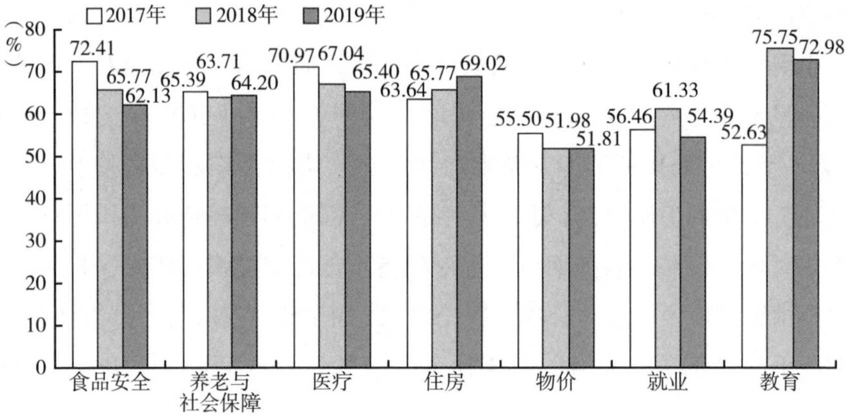

图4　2017～2019年甘肃民众对于民生热点问题的关注情况

（二）不同阶层、不同居住地被访者的关注情况存在差异

不同阶层、不同居住地的被访者有着不同的利益诉求，其所关注的社会热点问题有所不同，这也是问卷调查反映的问题，如国家与社会管理者对生态环境问题、反腐败和干部作风问题、“不忘初心牢记使命”主题教育、中美贸易摩擦更为关注；私营企业主、经理人员、个体工商户阶层对社会诚信问题、营商环境问题、扫黑除恶（社会安全和稳定）的关注度较高，农业劳动者阶层对精准扶贫问题、乡村振兴、道路交通问题、农村土地问题（土地流转、征地拆迁等）的关注度较高，失业人员阶层则对养老与社会保障问题、医疗问题、就业问题、物价问题、精准扶贫问题的关注度较高，体现出鲜明的职业偏向。

同时，不同居住地的被访者的关注重点也存在差异，如被访者较为关注的十个社会热点问题中，在城区、城郊、县城居住的被访者对教育、住房、医疗、就业、物价等问题的关注度高于在农村居住的被访者，在乡镇、农村居住的被访者对生态环境问题、养老与社会保障问题、扫黑除恶（社会安全和稳定）、精准扶贫问题、乡村振兴、道路交通问题的关注度则较高，反映出民众关注度受到经济发展、人文心理、地域环境等因素影响（见表15）。

表 15　城乡被访者对于社会热点问题的关注度排序

问题	城区	城郊	县城	乡镇	农村
教育问题	1	1	1	2	2
生态环境问题	4	2	4	8	1
住房问题	2	7	2	1	3
医疗问题	2	4	4	3	7
养老与社会保障问题	6	2	8	3	4
食品安全问题	5	5	15	3	5
就业问题	7	7	8	6	9
物价问题	7	5	4	10	15
反腐败和干部作风问题	9	9	2	6	14
扫黑除恶(社会安全和稳定)	10	10	8	8	8

（三）经济发展水平影响社会舆情的生成变化

经济平衡和充分发展是满足民众对美好生活需要的现实基础。这是因为民众的社会心态、舆论表达、行为选择容易受到经济发展水平影响，进而影响社会舆情的生成变化。问卷调查中影响或困扰当地社会发展的主要问题情况如下，63.04%的被访者认为是“经济”问题，55.09%的被访者认为是“发展理念”问题，47.67%的被访者认为是“发展环境”问题（见图 5）。这是社会热点问题的表现，受地方发展中生态环境、公共服务建设、教育发展、行政作风等多方面因素影响，特别是经济发展的不平衡、不充分是主要因素和重点瓶颈，它影响社会舆情的生成变化。

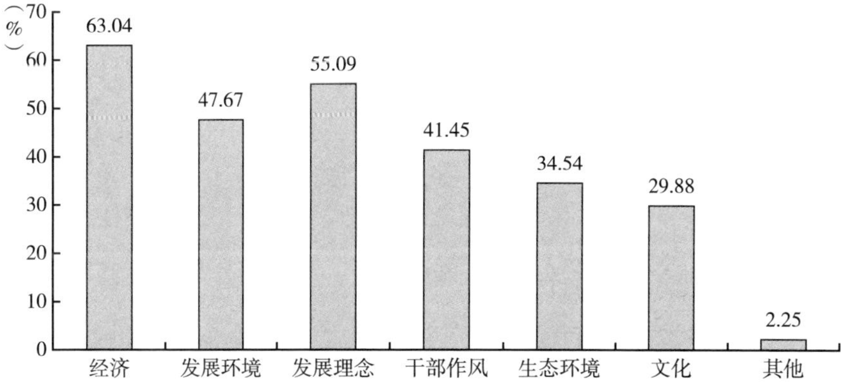

图 5　甘肃民众对影响当地社会发展主要问题的选择

（四）网络舆情稳中有险，政府处置能力不断提升

从2019年网络涉甘舆情事件来看，网民高度关注教育、反腐败和干部作风、社会安全、社会公平、司法公正等问题，网络舆情态势稳中有险，出现个别影响力较大的舆情事件，如“甘肃八岁女孩被伤事件”“兰州安宁国土局涉嫌‘一地二卖’”等受到舆论高度关注，但总体稳定可控，多数网民能够理性参与，网络正能量充沛，舆情事件发生后政府能及时回应，动态反应，舆情应对能力和引导能力不断提升。从2019年社会热点舆情的特点来看，主要表现在以下方面。第一，舆情热点主要围绕社会民生、社会安全、司法公正、反腐败和干部作风等话题展开，在社会安全领域，关于群众生命财产安全的事件占多数，反映了民众高度的获得感、安全感诉求。第二，网络舆情传播中自媒体作用明显。自媒体在网络舆论场中崭露头角，不少舆情热点事件是由微信公众号、微博、抖音、相关客户端等自媒体首先爆料而引发舆论关注的，如“甘肃八岁女孩被伤事件”就是最先由自媒体爆出，后被多个新闻媒体转发引起网民高度关注的。第三，舆情处置及时主动，快速引导，制度机制不断健全，如在人民网地方领导留言板，及时回复网友留给省委书记、省长的36条留言，妥善处理网民诉求；[①] 建设甘肃省领导干部应急演练基地、兰州市舆评中心等，在西部地区率先建设县级融媒体中心，多举措提高舆情应对能力。但舆情素养喜忧参半、舆情处置能力参差不齐的问题仍然存在，一些地方对舆情信息不够重视，引导不够，极易引发次生灾害。如“甘肃一干部醉驾撞死环卫工免刑”事件中，办案检察官不当言论引发舆情高涨，直到法检两方纠偏启动再审才逐渐扭转舆论态势，舆情得到平息。

四　对策建议

当前，伴随全面深化改革进入新的阶段，各类社会问题凸显，各种风险

① 《祝华新：互联网和社会治理的甘肃样本》，搜狐网，http：//www.sohu.com/a/321969814_114731。

挑战多发，民生保障、脱贫攻坚、生态环境、乡村振兴等领域容易形成重大舆情风险，且舆论场域呈现“舆情西移”“舆情进城”态势，西部地区舆情事件出现走高趋势，这既对地方政府社会治理带来压力，又为地方加强宣传创造了机遇。各级政府要革故鼎新，提高舆情素养，重视对线上线下问题的解决，防止形成舆情危机。问卷调查中，就“解决当前突出的社会热点问题，您认为应该采取哪些举措”，居被访者选择前三位的是“持续保障和改善民生”（66.95%）、“健全社会问题解决机制”（59.04%）、“民众科学对待、理性参与”（47.33%）（见图6）。结合问卷调查，处理好社会热点问题及网络舆情，要从如下方面入手。

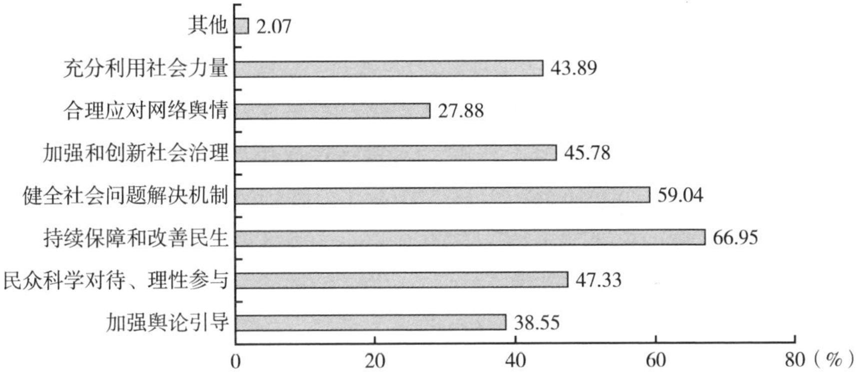

图6　被访者对解决社会热点问题对策的选择

（一）提高地方政府舆情素养

当前，在涉医疗、教育、生命健康等民生领域，政府部门重大政策措施存在被误解误读的问题，涉及公众切身利益且产生较大影响的问题以及涉及突发公共事件处置和应对的问题是当前社会舆论的高敏领域，[①] 政府要高度重视，增强舆情意识，提高舆情素养，对群众关切的热点问题或突发事件要

① 《舆情风险防范与化解研究》，红网舆情网站，http：//yuqing. rednet. cn/Article. asp? id = 317841。

及时回应、快速引导，释放权威信号，正面回应疑虑，以速度取胜，抢占舆论话语权，最大限度压缩谣言炒作的空间。地方政府、政务微博要在“早发声”和“发对声”之间拿捏准确，对于敏感信息要在查证清楚之后再进行公布，防止引发舆情次生危机。特别是对于突发事件，地方政府要当起“第一定义者”，改变“一次通报打天下”的思路，做到消息发布不滞后，敏感事件不失声，要针对个案及时解疑释惑、理顺情绪、持续报道、正确引导，保障公众知情权，防止谣言传播和事件进一步恶化。要发挥信息发布合力作用，政府各部门、政府与其他自媒体联动发布，形成权威信息发布矩阵，取得联动效应。

（二）健全舆情研判和评估机制

防范和化解舆情风险要强化正面引导，把网上舆论引导和网下思想工作结合起来，提升热点问题报道关注度，大力宣传改革开放以来我国在经济、社会、文化等方面取得的成就，引导全社会认识到相关问题在改革过程中是不可避免的，引导民众将正当诉求转化成全社会真抓实干的动力。要健全长效、动态的舆情研判和评估机制，建立公共政策的“舆评”机制①、危机管理的预警机制等，将“舆评”机制与规范重大决策制定、社会稳定风险评估相结合，并根据外部环境变化动态调整，助力科学治理，多方面防范和应对舆情风险。夯实舆情研判基础，加强技术平台建设，将网络设备、硬件购置与更新、网络维护、人才建设等纳入地方政府财政预算。

（三）加大对互联网技术的运用力度

当前，网络成为舆情生成和发酵的主平台，网络舆情的影响力越来越大。防范和化解舆情风险，地方政府要顺应互联网发展大势，树立互联网思维，创新工作方法、内容、机制和形式，善于用新媒体宣传工作、引领

---

① 《舆情风险防范与化解研究》，红网舆情网站，http：//yuqing. rednet. cn/Article. asp? id = 317841。

舆论，快、准、狠地掌握好网络舆论的主动权。推进融媒体建设，主动利用新媒体传播优势，打造一批新型主流阵地，传播正能量，抢占意识形态前沿阵地。健全网络舆情监测机制和网络舆论的跟踪机制、联动处置机制，利用大数据对各阶层、群体的舆论动向，群体行为，社会态度，公众情绪，社会认知进行分析，防止公众负面情绪积聚，做好防范和预警工作。

（四）重视公民参与

问卷调查中，47.33%的被访者认为处理好社会热点问题及网络舆情需要“民众科学对待、理性参与”。处理好舆情问题，政府部门要践行网络群众路线，利用门户网站、听证、留言箱、网络留言板等方式，便利公众表达诉求，了解民众诉求，避免自说自话，及时化解不稳定因素，也可开设政务微博、微信、抖音平台，积累粉丝和受众，及时发现矛盾和问题，吸纳民智、解决问题、改善治理。要深入开展文明上网法治和道德教育，大力提倡广大网民文明用网，不传谣、不信谣，引导网民遵规守法，理性参与，谨慎传播，营造良好舆论氛围。建设核心网评员队伍，强化舆论引导，在突发事件、热点事件中，将公众注意力引至事件处置本身，正确有效引导舆论方向，并加强对微信、微博等公众账号的内容监管，建设良好网络生态。

（五）着力保障改善民生

随着全面深化改革的深入推进，民生领域的矛盾和问题更加突出，剩下的都是难啃的硬骨头。民生领域的极端个案容易放大“共情效应”，是舆情的高敏领域。推动实际问题的解决，解决主体舆情，是疏导舆情压力的关键所在。要在“线上灭火”的同时，重视线下问题的解决，对热点事件中民众关心的调查过程、处理结果、问责情况等及时公布，并对相关领域的问题进行预防性排查，平复民众情绪。要关注不同阶层民众多样化的物质文化需求，加强公共服务体系建设，重点解决民众高度关注的就业、医疗、住房、食品安全、养老和社会保障、精准扶贫、社会安全稳定、道路交通等问题，将这些问题列入政府“民生实事”项目，一件一件地办好，逐步改善民生条件，提高民众获得感。要进一步深化改革，摸准舆论痛点、焦点，向顽瘴痼疾开刀，用改革开放的办法来解决改革中的矛盾，让改革成果更多惠及全体民众。

B.3

民众对持续推进生态文明建设的评价及建议

段翠清*

摘　要： 党的十八大提出，把生态文明建设放在突出地位，融入经济建设、政治建设、文化建设、社会建设的各方面和全过程。甘肃省在2014年被国家批复建设生态安全屏障综合试验区后，先后出台一系列政策措施，加快生态文明建设步伐，推进国家生态安全屏障综合试验区建设。本次调查证实，通过几年的建设，民众对生态文明内涵有了一定的了解，生态环境有了一定的改善，民众对生态保护的责任心增强，对生态建设和保护的成效给予了一定的认可。同时，对甘肃省生态在生态文明建设的方法、建设力度、建设水平等方面也提出了宝贵的意见，需要在下一步生态文明建设过程中给予一定的重视。

关键词： 生态文明　生态建设　环境污染

随着党的十八大提出生态文明建设以来，全国上下掀起了建设生态文明的热潮。2013年以来，甘肃省政府坚持贯彻"八个着力"要求，积极推进国家生态安全屏障综合试验区建设，努力打造生态安全、生态经济、生态文

* 段翠清，硕士，甘肃省社会科学院助理研究员，主要研究方向为生态学。

化的甘肃模式，生态文明建设工作取得初步进展。但是，对于有着切身利益的民众对甘肃省生态文明建设推进工作的感受如何？本报告通过问卷调查和实地走访的形式，调查分析甘肃持续推进生态文明建设的成效，并进行真实评价，旨在进一步推进生态文明建设，改善生态环境，尽最大努力，让民众生活在一个山青水绿的良好生态环境中。

一　被访者基本情况

2019 年，课题组分别奔赴甘肃各地，走访调查民众近 600 余次，共发放问卷 600 份，回收有效问卷 581 份，有效问卷回收率为 96.83%。被访对象范围涵盖国家与社会管理者阶层（4.30%）、经理人员阶层（5.16%）、私营企业主阶层（7.40%）、专业技术人员阶层（14.29%）、办事人员阶层（9.12%）、个体工商户阶层（10.33%）、商业服务业员工阶层（3.61%）、产业工人阶层（16.01%）、农业劳动者阶层（22.03%）、失业人员阶层（7.75%）十大阶层（见图 1），其中中共党员为 176 人（占比为 30.29%）、

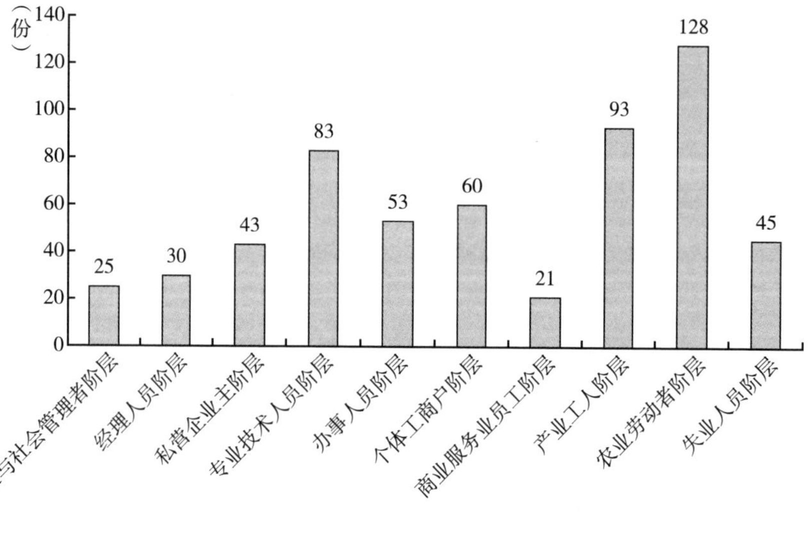

图 1　被访对象职业分布情况

无党派人士为 400 人（占比为 68.85%）、民主党派人士为 5 人（占比为 0.86%）。被访民众为不识字、小学、初中、高中（中职）、大学本科及研究生以上学历的城区、城郊、县城、乡镇、农村各个地区的民众。被访对象年龄构成情况见图 2。

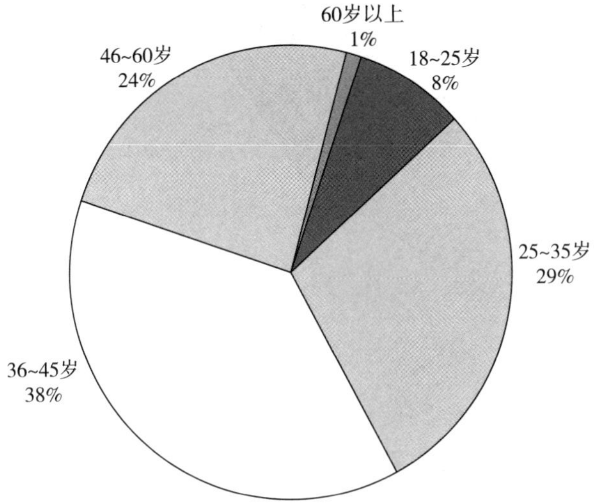

图 2　被访对象年龄构成情况

二　问卷调查分析

（一）民众对生态文明建设的评价

1. 67.80%的被访对象对生态文明建设的概念有一定的了解

生态文明建设的本质就是要建设以资源环境承载力为基础、以自然规律为准则、以可持续发展为目标的资源节约型、环境友好型社会。在本次调查中，当被问及“您了解社会主义生态文明建设的概念吗?”时，有 3.10% 的被访对象完全不知道生态文明建设的概念，有 29.10% 的被访对象“听说过”生态文明，但不了解具体的内容，有 56.80% 的被访对象“基本了解”

生态文明建设的相关概念，有 11.00% 的被访对象十分了解生态文明建设的相关概念和理论（见图 3）。

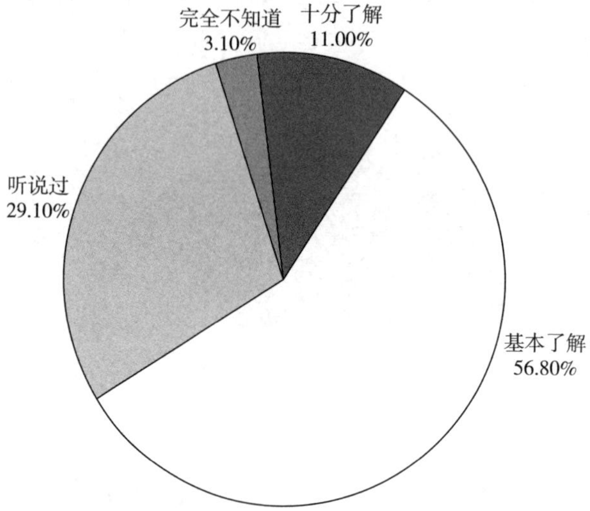

图 3　民众对生态文明建设概念的了解情况

调查说明，有 67.80% 的被访者对生态文明建设的相关内容有不同程度的了解，但整体而言，民众对生态文明建设的相关政策、生态文明建设的本质和生态文明建设的相关理论还不是很了解，民众对自己生活周围的环境保护责任的意识还不够强烈。下一步，政府应该继续对生态文明建设的相关内容和理论进行大量的宣传和培训，提升民众对生态文明的理解程度，这是进一步有效推进生态文明建设的基本保障。

2. 近八成的被访对象通过各类宣传活动和媒介来了解生态文明建设的相关情况

党的十八大以来，将生态文明与经济建设、政治建设、文化建设、社会建设共同列入“五位一体”的总体战略布局。全国和甘肃省都高度重视生态文明建设，并通过各种途径和措施加强生态文明建设的宣传工作。本次调查显示：在被访民众中，有 29.55% 的民众通过广播新闻了解生态文明建设和生态环保等相关知识，有 19.18% 的民众通过宣传片来了解生态文明建设和生态环保等相关知识，有16.58%的民众通过报纸报道了解生态文明建设和生态环保等相关知识，有4.88%的民众通过杂志来了解生态文明建设和生态环保等相关知识，有8.69%的民众通过实体宣传活动了解生态文明建设和生态环保等相关知识，有10.56%的民众通过专题学习教育了解生态文明建设和生态环保等相关知识，有8.02%的民众通过与周围同事或者邻居之间的交流了解生态文明建设和生态环保等相关知识，有2.47%的民众通过其他途径来了解生态文明建设和生态环保等相关知识（见图4）。

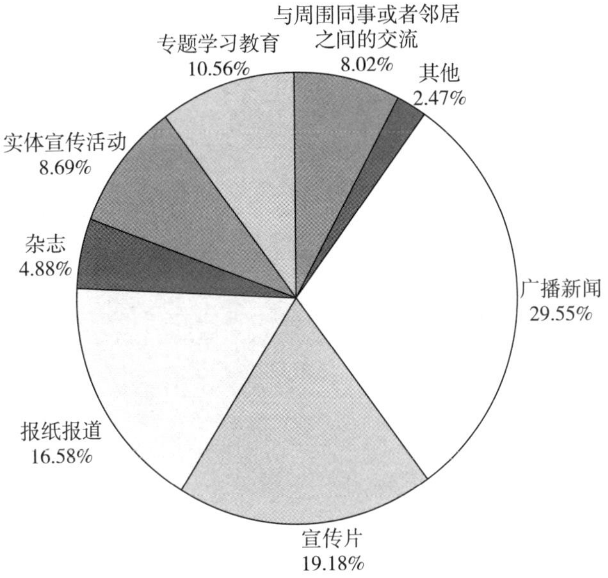

图4　民众了解生态文明建设的途径

综合来看，目前，民众对生态文明的了解渠道比较单一，基本是通过媒体宣传的被动方式来了解的，下一步，应提升民众主动去获取生态文明建设相关理论、知识和途径的积极性。

（二）民众对生态环境系统保护力度和建设成效的评价

1. 只有近五成的民众对周边的生态环境表示满意

近年来，甘肃省政府坚持贯彻“八个着力”要求，积极推进国家生态安全屏障综合试验区建设，努力打造生态安全、生态经济、生态文化的甘肃模式，生态文明建设工作取得初步进展。本次调查显示：当被问及“您对自己生活周边的生态环境是否满意?”时，有6.88%的民众对身边的生态环境感到很满意，有40.62%的民众对身边的生态环境感到满意，有42.00%的民众对身边的生态环境感到一般，有10.50%的民众对身边的生态环境感到不满意（见图5）。总体而言，民众对甘肃省生态环境的期许还是比较高的，今后生态环境的改善和维护将是重中之重。

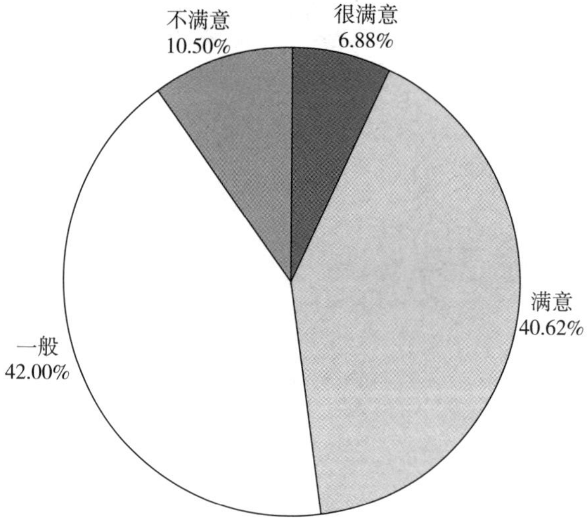

图5　民众对身边生态环境的满意度

2.66.26%的民众对生态环境的现状和整治力度持积极的态度

生态环境的保护和改善是生态文明建设的重要组成部分和基本任务，优美的生态环境是民众享受生态文明建设成果最直观的感受。近年来，甘肃省出台多种政策办法、齐抓共管致力于甘肃省生态环境的整治，取得了一定的成绩和效果。在本次调查中，当被问及“您对甘肃生态环境现状持什么态度?”时，有23.75%民众认为目前甘肃省生态环境建设感觉很好，前景光明，有42.51%的民众持基本还可以的态度。但是，也有21.86%的被访民众对甘肃生态环境的现状持十分担忧的态度，有10.67%的被访民众对甘肃生态环境现状担忧且向有关部门表达自己的看法。也有 1.20% 的被访民众表现出对甘肃省生态环境现状漠不关心，持与我无关，只要自己不受害就行的态度（见图 6）。

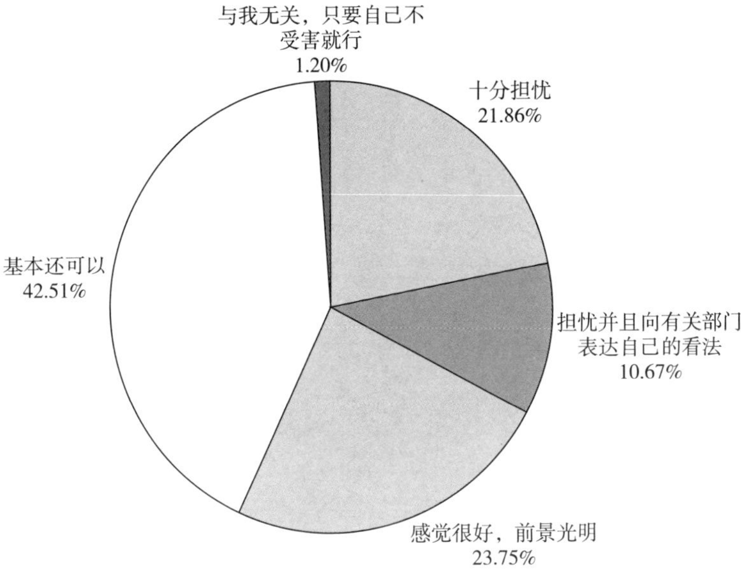

图 6　民众对甘肃生态环境现状所持有的态度

3. 九成的民众认为目前环境污染问题主要集中在水污染、工业污染、噪声污染、农业污染等几个方面

环境污染现状的调查、分析和治理是生态文明建设和治理过程中最重要的环节，是民众在生态文明建设中最直接的收益和感受，也是评价生态文明建设成效最直接的标准。据调查分析，甘肃省所面临的比较严重的环境污染现状——工业污染、水污染、固体废弃物污染、大气污染等与本次调查的结果较吻合。在本次调查中，当被问及“您认为哪些环境问题比较严重?”时，有 22.99% 的被访民众选择了饮用水污染，有 20.74% 的被访民众选择了食品污染，有 16.98% 的被访民众选择了工业污染，有 16.79% 的被访民众选择了噪声污染，有 15.35% 的被访民众选择了农业污染，有 4.70% 的被访民众选择了光污染，有 2.44% 的被访民众选择了其他污染（见图 7）。其

中饮用水污染和食品污染是民众认为目前较严重的环境污染问题，需要尽快进行治理。

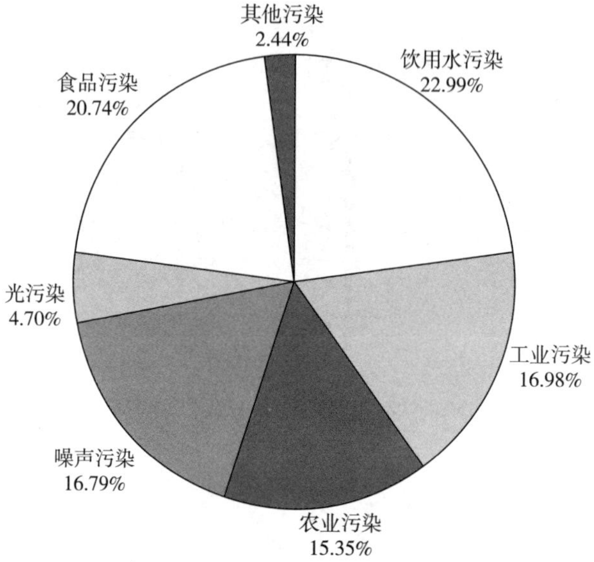

图7　民众对甘肃环境污染问题的认识程度

（三）民众对生态文明建设与经济发展相互关系的认识程度

1. 有81.59%的民众认为生态环境建设比较重要

长期以来，生态环境建设与经济发展一直处于比较矛盾的状况，由于我国经济社会发展的特殊性，党的十八大以前，我国一直把GDP作为衡量社会发展的首要指标，一切以经济发展、产业发展为主要目标。但是，在党的十八大报告提出生态文明建设的思想后，我国的社会发展方式也开始慢慢转型，由注重GDP增长转向注重生态环境建设和保护。在本次调查中，当被问及“你认为发展经济和建设生态环境的先后顺序是?”时，有37.18%的被访民众认为建设生态环境优先，有44.41%的被访民众认为发展经济和建设生态环境应同时进行，只有14.29%的被访民众认为发展经济优先。还有4.13%的被访民众认为顺其自然发展就好（见图8）。可以看出，经过7年的努力和发展，民众对生态环境建设重要性的意识不断增强，对绿水青山就是金山银山的理解也越来越清晰。

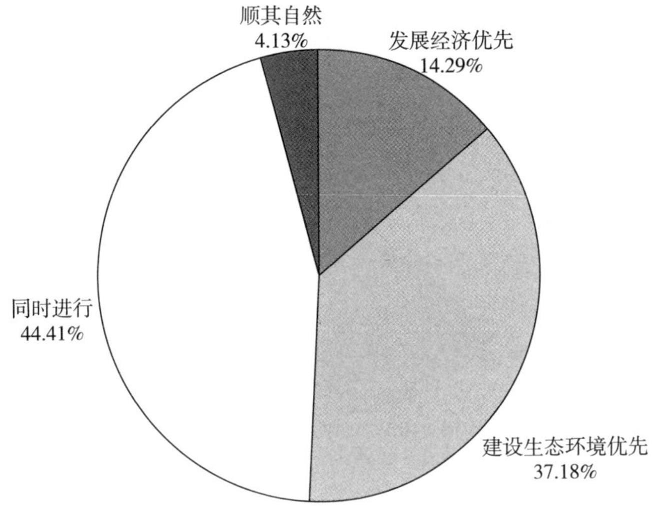

图8　民众对发展经济与生态环境建设之间关系的认识程度

2. 有63.67%的民众愿意接受由于生态环境的建设所带来的物价上涨

目前，由于我国经济发展的水平程度、产业结构和科学技术水平的制约，生态环境建设与经济发展必然会产生一定的矛盾，如果在生产和生活中注重生态环境的保护，必然使我国一些行业发展受到制约，同时由于受原材料的限制，生产成本将提高，价格上涨，对居民的生活带来一定的影响。在本次调查中，当被问及“如果生活必需品价格因为生态环境建设而上涨你愿意吗？”有63.67%的被访民众愿意接受因为生态环境建设所带来的生活必需品价格的上涨，也有36.32%的被访民众不愿意接受因为生态环境建设所带来的生活必需品价格的上涨。在370位能够接受物价上涨的被访民众中，也只有2.93%的被访民众能够接受20%以上的涨幅，有16.70%的被访民众接受10%～20%的涨幅，有44.04%的被访民众能够接受5%以下的涨幅（见图9）。虽然绝大部分被访民众能够接受因为生态环境建设和保护所带来的生活必需品价格的上涨，但也只能接受小幅度上涨。

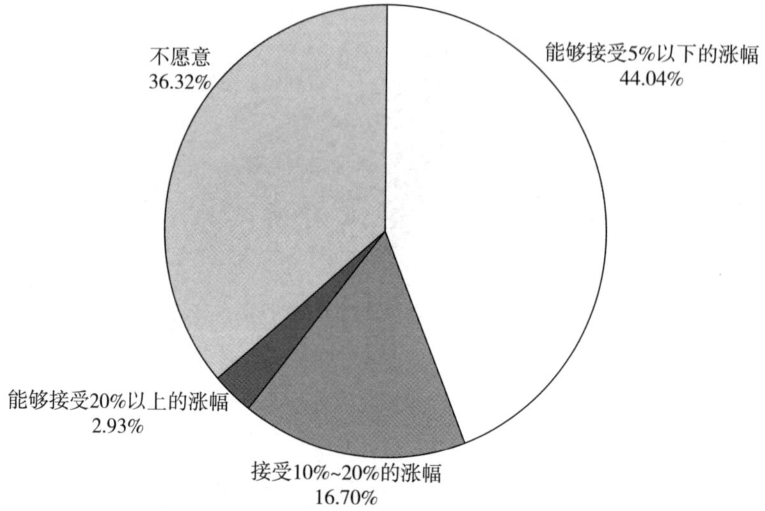

图 9　民众对生态环境建设所带来的生活必需品价格上涨的态度

（四）民众对生态文明建设的认识和重视程度

1. 有九成多的民众在面对周围环境破坏现象时，愿意采取措施予以制止

保护环境，人人有责。生态文明的建设还需要各界民众的支持和付出，只有全国人民都行动起来，各行各业的民众都树立了环境优先的发展思想和意识，生态文明建设的步伐才会走得更快，走得更稳。在本次调查中，当被问到“当您看到周围的环境破坏问题时，您会采取什么措施?”时，有 46.47% 的被访民众表示当自己看到周围环境破坏问题时，会给相关部门拨打举报电话，进行提醒。有 26.51% 的被访民众表示当自己看到周围环境破坏问题时，会借助网络力量进行维权。有 24.44% 的被访民众表示当自己看到周围环境破坏问题时，会直接去制止。也有 2.58% 的被访民众在自己看到周围环境破坏问题时，表示不会理睬（见图 10）。

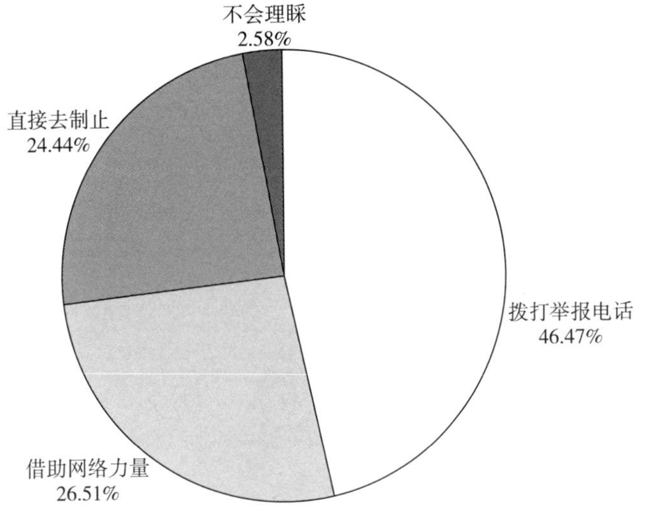

图10　民众遇到周围环境破坏现象时的行为措施

2. 有78. 15%的民众认为生态文明建设与自己息息相关

生态文明建设关系民族福祉，关乎人民生活，与每个人都息息相关。我们每个人都是生态文明的建设者和守护者，每一位公民都有责任和义务为生态文明的建设贡献自己的力量。在本次调查中，当被问及“您认为生态文明建设主要是谁的责任?”时，有31. 33%的被访民众认为生态文明建设是居民自己的责任，有46. 82%的被访民众认为生态文明建设是大家共同的责任，有4. 30%的被访民众认为生态文明建设是企业单位的责任，有17. 21%的被访民众认为生态文明建设是政府的责任，有0. 34%的被访民众认为生态文明建设是媒体的责任（见图11）。随着生态文明建设越来越被重视，越来越多的居民意识到生态文明建设的重要性和自己肩负的责任，生态文明建设不是一句口号，是实实在在关乎人民福祉的伟大工程，与GDP的增长一样与每一位公民的利益相关，同时需要每一位公民为之奉献。

3. 有88. 98%的民众愿意深入学习和传播生态文明

让更多的民众参与到生态文明建设中，民众主动接受生态文明建设的各项内容，自愿投入环境保护的行列，是生态文明建设最有效、最快捷的方法。在本次调查中，当被问及“您是否愿意更加深入地学习传播生态文明、

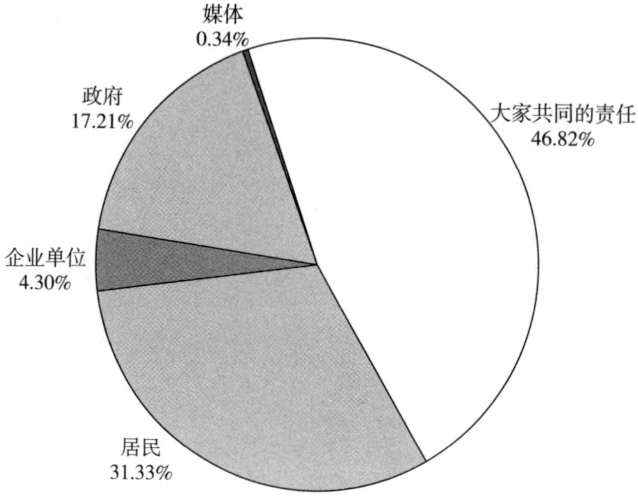

图11　民众对生态文明建设的责任意识

保护生态?”时，有88.98%的被访民众表示愿意更加深入地学习传播生态文明、保护生态，有3.44%的被访民众表示不愿意更加深入地学习传播生态文明、保护生态，还有7.57%的被访民众对学习传播生态文明、保护生态表示顺其自然（见图12）。随着生态文明建设的深入推进，越来越多的民众开始认识到生态文明建设和生态环境保护的重要性，从被动的行为约束到主动的思想行动迈进。

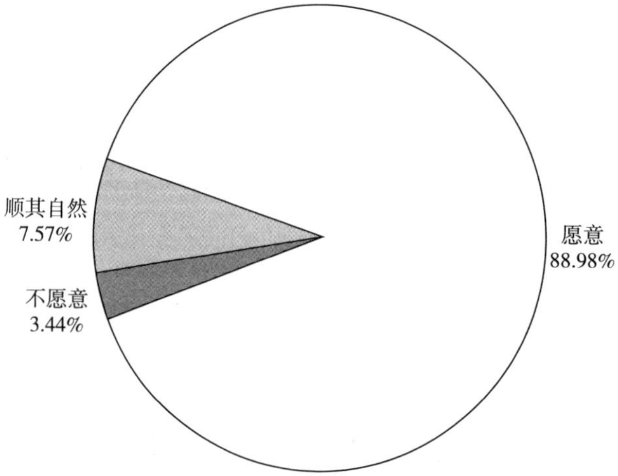

图12　民众对学习传播生态文明、保护生态的意愿

三　结论与分析

（一）生态文明建设宣传形式比较多样化，但是需要更加深入化

调查显示，目前67.80%的被访民众对生态文明建设概念有相关的了解，但是基本停留在只字片语、不解深意的状态，其中有56.80%和29.10%的被访民众处于基本了解和听说过的阶段，只有11.00%的被访民众对生态文明建设的内涵和制度达到了十分了解的程度。而且民众对生态文明内涵和制度的了解程度与民众的文化程度有重要的关系，在对生态文明建设内涵十分了解和基本了解的民众中，八成以上具有大专以上学历，或是从事社会管理和技术工作的人员。这些人员由于自身的理解能力和工作环境，平时接触生态文明建设的渠道和对生态文明建设的理解相对较多、较深一些。从本次调查中也可以看出，虽然甘肃省在生态文明建设宣传方面通过媒体、报纸、杂志、专题学习教育、宣传片等多种方式展开，但是民众更多的是通过各类媒体宣传渠道大概知道生态文明建设，但是真正通过专题学习教育、与周围同事或者邻居之间的交流，来获取和理解生态文明更深层的内涵的民众并不多。这就需要政府针对民众文化程度、工作环境的不同，设计和开展不同形式的宣传，做到能让民众像认识GDP的重要性和内涵那样去认识和理解生态文明建设，只有民众将生态文明建设的内涵理解得够深入，才能自觉和有效地实施生态文明建设的各项措施，进而加快生态文明建设的步伐。

（二）生态环境现状令人担忧，环境污染治理急需解决

甘肃地区蕴含着丰富的能源和矿产资源，近年来，随着经济的不断发展，西北地区的自然环境日益遭到破坏且程度加深。早在古代，特别是明清时期，由于频发的战争和土地的无序利用，甘肃地区自然环境日益恶化，再

加上甘肃地区气候干旱，地质条件复杂，各种综合因素的影响，甘肃地区生态问题十分突出，且目前是我国生态环境比较脆弱的地区之一，虽然近年来甘肃省委省政府也通过三北防护林体系建设工程、退耕还林还草工程、天然林资源保护工程、自然保护区建设工程、水土保持治理工程等生态治理工程，使甘肃生态环境恶化的状况得到一定遏制，但是与全国其他省份相比，甘肃省的生态环境状况不容乐观，再加上经济发展和环境治理之间的双重矛盾，甘肃环境治理的压力巨大。

本次调查显示，民众对甘肃省的生态环境问题状况表现出明显的担忧，有超过五成的被访民众对身边的生态环境表现了一定程度的不满，其中有10.50%的被访民众表示不满意。只有6.88%的被访民众对身边的生态环境表示很满意。而且受访民众认为饮用水污染、工业污染、农业污染、噪声污染、食品污染等方面是比较严重的环境污染问题，这些方面与民众的生活息息相关，也是需要政府重点治理的方面。

（三）民众树立生态保护优先的意识还不够强烈

生态文明建设是我国实施新型工业化战略和进行资源约束管理的必然选择。从数千年的农业文明到工业文明的曙光，再到改革开放快速工业化，中国已经成为世界第二大经济体和最具活力的经济体之一。随之而来的是，快速工业化的弊端逐渐显现，质量差、效率低、高投入、高能耗、不平衡、不协调、不可持续性等矛盾频繁出现。再加上我国资源的利用率低，资源开发面临枯竭的状况，这样生态文明建设之路是我国经济发展转型的必然选择。甘肃的生态环境脆弱、资源过度开采和利用的现象非常严重。但是，生态文明建设并不是政府层面出台一些政策、制定一些办法就可以推进的，生态文明建设更多地需要民众的保护和参与，以增强民众保护环境的意识和行动力。在本次调查中，在经济发展和生态保护的优先选择上，只有37.18%的民众认为生态环境建设和保护比经济发展重要，只有2.93%的被访民众能够接受20%以上的因为生态保护带来的生活品价格的涨幅，只有31.33%的民众认为生态文明建设是自己的责任，绝大多数人认为生态文明建设是政府和企业的责任。这些都充分说明，虽然通过各种宣传让民众知道了生态文明，但是民众内心深处或者自我意识中还没有真正重视生态文明建设，其在保护环境的行动自觉力上还有待增强。

（四）产业结构急需调整，科技水平必须加快提升

目前，甘肃省产业结构以第一和第二产业为主，综观甘肃的经济和产业发展状况，以由重化工企业支持的资源型城市和由农业产业支撑的农业城市为主。仅有的服务业也是依托第一、第二产业。从表 1 可以看出，2017 年甘肃省 14 个市（州）GDP 居前五位的分别是兰州市、天水市、庆阳市、酒泉市和白银市，人均 GDP 排在前五位的分别是嘉峪关市、兰州市、酒泉市、金昌市和张掖市。但是环境空气质量排在前五位的分别是陇南市、天水市、甘南藏族自治州、张掖市和定西市。其 GDP、人均 GDP 与本地区的城市环境状况形成了鲜明的对比和反差。总体呈现的情况为：GDP 和人均 GDP 越高的城市，环境空气质量越差，环境污染物排放量越大。

同时，甘肃省经济发展的过程与工业化的发展程度相伴相随，相互促进。伴随着大量稀有矿产资源的开发和利用，以及重化工产业的崛起，甘肃出现了很多新型工业化城市，包括由中石化重要产业支撑的兰州市，集稀有金属开采、冶炼和加工于一身的金昌市、白银市，进行钢铁冶炼和生产的嘉峪关市，以煤炭开采为主的平凉市。随着工业化的崛起，这些城市的 GDP 都位于甘肃前列。但是，甘肃城市化程度较高的城市，环境污染严重、治理难度和压力较大，城市化进程中过度依赖储藏资源的开发和引进重化工业，造成城市环境污染与城市发展之间存在矛盾。从表 1 可以看出，2017 年甘肃 14 个市（州）固体废弃物排放总量中金昌市列第 1 位，嘉峪关市列第 2 位，张掖市列第 3 位，白银市列第 4 位，陇南市列第 5 位。从甘肃省各地区废水排放总量来看，兰州市列第 1 位，天水市列第 2 位，白银市列第 3 位，平凉市列第 4 位，金昌市列第 5 位。甘肃省主要污染物排放总量列前五位的城市分别是：嘉峪关市、兰州市、

平凉市、白银市、金昌市。其二氧化硫、氮氧化物、烟（粉）尘排放中，来自工业产业的排放量占各地区主要污染物排放量的90%以上。综观甘肃各主要城市工业化发展进程，往往以发展为主，治理在后。为了城市产业和经济的迅速发展，其以牺牲环境为代价，引进高耗能、高污染产业。工业化的发展主要依托城市地区不可再生稀有矿产资源的存储和开采，多数以原始加工为主，缺乏深层次的资源精细化加工和利用。同时，在生产的过程中合理的废弃物处理设备缺乏，从而造成该地区严重的环境污染。

表1　甘肃各市州GDP与环境质量排名

单位：亿元

地区	GDP	第二产业	GDP排名	人均GDP排名	环境空气质量排名	固体废弃物排放总量排名	废水排放总量排名	主要污染物排放总量排名
兰州市	2500.8019	881.7386	1	2	14	7	1	2
嘉峪关市	209.8721	109.4237	13	1	11	2	11	1
金昌市	221.4939	112.8810	12	4	6	1	5	5
白银市	450.5206	175.6735	5	6	13	4	3	4
天水市	598.9529	189.4016	2	10	2	12	2	8
武威市	430.4359	127.9453	6	8	12	9	10	11
张掖市	376.9624	97.4488	7	5	4	3	9	9
平凉市	354.6556	95.3128	8	11	9	6	4	3
酒泉市	551.7725	190.6286	4	3	10	8	8	7
庆阳市	585.4994	283.3275	3	7	8	13	6	10
定西市	327.3102	76.1568	10	13	5	11	13	6
陇南市	342.7168	70.2597	9	12	1	5	7	12
临夏回族自治州	232.2273	43.1789	11	14	7	14	12	13
甘南藏族自治州	141.4158	19.4707	14	9	3	10	14	14

资料来源：《甘肃发展年鉴（2018）》。

（五）劳动者素质低下，人力资源紧缺

生态文明建设最重要的就是加快产业结构的转变，将低耗能、高污染，以资源的过度开发和原始粗加工为主的产业结构向以低耗能、高产出、绿色环保、新能源产业为主的产业结构转变。这些产业结构的转变都将以高科技、自动化、高技术水平为基础，这就必然需要大量高水平技术人才支撑。甘肃省虽然在新能源资源储备、国土资源等方面占有优势，但是人口受教育程度普遍偏低，尤其是高素质的人口比例明显低于全国水平，并远远落后于北京、上海等一线城市。据统计，2017 年，甘肃省未上过学、小学、初中、普通高中、中职、大学专科、大学本科和研究生所占比例分别为 9.49%、30.85%、30.10%、12.17%、3.48%、7.30%、6.34%和0.26%（见表2），普遍低于全国水平，尤其是在大学本科和研究生层面，并与北京、上海、浙江以及陕西等东部以及西部地区具有较大的差距。这些都严重制约甘肃省生态文明的建设速度。

表 2　部分地区人口受教育程度（2017 年）

单位：%

地区	未上过学	小学	初中	普通高中	中职	大学专科	大学本科	研究生
全国	5.28	25.23	38.06	13.11	4.45	7.39	5.89	0.60
北京	1.51	9.08	22.52	12.73	6.55	13.89	23.67	10.06
上海	2.64	11.87	30.08	14.79	6.58	12.88	17.62	3.54
浙江	5.98	27.23	36.07	11.32	3.81	7.55	7.54	0.48
广东	3.21	20.98	38.27	17.13	6.38	8.21	5.50	0.33
陕西	6.09	24.16	37.43	13.41	3.62	7.66	7.22	0.41
甘肃	9.49	30.85	30.10	12.17	3.48	7.30	6.34	0.26
新疆	3.64	28.69	33.70	10.31	5.58	10.88	6.81	0.38

资料来源：《中国统计年鉴（2018）》。

四　对加快推进生态文明建设的对策建议

（一）以生态资源保护为前提，加快对生态资源的高效利用和开发

甘肃省拥有较好的特色生态资源优势，同时，又在2018年，制定和出台了《甘肃省十大生态产业发展规划》，并在2018年、2019年取得了不错的发展效果，从2018年前三季度的统计数据中看出，甘肃省十大生态产业生产总值占甘肃省总产值的16.75%，同比增加6.8个百分点。甘肃省应该以此为契机，以特色资源优势和产业开发为基础，提升生态资源的可利用效率，以最低的投入获得最大的收益，确保自然资源的最高效利用和最少量开发。一是应加强白银、金昌、平凉、庆阳等地矿产资源的高效率开发和提升资源的精细化加工水平，带动产业向高科技方向发展；二是加大祁连山生态治理和保护的力度，做到最大化的科学管控和生态恢复；三是加大以土壤污染修复技术为主要研发方向的土壤污染治理力度，严禁在重度污染耕地种植食用农产品。

（二）以新能源利用为基础，加快发展节能环保产业，推动产业结构转型升级

甘肃省拥有丰富的风能和太阳能，对优先发展以风电和太阳能发电为基础的新能源资源具有较好的基础。同时，相比其他省份，甘肃省在风电和太阳能发电方面起步更早，建设速度也较快，已建成了以酒泉为主的千瓦级风力发电站，太阳能光伏发电站遍布河西各区域，针对风力和太阳能发电等新能源产业形成了产业配套体系，并将新能源发展列入《甘肃省十大生态产业发展规划》中，这些为新能源的发展奠定了一定的产业基础。因此，未来，甘肃省需要在提升产业发展的科学技术水平上下功夫，增加新能源配套产业的研发资金和研发投入，引进高素质、高水平的相关专业科技人才，改变人力资源机构比例，提升人力资源整体水平。

同时，应加快培育一批综合竞争力强的大型节能环保企业，在节能环保产品制造、节能环保服务总承包领域培育20家以上骨干企业，形成2～3个产业配套能力强、辐射带动作用大的产业集聚区。争取在2020年，甘肃省的节能环保产业产值达到1000亿元，产业增加值占甘肃省生产总值的比重在3%左右，实现总产值比2015年翻一番。到2025年，甘肃省节能环保产业产值达到2000亿元，产业增加值占全省生产总值的比重在5%左右，实现总产值比2020年翻一番，节能环保产业快速发展，质量和效益显著提升，集中度明显提高，节能环保产业逐步发展成为全省支柱产业。强化新兴节能装备培育发展。提高半导体封装产品等优势技术集成整合能力，培育甘肃省节能装备新动能。引进一批在余热余压利用装备制造、节能新材料、能耗在线监测计量技术装备等方面具有先进技术水平和产业竞争优势明显的企业在甘肃省投资建厂。争取在2020年，在兰州新区建成甘肃省节能环保产业基地，提升和扩大甘肃省节能产业技术水平和发展规模。

（三）提升以大数据为手段的大气环境污染监测水平

目前，手机、电脑在城市监控各类污染方面发挥着越来越重要的作用。"兰州蓝"监测平台在兰州市的成功应用，实现在手机上可以实时看到兰州市各个街道空气质量以及工地抑尘情况，从显示屏上还能看到重点监控企业排污情况。近年来，兰州市通过各类监测平台，对全市污染源排污状况进行监控。目前已形成污染源自动监控系统、重点污染源综合监控及智能预警系统和污染源视频监控系统三位一体的综合监控体系，实现了对全市重点排污企业的全方位监控。

下一步，可以将"兰州蓝"监测平台向甘肃省其他市（州）推广。一是通过污染源自动监控系统，对甘肃省重点污染企业和排污口实行连续不间断在线监控并自动上传监控数据。各市（州）环保局要安排专人对在线数据进行分析，发现超标及时判定并转办。二是建立重点污染源综合监控及智能预警系统，降低城区火电厂等重点污染源对大气环境质量的影响程度，尽最大可能减少污染物排放，通过对重点污染源企业环保设施的在线监管，实现对企业异常情况早发现、早预警，早采取措施，防止企业污染物超标排放。三是建设污染源视频监控系统。与三维数字企业合作，主要在企业污染防治设施、排放口、原料堆场等安装高清摄像头，实时掌握现场情况。四是逐步建立网格化精准监测平台系统，对城市主要网格实现实时监控。该系统不但可以对主要污染物指标进行监控，还用于开展溯源分析与污染物迁移研究，以便于各市（州）大气指挥办公室对网格环境空气质量异常情况的调度和考核。当发现某一区域污染物因子异常升高时，大气指挥办公室可以准确指挥邻近网格监管人员赶赴现场进行调查核实，提高了调度的精准性。

（四）加强以提升水资源利用率为主要方向的水利工程建设和调研，积极向中央申请政策支持

甘肃省具有干旱半干旱的大陆季风气候，水资源短缺是影响生态环境和经济产业发展的关键制约因素。目前，黑河、石羊河、疏勒河是甘肃区域主要的水源地，但是随着温室效应的增强、全球气温的升高、大量的蒸发以及过度的水资源浪费和开采利用，这几条河流的水量迅速减少。并且，水资源环境的变化，为甘肃的生态环境治理和维护带来了极大的制约。因此，甘肃省需要加强水利工程的建设和对水资源的合理调配利用，并联合相关省份共同呼吁，尽快开展藏水入甘的调研和准备工作，以破解水资源严重影响甘肃省生态文明建设的重大困境。

B.4

民众对驻村帮扶工作成效的感受与评价调查

刘徽翰*

摘　要： 本报告通过对问卷调查结果的描述分析，梳理当前甘肃省部分民众对驻村帮扶工作成效的认知、感受与评价。调查显示，民众对驻村帮扶工作基本持正面积极态度，对驻村帮扶干部的工作成效评价较高，总体认识比较全面理性，但也有一些模糊不清的认识和偏保守负面的评价。这些都与社会分化、行政工作与民众感受传导效应发挥不明显以及帮扶工作本身不到位有关。为此，要从帮扶干部和帮扶群众两方面入手，加强宣传、完善机制、重视培训、提高工作能力，从而提升帮扶工作成效。

关键词： 驻村帮扶　帮扶干部　帮扶工作

一　民众对驻村帮扶工作成效的感受与评价调查背景

精准扶贫工作已进入决胜冲刺阶段，相较于前一阶段注重集中以大量帮扶资源补齐贫困地区基础设施和公共服务的历史欠账和现实短板，现阶段的脱贫工作更加强调对脱贫成果的巩固和提升。通过几年的脱贫攻坚工作，绝

* 刘徽翰，甘肃省社会科学院社会学研究所助理研究员，主要研究方向为社会理论、社会问题。

大多数贫困村已经实现了整体脱贫，道路交通、安全饮水、住房安全等农村的基础设施状况和农民的生产生活条件得到了根本性的改善。集体产业、特色产业、技能培训、有组织的劳务输出等脱贫增收的渠道也已稳固建立，越来越多的贫困村和村民可以通过自己的力量实现稳定脱贫，并且为今后的增收致富打下良好的基础。从现阶段各地的精准扶贫实践来看，通过帮扶单位和帮扶干部以及当地干部群众的共同努力，在2020年内按照“两不愁、三保障”的目标完成脱贫攻坚任务，实现整体脱贫基本不成问题。作为精准帮扶重要形式的干部驻村帮扶，在甘肃脱贫攻坚过程中发挥了很大作用。各级帮扶单位、驻村帮扶工作队和帮扶责任人按照脱贫攻坚、精准帮扶的工作要求，结合本单位和自身专业特长积极宣传政策、反映民意、化解纠纷、开展义诊、培训农民、解决群众生产生活中的急事难事，还会帮贫困村、贫困户办富民产业，改善基础设施，提升公共服务水平，申请低保救助、大病救助，进行危房改造等，为打赢脱贫攻坚战做出了突出贡献，发挥了重要作用，赢得了帮扶对象的高度好评。

为全面准确了解民众对驻村帮扶工作成效的感受和评价，甘肃省社会科学院《甘肃舆情分析与预测（2020）》调研组深入党政机关、事业单位、国有/民营企业、城乡社区，通过问卷调查和访谈的形式对包括国家与社会管理者、专业技术人员、经理人员、办事人员、私营企业主、个体工商户、农业劳动者、产业工人、商业服务业员工、失业人员在内的十个阶层进行深入广泛的调研。本次调查共发放问卷600份，实际回收有效问卷581份，调查对象具有较强的代表性。

驻村帮扶工作的成效评价一般分为主客观两个方面，客观方面主要以驻村帮扶干部的考勤、工作量、工作实绩等组织部门、扶贫办及帮扶所在地的县乡政府设置的帮扶干部考核指标体系来进行。主观方面主要从帮扶对象的主观感受出发，也就是通过询问帮扶对象是否真切感受到了驻村帮扶对于自己的实际生活有切实的帮助，发挥了作用。民众对驻村帮扶工作的认识和评价从主观指标设置来看，包括两个方面的内容，第一个方面一是民众对驻村帮扶工作的认识，即是否了解（知道）驻村帮扶，驻村帮扶是通过什么体现的，主要做了哪些工作等；二是驻村帮扶工作是否取得了成效。第二个方面重点在于民众对于驻村帮扶工作的成效是否有真切的感受，他们对于工作成效有什么样的评价，比如对驻村帮扶工作认可不认可、满意不满意，对驻村帮扶工作还有没有什么期待等。我们在选取调查对象时考虑到了城市和乡村的实际区别，即在一些城市居民和乡村居民的居住地没有实施精准扶贫，他们也没有接触过驻村帮扶，因而无法对驻村帮扶工作成效做出评价。但是由于他们通过各种渠道了解（知道）精准扶贫和驻村帮扶，因而可以了解他们对于驻村帮扶工作的认识和期待，这可以看作对精准扶贫和驻村帮扶的宣传教育成效的考察。关键的问题在于如何实现驻村帮扶工作可操作化，设置什么样的指标去衡量。我们经过分析，决定通过驻村帮扶工作队员（驻村干部）的日常帮扶工作去测量，通过民众对帮扶工作队的实际工作评价来衡量。

二　民众对驻村帮扶工作成效的感受与评价描述分析

（一）民众对驻村帮扶工作的认识与感受

第一个问题"您所在的村有帮扶工作队吗？"581 个调查对象中回答"有"的占到了 50%，共 289 人。有 34% 的被调查对象回答"没有"，这可能涵盖没有实施精准扶贫的城市居民和乡村居民，另有 92 个调查对象回答"不知道"。我们在设置这个问题时就考虑到是否会有人不知道精准扶贫和驻村帮扶，估计还有一部分人是拿不准驻村帮扶工作队究竟是干什么的，或者说帮扶工作队是不是一个常设的机构。这些模糊认识可能是造成多达 16% 的人选择这个选项的原因（见图 1）。

第二个问题紧随第一个问题，即如果选择"有帮扶工作队"，则必然会回答"您村里的帮扶工作队来自什么单位"。结果显示，在所有选择有帮扶工作队的回答中，来自中央部门的帮扶工作队只占 1%（8 人），中央在甘单位有 6%（33 人），大多数驻村帮扶工作队由省直单位构成（61%，357

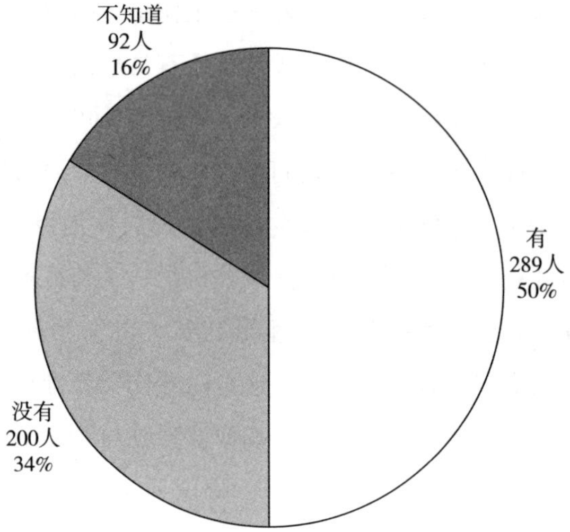

图1　您所在的村有帮扶工作队吗

人）。这个结果完全符合甘肃精准扶贫工作中驻村帮扶工作队的实际情况，即绝大多数贫困村的帮扶工作队来自省直单位，中央部门和中央在甘单位的驻村帮扶工作队只占很小的一部分。需要提请注意的是，每个贫困村的驻村帮扶工作队都包含当地县乡干部，因此我们在选项里面没有专门设置“县乡干部”这个选项（见图2）。

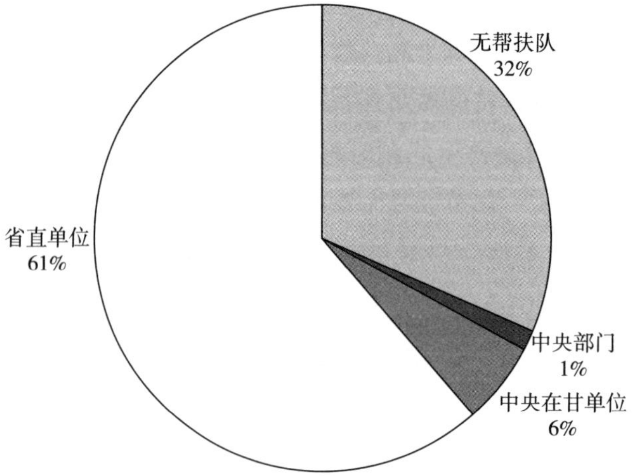

图2　您村里的帮扶工作队来自什么单位

第三个问题为“帮扶工作队经常来您家吗”，我们打算考察驻村帮扶工作队的日常工作态度和工作积极性。因为走村入户不仅是驻村帮扶的主要表现形式，而且还体现了驻村干部的工作积极性和对贫困户及帮扶对象的态度。在581个被调查者中，回答“经常来的”的有207人，占到了36%；有18%，105人回答“不经常来”；还有15%，90人回答“基本不来”（见图3）。由此可知，在实际的驻村帮扶工作中，多数驻村工作队和干部能够进村入户，其中又有多数能做到经常入户，可能是在需要入户工作时入户，没有工作任务时也能做到走访帮扶对象和其他贫困户。有一部分驻村工作队和干部在需要入户时入户，还有一小部分可能就是偶尔去贫困户家里“露个脸”，个别人可能从来没有入户开展工作，当然我们也不排除有些被调查者记忆发生了偏差，导致错选发生。

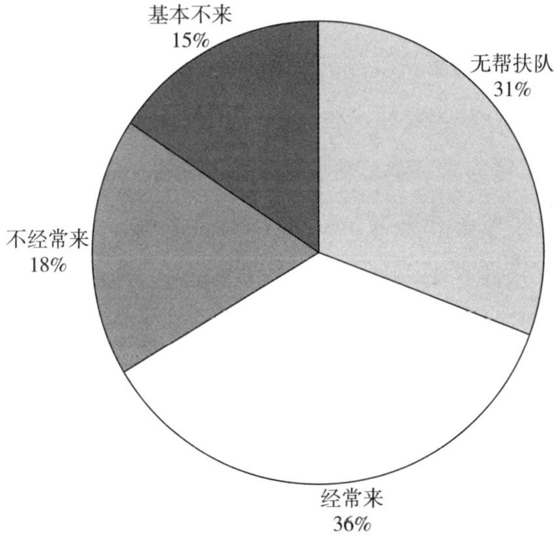

图3　帮扶工作队经常来您家吗

第四个问题“帮扶工作队主要做了哪些工作”，这是重头戏，通过这个问题我们试图了解驻村帮扶工作队和干部的帮扶工作主要由哪些内容组成，他们究竟做了些什么，因为这些工作是民众对他们的帮扶工作进行评价的基础和客观依据。由于这个问题在选项设置上可以多选，因此我们在说明时采用频率来描述，而不采用被调查者的数量。调查显示，“了解情况，填表造册”这个选项出现了225次，占总回答数的22%，“宣传政策，讲解政策法规”选项出现了171次，占总回答数的16%，“了解需求，制订帮扶计划”选项出现了159次，占总回答数的15%，“访贫问苦，给予关怀和帮助”选项出现了151次，占总回答数的14%，“帮助群众联系县乡政府，帮助解决具体问题”选项出现了133次，占总回答数的13%，“沟通协调，为大家脱贫致富争取各种资源”选项出现了116次，占总回答数的11%，还有91次回答“联系群众，处理矛盾纠纷”，占总回答数的9%（见图4）。上述七个选项基本涵盖了驻村帮扶工作的主要内容，其中有六项工作要通过入户来完成，而且有三项工作“了解情况，填表造册”“宣传政策，讲解政策法规”“访贫问苦，给予关怀和帮助”更是需要入户来直接完成。我们强调入户的重要性，不是为了“入户而入户”，而是说明驻村帮扶工作在很大程度上必须通过入户深入了解帮扶对象的实际情况和真实需求，这样才能形成比较客观和精准的帮扶计划，从而有针对性地进行精准帮扶，提高帮扶工作的针对性、精准性和实效性。相对于“了解情况，填表造册”“宣传政策，讲解政策法规”“了解需求，制订帮扶计划”等这些“形式化”工作，能够发挥帮扶作用的主要是争取各种资源，帮助解决现实问题，处理矛盾纠纷和给予关怀帮助等这些“实质性”工作，当然这些也是很有难度和挑战性的工作。

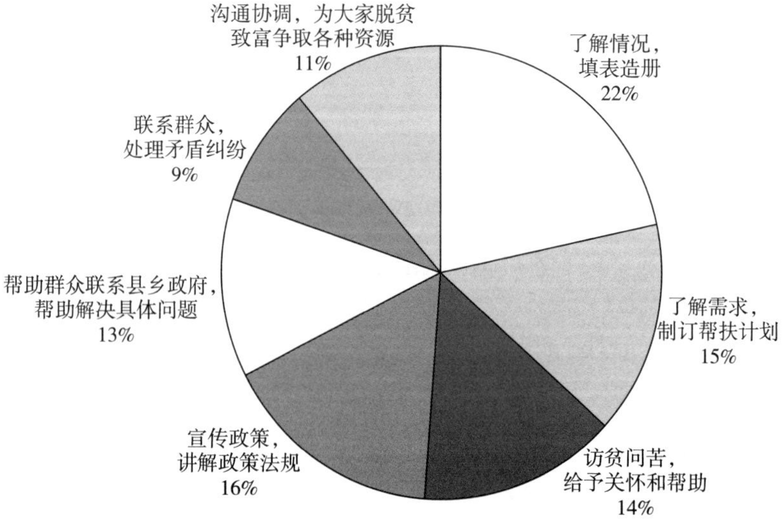

图4　帮扶工作队主要做了哪些工作

（二）民众对驻村帮扶工作成效的评价

第五个问题是整个调查的“核心问题”，我们通过询问“您觉得帮扶工作队对您帮助最大的是什么”来考察民众对驻村帮扶工作成效的主观评价。调查显示，有 149 人选择“真心帮忙，帮助我解决生活中的具体困难和问题”这个选项，占总人数的 26%；有 147 人选择了“经常走访，听取我的诉求和愿望”，占总人数的 25%；有 13%，大约 75 人回答“水平高，为我脱贫致富出主意想办法”；还有 34 人选择了“门路广，为村里争取到了项目和资金”，占总人数的 6%（见图 5）。由此可见，对于民众个人而言，驻村帮扶干部能多来家里走访，多关心民众个人的诉求和愿望，为他们解决生活中的具体困难和问题，为他们脱贫致富出主意想办法是帮助最大，也是成效最明显的工作内容。民众对于帮扶工作和帮扶干部的绩效评价主要是从个人是否获得实质帮助出发，这也符合一般的认识论基础和人性前提。

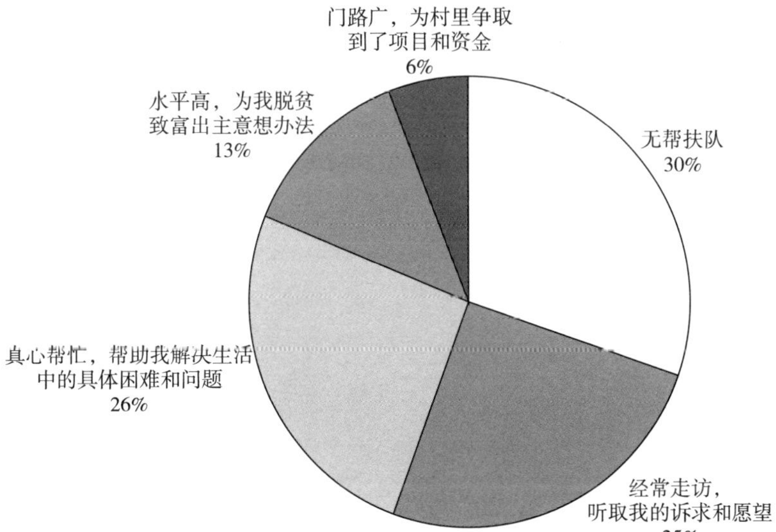

图 5　您觉得帮扶工作队对您帮助最大的是什么

第六个问题是“您觉得帮扶工作队工作作风怎么样”，工作作风是民众对于干部工作成效评价的最直接途径和最直观感受，工作作风包括干部对民众的态度和情感，反映干部对工作的认真、细致和熟悉程度。工作成效好并不一定意味着工作作风好，但工作作风不好必定代表着工作成效不好。这个问题另外一层隐含的意思是将驻村帮扶干部与民众日常接触的本地干部做比较，因为驻村帮扶干部对民众来说毕竟是“外来干部”，那么这些外来干部是否在帮扶工作中展现了不同于或者优异于本地干部的工作作风？从调查结果看，有36%（212人）的被调查者认为帮扶工作队工作作风好，而好的原因是他们能实心为群众办事；有25%（146人）的被调查者认为帮扶工作队的工作作风一般，（与本地干部相比）没有什么特殊的感受；还有9%（51人）的被调查者对于此问题“说不清楚”，实质上是表达了一种模棱两可或漠不关心甚至偏向于否定的态度（见图6）。

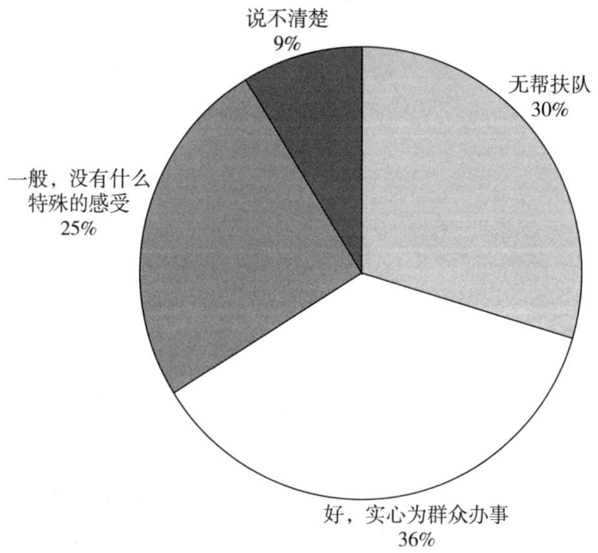

图6　您觉得帮扶工作队工作作风怎么样

从第七个问题开始，我们希望了解民众对于帮扶工作队有哪些期待和要求，这样设计的目的在于能够通过问卷调查得出一个简单的关于驻村帮扶的

“理想类型”，然后将这个“理想类型”与实际驻村帮扶工作队和干部的表现进行比较，从而找出不同。这些不同当然并不能简单等同于帮扶工作中真实的表现和成效，但是能反映出民众对于“好”的帮扶工作和干部表现有哪些标准或期待。调查显示，有137位被调查者选择了“多走近群众，多了解我们的呼声和愿望”这个选项，占样本总数的24%；有123位，占样本总数21%的被调查者选择了“多帮我们争取项目和资金”作为他们希望帮扶工作队能更好发挥作用的工作内容；13%的被调查者（78人）选择了“多给我们出主意，提供各方面的指导”选项；有71位被调查者选择了“多帮助解决我们的具体问题和现实困难”这个选项，占样本总数的12%（见图7）。将这个问题与第五个问题相比，会发现一个很有意思的现象，那就是被调查者认为对个人而言帮助最大的并不是“争取资金和项目”，而是干部能够与自己多来往、多交流，多倾听自己的声音。但是对于帮扶工作队的帮扶工作来说，民众又希望他们能够为帮扶对象“多争取项目和资金”，在这个问题上的“公私分明”说明社会公众对精准扶贫和驻村帮扶在“集体和个人”两个层面能够发挥不同的作用有比较清晰和理性的认识。

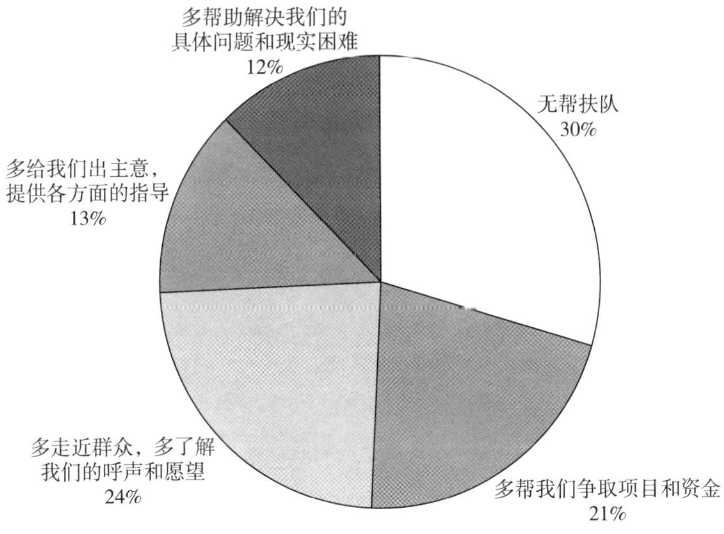

图7　您希望帮扶工作队多做些什么工作才能更好地发挥作用

“路线方针制定之后，干部就是决定性的因素。”对于党和政府的各项工作来说，干部是连接政府和群众的桥梁，是将政策目标转化为具体可见事实的重要中介变量。决定驻村帮扶工作成效的因素有很多，驻村干部的工作能力是其中非常重要的一个因素，我们在“帮扶工作队应该具备哪些素质才能更好地发挥作用”这个问题中考察的正是驻村干部的能力和素质。调查结果显示，185 个调查对象选择了“熟悉三农情况，了解各种涉农政策”，占样本总数的 32%；97 人选择了“与农民打交道的能力”，96 人选择了“农村工作的经验”，分别占样本总数的 17% 和 16%；还有 7%（42 人）选择了“有关系有门路有资源”这个选项（见图 8）。这说明民众认为驻村帮扶干部应该具备熟悉农村情况，拥有农村工作经验，掌握涉农政策，能够与农民无障碍地打交道等能力，才能更好地发挥作用，做出成绩。

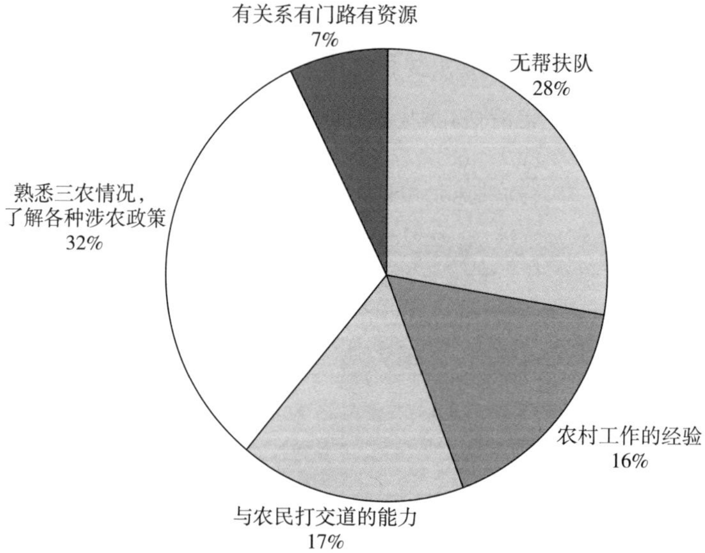

图 8　帮扶工作队应该具备哪些素质才能更好地发挥作用

应该具备哪些素质更多强调的是干部个人的能力素质因素，“帮扶队员最好由哪些人组成才能更好地发挥作用”想考察驻村帮扶工作队的人员怎样搭配会比较科学合理，进而能够更好地发挥作用，取得成绩。调查结果显示，有26%（152人）的被调查者选择了“有干劲的年轻干部”；有94个调查对象选择了“有经验的中老年干部”，占样本总数的16%；还有10%（56人）的被调查者选择了“有门路有资源的干部”；最后有116人选择了“最好是前面所有的干部都有”这个选项，占样本总数的20%（见图9）。这或许是驻村帮扶工作队人员构成的一个“完美模型”，也说明相当一部分民众对于驻村帮扶工作队人员构成的期待和想象。

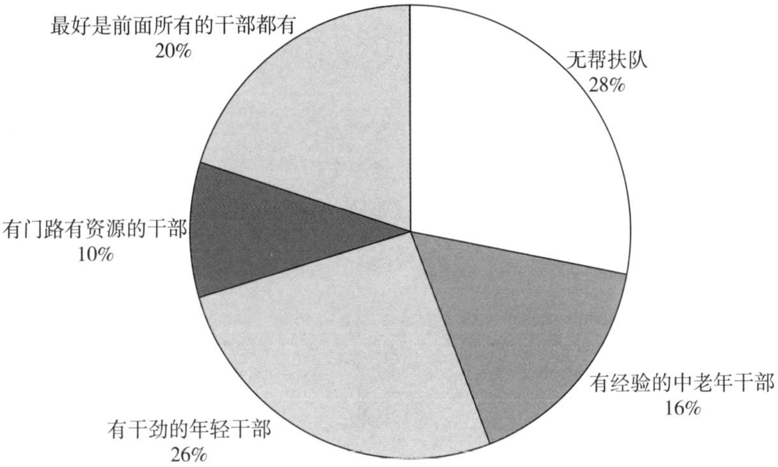

图9　帮扶队员最好由哪些人组成才能更好地发挥作用

在最后一个问题“帮扶工作队怎样安排时间才能更好地发挥作用”中，我们试图考察民众对于驻村帮扶工作的时限有什么样的看法。众所周知，驻村帮扶是精准扶贫工作的一个重要组成部分，在2020年全面脱贫任务完成之后，大多数驻村帮扶工作队也就完成了自己的历史使命，帮扶干部就会回到原单位从事本职工作。我们认为驻村工作还会持续，驻村工作队和驻村干部依然会持续存在，但如此大规模、制度化的精准扶贫驻村帮扶工作队和驻村干部今后很难出现。调查结果显示，有30%（172人）的被调查者希望驻村帮扶工作队“一直都在最好”；有140人认为驻村工作队的工作时间为“1～3年”最好，这占到了样本总数的24%，符合一般驻村工作的常规时限；还有11%（66人）的调查对象表示驻村帮扶工作队“有需要的时候来，工作完成了再走”这样比较好，他们可能是把驻村帮扶工作队定位成了“应急队和救火队”；还有8%（44人）的调查对象认为驻村帮扶工作队的工作时间“说不清楚，看上面的安排”（上级决定多长时间就多长时间）（见图10）。驻村工作的时间长短并不必然代表驻村工作的成效大小，但对于甘肃这个脱贫攻坚任务最重、“贫中之贫，困中之困”的深度贫困地区最多的省份来说，驻村工作队只能通过长时间的扎实工作来完成既定的目标任务。一些深度贫困地区的脱贫攻坚难度超乎想象，为了获得预期的工作成效，驻村帮扶工作队和帮扶干部时时都在“争分夺秒”；也许只有亲身经历的人才能体会到为了完成目标任务，需要怎样的付出和努力。

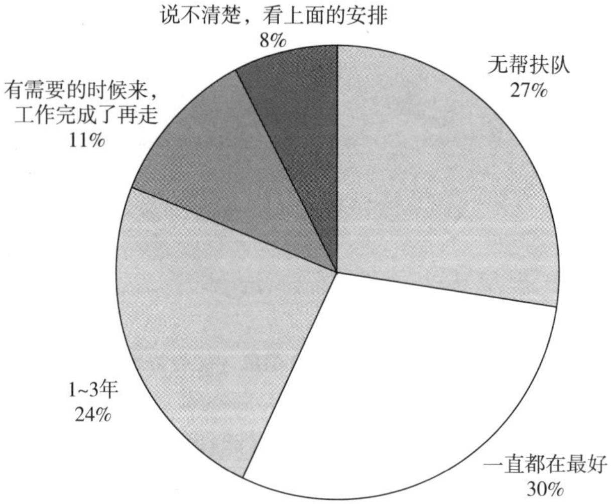

图10　帮扶工作队怎样安排时间才能更好地发挥作用

三　民众对驻村帮扶工作成效的感受与评价的影响因素分析

在上一部分我们通过对调查问卷的描述分析，梳理了民众对于当前脱贫攻坚工作中驻村帮扶工作成效的感受与评价。那么这些感受与评价是怎么得出的，这些感受与评价又反映了怎样的社会心理因素和社会根源，下面我们结合调查过程做一些深入的分析。

（一）社会分化直接导致民众感受与评价存在差异

对同样的事件或问题，不同的人会有不同的认识和反应，这些不同的认识和反应或者来自不同的立场，或者源自不同的利益，还有可能出自不同的成长经历和价值基础。在我们的调查中，还有 10 个社会阶层对驻村帮扶工作成效的感受和评价，调查结果都涵盖在第二部分里面，但有些细节仍然说明了社会阶层分化导致的认识差异。首先是居住在城市的调查对象显然对驻村帮扶乃至精准扶贫缺乏足够的了解和兴趣，大部分城市居民对所有问题都选择“无帮扶工作队”来表示态度，甚至在“你对帮扶工作队有怎样的期待或希望”这种意向性的问题上也选择不回答，这表达了“事不关己高高挂起”的态度。我们一直强调精准扶贫工作是有史以来动员规模最大、程度最高的减贫工程，几乎发动了全社会的力量来参与，但实际上人们关心或评价某个政府行为（政策）往往取决于其是否与自身利益相关。其次，有些应该关心或了解驻村帮扶的调查对象没有表现出预期的反应，比如我们在“国家与社会管理者阶层”的回答中发现有 8% 的县级以上领导干部不知道有没有驻村帮扶工作队。私营企业主、个体工商户和专业技术人员回答不知道的比例都明显高于其他阶层。最后，在调查中也出现了“跨阶层”现象，我们认为理应感兴趣的群体对问题反应平淡，有些群体的应答率和参与热情却比较高。当问及为何认真回答时，他们表示这是国家大事、重要的事，应该了解或知情，而且希望能够通过调查研究来影响决策从而把这项工作做得更好。

（二）政府工作与民众生活传导效应不明显是影响感受与评价差异的重要因素

很多研究者认为，自 2006 年全国取消农业税之后，农村的基层政权失去了与农民的制度化联系，乡村干部不再从农民那里汲取资源，农民也不主动去联系乡村干部，原来的“管控型政权”“汲取型政权”变成了“悬浮型政权”。乡村干部无所事事，农民自己干自己的，这样的农村基层生态一直延续到精准扶贫工作开始。国家通过强有力的行政动员方式将大量人力、物力、财力资源下沉到最基层的村庄和贫困户家里，各级扶贫干部，特别是乡村干部几乎把所有的时间都花在了帮扶工作上，这当然是扶贫工作的客观需要，但同时也重建了政府与农民之间的制度化联系。农民可以通过干部跟政府讲困难，表达诉求和愿望，要求给予救助和福利，而且这些要求在政策允许的范围内基本得到了满足，这就是扶贫工作成效能得到高度评价的直接原因。但与此同时，我们注意到，近年来的政府工作越来越注重行政系统内部事务的程序化、规范化，对报表填报、工作留痕、检查督导等形式化工作的要求超过了深入基层、联系群众等实质性要求。基层干部面对面倾听群众声音，解决群众具体现实问题的时间远远少于在办公室填表造册、会议学习、拍照留影、应付各类检查等工作的时间，主管部门和上级领导很多时候没有为基层干部提供指导和保障，而是转移压力和转嫁责任。这些行为加深了上下级之间的“制度性不信任”，严重影响或者妨碍了政府工作与群众实际感受的传导效应，因为群众感觉政府的日常工作与个人生活很少有直接关系，基层干部认为自己的日常工作和服务群众、联系群众缺少直接联系。调查结果显示，帮扶干部不经常入户，或者调查对象不知道有没有驻村帮扶工作队可能并不是因为没有驻村干部或者干部没有入户，而很可能是干部用来入户解决实际问题的时间被填表造册、补充材料、迎接各种检查督导等工作占用了。群众对帮扶干部的帮扶工作缺乏直观、具体的认识在很大程度上导致对帮扶工作成效的模糊和保守评价。

（三）帮扶干部自身能力、素质、态度问题影响对其工作成效的正面积极评价

无论是我们自己的实地调查还是访谈都表明，绝大多数的驻村帮扶工作队和帮扶干部是认认真真、扎扎实实地开展帮扶工作的。但随着脱贫攻坚持

久战持续深入，当前的“硬骨头”越来越难啃，扶贫主体长时间、高强度投身第一线，“厌战”“懈怠”“畏难”“困惑”“急躁”等不良情绪也在部分地方和帮扶干部身上悄然滋生，在一定程度上阻碍了脱贫攻坚的步伐。一是扶贫干部思想认识不到位，帮扶成效未形成合力。目前，一些部门和干部潜意识认为扶持到户很难出“成绩”，导致有的帮扶单位和帮扶干部没有把心思用在开展扶贫到户工作上，开展精准扶贫工作以来，帮扶单位和村干部只热衷于争取和实施覆盖面大的基础设施建设项目和公共服务建设项目，对于到户产业项目、就业意向等不热心、不主动谋划，实施难度大，不愿投入精力抓落实。二是扶贫干部的业务水平、能力跟不上。战役的持续深入，对扶贫干部的水平、业务、智慧、经验的要求越来越高，而帮扶干部的短板也渐渐凸显。主要表现在一是时间紧任务重。帮扶单位的帮扶干部本身的业务工作繁重，一个萝卜一个坑，个人的能力有限，完成自己本部门的岗位工作已经身心疲惫了，难以抽时间和花心思精力学习扶贫政策、业务，以应对扶贫工作，而且部分贫困户偏远，路不好走，走访一次来回一般要一天时间，到实地真正为民办实事的不多。二是帮扶干部的业务能力有限。很多帮扶干部不是出身农村，也不是来自农村，没有农村和基层工作经验和经历，所从事的工作也不是“三农”工作，对农村工作不熟悉，帮扶措施和办法不多，平时只是按照文件要求和时间节点进行入户走访慰问，宣传国家的扶贫政策和一些惠农政策，或者帮忙跑腿办理落实相关的扶贫政策，没有办法帮助贫困户发展产业或者就业，贫困户难以脱贫，就算已经脱贫了也难以巩固脱贫成果，返贫的概率大，没有一套巩固脱贫成果的长效机制。

四 提升驻村帮扶工作成效的对策建议

（一）加强宣传，加深群众对驻村帮扶工作的认识

为进一步提高贫困群众对脱贫政策措施的知晓度和满意度，更好地教育

引导广大农牧民自力更生，用勤劳的双手脱贫致富，各级驻村（居）工作队可以通过组建扶贫政策宣讲团，大力开展专题宣讲、经验交流等活动，为群众讲解中央、省、市、县脱贫攻坚相关政策措施和强农惠农政策，帮助贫困群众寻找脱贫致富的门路和措施。针对极少数贫困户中仍然存在的“等靠要”思想，驻村工作队在原有的思想教育基础上要重点从扶志扶智上下功夫，深入引导群众增强自我发展意识，帮助他们摆脱“等靠要”思想，强化他们从“要我脱贫”到“我要脱贫”思想转变，进一步激发困难群众自力更生、艰苦奋斗、勤劳致富的决心。除了政策性、理论性的宣传教育工作外，各级驻村（居）工作队还要认识到引导农民群众进行健康生活的重要性，通过加强健康知识教育，帮助群众掌握正确地防病、科学地就医、合理地用药的知识，普及健康的生活方式，引导贫困群众养成良好的生活习惯。

（二）完善机制，提升驻村帮扶工作的质量

各帮扶单位要切实履行驻村帮扶工作职责，建立专门机构，抽调有能力、有担当、有热情的干部职工组建驻村帮扶工作队，特别要把熟悉农村工作、年轻能干的同志选派为驻村工作队员，建立健全各项驻村帮扶工作制度，认真制定干部职工结对帮扶工作方案，使每一个建档立卡贫困户都有结对干部职工。驻村工作队要成为干部结对帮扶的桥梁和纽带，领导干部要带头并组织干部职工及时与帮扶贫困户对接认亲，深入了解贫困户的贫困原因，了解他们想干什么、能干什么、能干成什么。既要全面加强国家精准扶贫政策和强农惠农政策的宣传，又要协助抓好各项政策的兑现落实；既要帮助协调项目资金，加快发展，又要帮助他们转变观念，提振信心。做到用真心、动真情、扶真贫、真扶贫。

精准扶贫驻村帮扶工作，既是各级各部门的政治任务，又是一项庞大的社会工程，需要精心组织，上下联动。省市县区党委政府要切实履行职责，主动为帮扶部门单位与帮扶乡镇和贫困村搭建平台，进一步建立健全驻村干部的培训、激励、考核、保障等机制，对干得好的要提拔重用，充分调动干部积极性。建立健全帮扶单位和帮扶干部的工作机制、考核机制、监督机

制。加强对帮扶干部的结果考核，适当放宽过程考核标准，重点关注帮扶干部的工作实绩，不要花费大量人力物力考核是否在岗、几点几分在岗、签到签退、报了多少材料、填了多少表册等形式过程方面。对于驻村干部的实绩考核，还要适当考虑其单位性质和能力差异，提高对联系群众、工作态度等指标的考核权重。要加强经常性的调查研究和检查督促，建立驻村帮扶工作定期通报制度，及时总结宣传驻村帮扶工作的成功做法、典型经验、先进人物，曝光落后典型，确保干部驻村落到实处。

（三）注重培训，提高驻村干部的帮扶能力

省级层面要统筹设置精准扶贫和驻村干部长期化、系统化的培训方案。一是考虑在省委党校（行政学院）长期开设扶贫工作培训班（农村工作培训班），课程设置上注重理论和实务相结合，偏重实务操作，可以邀请地方主要负责同志和扶贫实绩突出的派驻干部开设专题讲座，中央单位和省级单位的下派干部在派驻之前都要接受专题学习培训。二是市县层面可考虑对市县两级下派干部进行类似培训，还可以对所有派驻干部进行“本土化教育”。“本土化教育”重点介绍县情实际、县域经济社会发展情况、地方风土人情、群众工作特点等接地气、有实际用处的知识，为派驻干部开展工作打下良好基础。三是依托党校（行政学院）、干部学院等培训机构对有关领导和部门负责人、乡镇领导、驻村干部等扶贫队伍成员进行业务轮训培训，加强乡村干部对农业技术推广能力的专题培训，采取集中教学、现场观摩和操作实习等全过程培育模式，每年组织一批，使每个贫困村都有一批能够示范指导和带动特色产业发展的“技术型”干部。特别是加强对贫困村党组织第一书记的培训和对村“两委”成员及致富带头人的培育培训。

（四）加强“内外结合”，保证驻村帮扶质量提升、效果可持续

一是加强团结协作，形成合力。首先要主动沟通，团结战斗。主动加强与结对帮扶单位的沟通、汇报、对接、协调，做好服务工作，寻求支持，在产业扶贫、就业创业扶贫以及其他措施上想办法、找出路，加强“造血”

性扶贫。其次要改进作风，严明纪律。结合“不忘初心牢记使命”学习教育活动，让干部作风在脱贫攻坚中得到改进，让党员党性在脱贫攻坚中得到锤炼。加强扶贫工作队伍建设，扶贫干部要认真学习上级脱贫政策措施，做到吃透政策，当明白人。严格执行脱贫攻坚工作纪律规定，使扶贫资金安全、有效，用到刀刃上。

二是加强思想教育，解决贫困户精神贫困问题。习近平总书记强调：“摆脱贫困首要意义并不是物质上的脱贫，而是在于摆脱意识和思路的贫困。”要注重教育引导，坚持物质文明和精神文明两手抓，两手都要硬，切实加强农村精神文明建设，强化对群众的教育引导，通过统一思想协调好群众关系，凝聚起脱贫攻坚的强大合力。注重激发贫困户内力，除了在培育致富产业上下功夫外，更要在“扶志”和“扶智”上发力，在激发自主脱贫内生动力上求突破。“要把事事求诸人转为事事先求诸己”，充分认识到自身优势以及主观能动性的重要性，拿出敢想敢干的毅力和决心，自力更生，宁愿苦干，不愿苦熬。贫困户的落后思想转变了，落后观念更新了，致富的办法和干劲自然就会有，脱贫致富才有希望，脱贫奔小康的目标才能真正实现。也只有充分调动帮扶人员和贫困群众两方面的“积极性”，发挥好“外部帮扶与自我奋斗”两种动能，形成脱贫攻坚的强大合力，精准扶贫和驻村帮扶工作才能获得真正意义上的持久成效。

B.5

民众对落实就业优先的感受和建议

惠继飞*

摘　要： 民生千万件，就业最关键。从实施积极就业政策到提出“六稳”，首先要稳就业，就业优先战略要全面发力，我们看到，就业问题不断被置于新的前所未有的高度。这一方面体现了中国共产党“以人民为中心”的执政理念，另一方面也意味着“就业难”正是当下的民生之患、民心之痛。就业稳则民心稳、社会稳。甘肃作为一个欠发达省份，实现在今后一段时间内持续做好“六稳”，把稳增长、促改革、调结构、惠民生、防风险工作统筹推进，使人民群众获得感、幸福感、安全感进一步增强，既保持经济持续健康发展，又能使社会大局稳定，为全面建成小康社会收官打下决定性基础这一目标，就需要全面研判当前就业形势，深入分析促进就业面临的问题和挑战，制定和实施切实有效的政策和措施。

关键词： 甘肃民众　就业优先　六稳

就业是最基本的民生，是永恒的社会课题。就业既关乎国计民生，又关乎社会稳定、经济发展。党的十九大以来，就业问题的重要性屡屡被置于一个新的高度，2018 年 8 月，中央政治局会议提出要做好稳就业、稳金融、

* 惠继飞，甘肃省社会科学院马克思主义研究所助理研究员，主要研究方向为地方政府法治建设。

稳外贸、稳外资、稳投资、稳预期工作，稳就业摆在“六稳”之首；2019年《政府工作报告》提出就业优先政策要全面发力，就业优先政策被首次置于宏观政策层面，与财政政策、货币政策并列为宏观调控三大政策。国家如此强调就业问题的重要性，一方面体现了中国共产党“以人民为中心”的执政理念，另一方面也意味着“就业难”正是当下的民生之患、民心之痛。就业稳则民心稳、社会稳。新形势下保持就业局势的总体稳定，对于实现更高质量和更加充分就业，进而实现全面建成小康社会奋斗目标具有重大意义。就业是经济发展的“晴雨表”、社会稳定的“压舱石”，甘肃作为一个欠发达省份，在今后一段时间内持续做好“六稳”工作，使稳增长、促改革、调结构、惠民生、防风险工作统筹推进，使人民群众获得感、幸福感、安全感进一步增强，在保持经济持续健康发展中使社会大局稳定，打下全面建成小康社会的决定性基础，就需要全面研判当前就业形势，深入分析促进就业面临的问题和挑战，制定和实施切实有效的政策和措施。

一　舆情调研基本情况

本次舆情调研，以经济发展和人口分布为综合考虑因素，兼顾重点地区和重点人群，分别选取河西地区的武威市和河东地区的天水市，以问卷调查为主，辅以个别座谈和访谈的形式进行。调研共发放问卷600份，回收有效问卷581份，有效问卷回收率为96.83%。调研对象就居住地而言，涵盖城区（占54.56%）、城郊（占21.51%）、县城（占1.20%）、乡镇（占4.13%）、农村（占18.59%）五类地区；就从业性质而言，包括国家与社会管理者（约占4.30%）、经理人员（约占5.16%）、私营企业主（约占7.40%）、专业技术人员（约占14.29%）、办事人员（约占9.12%）、个体工商户（约占10.33%）、商业服务业员工（约占3.61%）、产业工人（约占16.01%）、农业劳动者（约占22.03%）、失业人员（约占7.75%）等十个阶层；在性别比例上，男性约占53.53%，女性约占46.47%；在年龄结构上，18~25岁的占比为7.57%，26~35岁的占比为29.26%，36~45岁的占比为

38.04%，46~60岁的占比为24.10%，60岁以上的占比为1.03%；在文化程度上，小学及以下文化程度的占比为9.13%，初中文化程度的占比为22.38%，高中（职高）文化程度的占比为25.13%，大专文化程度的占比为16.35%，大学本科及以上文化程度的占比为27.02%。

二 民众对落实就业优先的感受和建议问卷分析

（一）被访者对就业优先战略的知悉度较低

党的十九大提出我国要坚持就业优先战略和积极就业政策，实现更高质量和更充分就业。2019年《政府工作报告》首次将就业优先置于国家宏观政策层面。那么，对于就业优先战略及其配套政策，广大民众知悉度如何？调查结果显示，仅有6.37%的被访者表示非常了解；30.64%的被访者表示比较了解。相反，53.36%的被访者表示不太了解；9.64%的被访者表示不了解（见图1）。

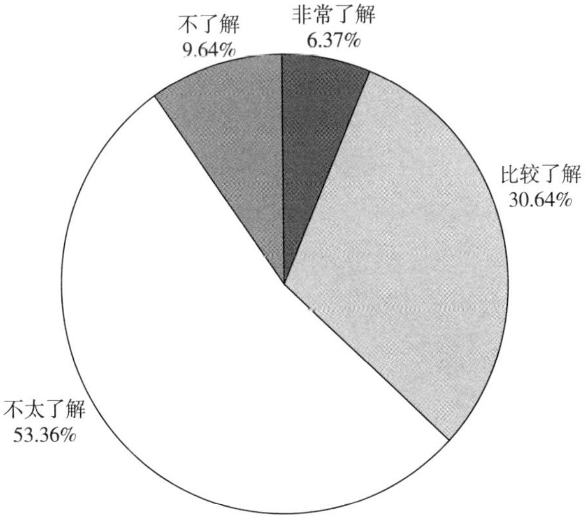

图1 被访者对就业优先战略的了解程度

作为一项国家战略，仅有不足四成的被访者表示非常了解和比较了解，相反，有六成多的被访者表示不太了解和不了解。这说明，甘肃省民众对就业优先战略及其配套政策的知悉度还较低，因此，这一战略要真正落实落地还必须加大宣传力度，让国家就业优先战略的内容、政策措施做到家喻户晓、应知尽知。

（二）六成以上的被访者对当前就业形势表示乐观或谨慎乐观

落实就业优先战略，首先要明确当前的就业形势。一般来说，就业形势包括就业现状和就业预期。那么，民众对甘肃省的就业形势有何感受呢？问卷调查显示，有 36.49% 的被访者认为十分严峻，很难找到合适工作；40.45% 的被访者认为比较严峻，但只要努力仍能找到满意的工作；20.14% 的被访者认为形势较好，就业容易；另有 2.93% 的被访者表示说不清（见图 2）。

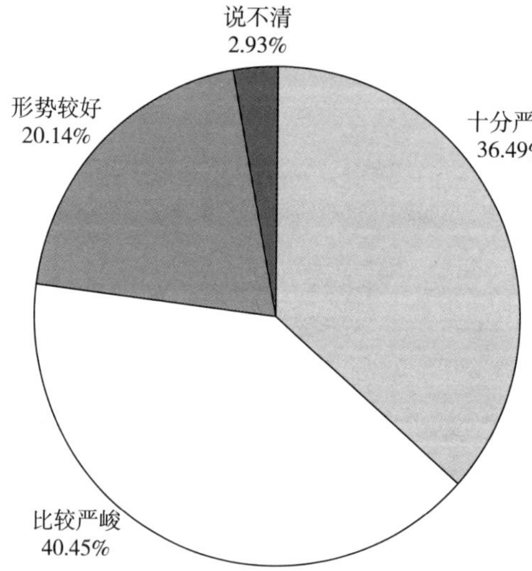

图 2　被访者对当前就业形势的看法

六成多的被访者对就业现状和就业预期持乐观或谨慎乐观态度，这说明在多措并举促就业的政策“组合拳”下，甘肃省就业形势正在向良性发展。

但同时，我们也应该看到，仍有近四成的被访者认为甘肃省就业形势十分严峻，很难找到合适工作，对于就业形势持完全乐观态度的仅有两成多，这说明甘肃省就业形势仍然稳中有忧，应该引起各级党委和政府的高度重视。

（三）六成多的被访者存在过不同程度的失业或待业情况

就业既是地方经济状况的“晴雨表”，也是地区社会稳定的“压舱石”。落实就业优先战略，就是要在宏观政策的制定过程中将就业问题放在更加突出的位置，作为优先考虑因素，最大限度地降低失业或待业程度。因此，落实就业优先，就要掌握民众的失业或待业情况。那么，甘肃省民众是否存在失业或待业情况？问卷调查结果显示，有 38. 73% 的被访者表示没有失业或待业情况；有 22. 72% 的被访者表示存在半年以内的失业或待业情况；有 20. 31% 的被访者表示存在半年到一年的失业或待业情况；有 8. 95% 的被访者表示存在一年到两年的失业或待业情况；有 9. 29% 的被访者表示存在两年以上失业或待业情况（见图 3）。

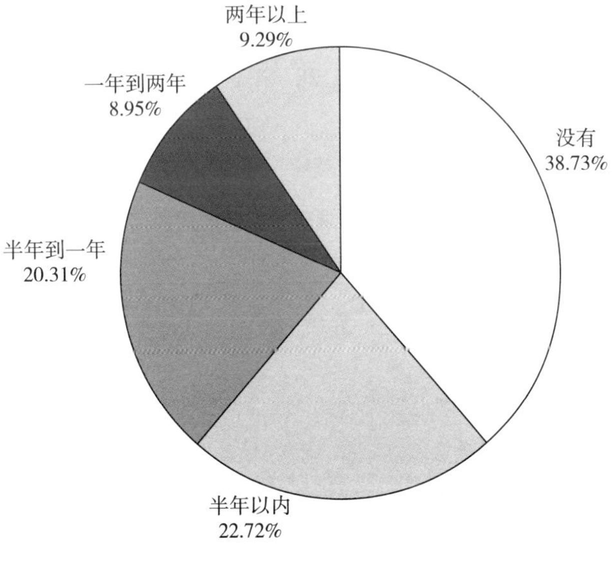

图 3　被访者对是否存在失业或待业情况的感受

仅有不足四成的被访者表示没有失业或待业情况，相反，六成多的被访者表示有过不同时间段的失业或待业情况，这说明还有很大一部分人没有达到“业有所务”的充分就业状态，尤其是短期失业情况比较严重，稳就业仍然是当前和今后一个时期的工作重点。在调研中我们了解到，有一部分在城市化进程中已经市民化的“4050”人员虽然完成了身份转变，但因为缺乏城市生存技能，并且年龄偏大，找工作存在很大困难，基本处于失业或半失业状态，这部分人是当前就业的困难群体，也应该成为就业工作关注的重点对象。

（四）诸多因素导致被访者“求职难”

就业优先就是要解决就业难的问题。当前，就业难既有求职者“一职难求”的问题，也有用人单位“招人难”的问题，这种现象是因何产生的？问卷调查显示，诸多因素困扰着求职者，根据多项选择结果，首先是就业信息不足，占比为53.55%；其次是个人能力不足，占比为42.29%；再次是缺乏社会关系，占比为40.73%；最后依次是缺乏工作经验、专业不对口、求职方法技巧欠缺、用人单位选拔不公正、性别劣势、健康状况影响、其他，占比分别为35.01%、29.29%、28.42%、23.92%、10.92%、6.07%、4.33%（见表1）。

表1　被访者认为求职中存在的困扰因素

单位：人次，%

排序	困扰因素	选择频次	占比
1	就业信息不足	309	53.55
2	个人能力不足	244	42.29
3	缺乏社会关系	235	40.73
4	缺乏工作经验	202	35.01
5	专业不对口	169	29.29
6	求职方法技巧欠缺	164	28.42

续表

排序	困扰因素	选择频次	占比
7	用人单位选拔不公正	138	23.92
8	性别劣势	63	10.92
9	健康状况影响	35	6.07
10	其他	25	4.33

从表1中可以看出，就业信息不足是求职者的最大困扰，同时，被访者在求职时还存在由于个人能力、工作经验、专业不对口等造成的不能胜任工作岗位的问题。因此，解决就业难，一方面要畅通就业信息渠道，另一方面要大力实施个人技能提升工程。问卷调查结果显示，当前被访者获得就业信息的主要途径是：网络及其他媒体，占比为58.59%；招聘会，占比为52.68%；亲戚朋友介绍，占比为40.93%；人才交流中心、职业介绍机构，占比为33.33%；政府部门发布的就业信息，占比为35.06%；亲自登门推荐，占比为16.03%；其他，占比为4.66%（见图4）。

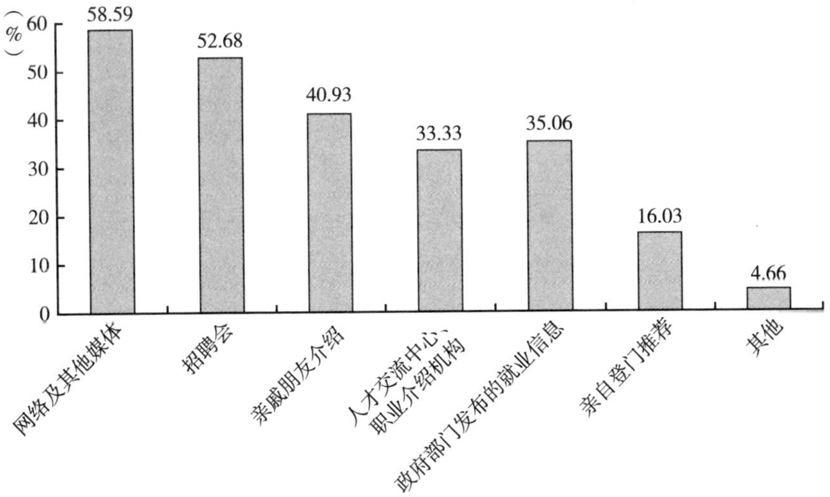

图4 被访者获得就业信息的主要途径

（五）被访者在求职时的主要考虑因素

就业必须乐业。就业，不仅是有一个工作岗位，只有找到自己称心如意的工作，求职者才能乐在其中，还要长期稳定就业。因此，做到稳就业，就要清楚广大民众在就业时的主要考虑因素。对此，在问到求职时优先考虑的因素时，多项选择结果显示，77.24%的被访者选择的是薪酬与福利；51.38%的被访者选择的是工作地点；47.41%的被访者选择的是个人发展机会。其他依次是单位发展前景、个人兴趣和专长、单位性质、工作时间、工作职位、社会评价，占比分别为36.55%、26.55%、16.38%、10.86%、8.62%、7.24%（见图5）。

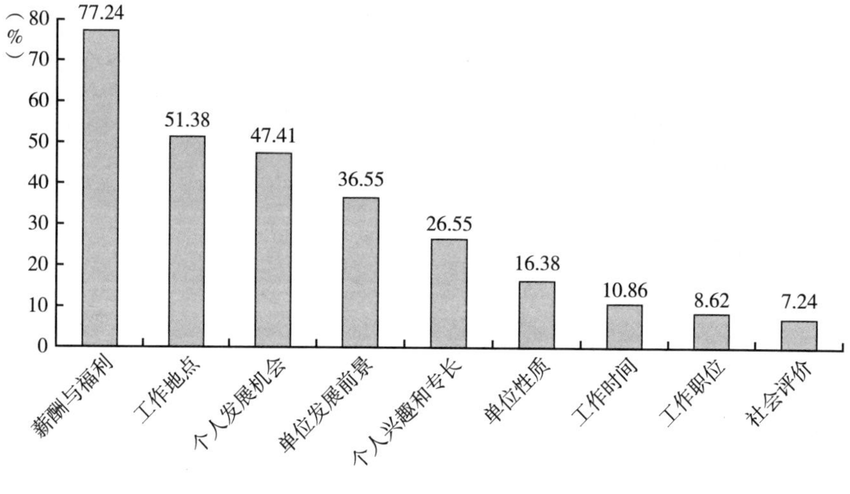

图5　被访者在求职时的主要考虑因素

数据表明，薪酬与福利是绝大多数求职者在就业时的优先考虑，这充分说明，在社会主义初级阶段，大多数人求职仍然是为了谋生存。因此，各级政府应不断完善工资制度，提高福利待遇，尤其是农民工的工资保障制度是落实就业优先战略的应有之义。

（六）近九成的被访者有自主创业的意愿

就业包括创业。充分就业，就必须转变就业观念，在政府大力促进就业的同时，更要在全社会倡导和鼓励创新、创业的“双创”行为。那么，民众对自主创业有何看法呢？调查显示，对于自主创业，44.58%的被访者表示想过，并且想试；44.75%的被访者表示想过，但顾虑风险；仅有10.67%的被访者表示没想过（见图6）。

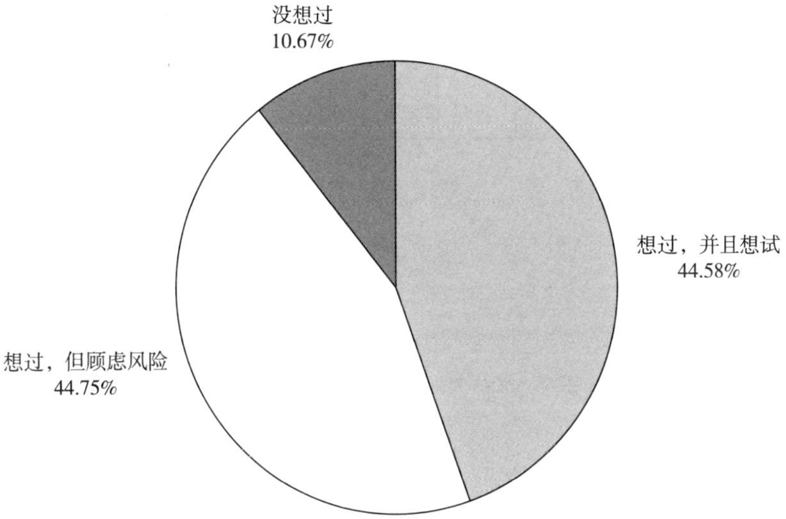

图6　被访者对自主创业的看法

数据表明，接近九成的被访者有自主创业的意愿，这是一个积极的信号。因此，党和政府要大力宣传、善于引导，在全社会鼓励求职者尤其是具备一定技能的人才自主创业，一方面要不断出台和完善政策“工具箱”里的配套政策，另一方面要逐渐消除人们对自主创业的风险顾虑，让创新、创业成为就业的主流方向并形成一种社会风气。

同时，对于如何才能顺利就业，26.16%的被访者表示要调整个人心态和择业标准；38.55%的被访者表示要提高自身素质和能力；30.64%的被访者表示要树立正确的就业观；2.24%的被访者表示要政府与社会提供更好的就业指导和服务；2.07%的被访者表示要有政府政策支持；0.34%的被访者选择其他（见图7）。

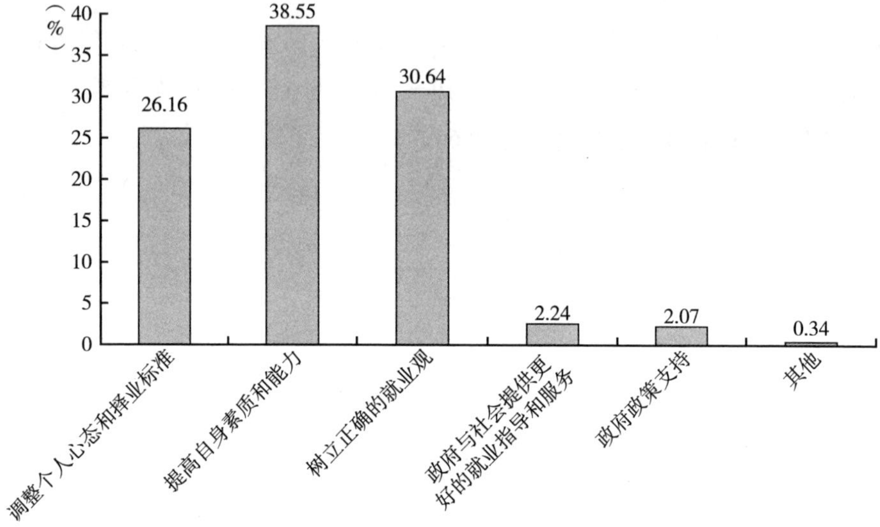

图7　被访者对如何顺利就业的看法

可见，稳就业需要政府、社会和个人三方共同发力，从个人来说，要不断提高自身素质和能力，能够充分胜任工作岗位，同时要树立正确的就业观，实现多渠道多方式就业创业，及时调整个人心态和择业标准。从政府和社会责任来看，就是要为求职者提供更好的就业指导和服务，并且政府不断为实现充分就业提供政策支持。

（七）被访者认为需要多措并举促就业

影响当前就业状况的主要因素有哪些？51.21%的被访者认为是经济增长趋缓，对就业拉动能力减弱；27.16%的被访者认为是中美贸易摩擦所致；30.97%的被访者认为是第三产业发展缓慢；44.64%的被访者认为是就业供求关系结构性矛盾突出；30.80%的被访者认为是高校应届毕业生屡创新高；43.25%的被访者认为是部分企业经营困难；26.99%的被访者认为是政府对就业缺乏重视；5.36%的被访者认为是其他（见表2）。

表2　被访者认为当前影响就业的主要因素

单位：人次，%

排序	影响因素	选择频次	占比
1	经济增长趋缓,对就业拉动能力减弱	296	51.21
2	就业供求关系结构性矛盾突出	258	44.64
3	部分企业经营困难	250	43.25
4	第三产业发展缓慢	179	30.97
5	高校应届毕业生屡创新高	178	30.80
6	中美贸易摩擦所致	157	27.16
7	政府对就业缺乏重视	156	26.99
8	其他	31	5.36

就业，说到底应该是一种国家责任、政府职责。正如2019年《政府工作报告》首次将就业优先政策置于宏观政策层面，旨在强化各方面重视就业、支持就业的导向。《政府工作报告》对当前和今后一个时期，我国就业形势的总体衡量是总量压力不减、结构性矛盾凸显，新的影响因素还在增加。那么，在这种背景下，政府应该采取哪些措施来应对当前的就业问题呢？43.43%的被访者认为要加快第三产业发展；45.33%的被访者认为要保持经济稳定增长；55.54%的被访者认为要加大政策扶持力度，支持劳动密集型中小企业发展；37.37%的被访者认为要对重点就业群体精准施策，完善帮扶机制；47.23%的被访者认为要积极推动“双创”，为劳动者创造更好的就业条件；40.66%的被访者认为要完善政策措施，稳定企业发展；44.64%的被访者认为要完善就业服务体系，提供全方位的就业服务；28.55%的被访者认为要破除妨碍劳动力流动的体制弊端；28.03%的被访者认为要完善失业保障制度，兜底就业底线；其他占5.71%（见表3）。

表3　被访者认为当前稳就业应当采取的主要措施

排序	主要措施	选择频次	占比
1	加大政策扶持力度，支持劳动密集型中小企业发展	321	55.54
2	积极推动"双创"，为劳动者创造更好的就业条件	273	47.23
3	保持经济稳定增长	262	45.33
4	完善就业服务体系，提供全方位的就业服务	258	44.64
5	加快第三产业发展	251	43.43
6	完善政策措施，稳定企业发展	235	40.66
7	对重点就业群体精准施策，完善帮扶机制	216	37.37
8	破除妨碍劳动力流动的体制弊端	165	28.55
9	完善失业保障制度，兜底就业底线	162	28.03
10	其他	33	5.71

三　舆情调查问卷结论分析

（一）就业预期稳中有忧

当前甘肃省就业形势保持总体稳定态势。近五年来，甘肃省就业人数总体保持稳定趋势，五年累计城镇新增就业217.86万人。2019年甘肃省《政府工作报告》指出，2018年甘肃省城镇新增就业43.13万人，超计划任务7.8%，城镇登记失业率为2.78%，明显低于国家控制目标，高校毕业生就业率达到92.8%。新发放创业担保贷款24.2亿元，吸纳带动5.6万人就业；输转城乡富余劳动力522万人，创劳务收入1110亿元。这些数据表明，甘肃省劳动力市场运行总体平稳，处于比较充分的就业状态。

虽然就业形势稳定发展的基本面没有改变，但促进就业面临的国内外环境和条件都在发生深刻而复杂的变化，就业形势稳中有变、稳中有忧、复杂严峻。甘肃要完成城镇新增就业38万人，城镇登记失业率控制在4%以内的目标，仍然面临很多困难。

首先，经济下行压力加大了就业压力。就业好不好是经济好不好的集中体现，当前我国经济下行压力加大是一个不争的事实，甘肃是一个老工业基地，随着经济结构的调整，众多企业尤其是一些老工业企业面临更为严峻的产业转型和淘汰落后产能压力，加之要素成本上涨、税费和社保负担较重、环保约束日趋严格，多重因素叠加致使企业实际经营困难较多，企业家信心不足和预期较差，未来提供新增就业岗位的能力和意愿有所下降。其次，不断加剧的中美经贸摩擦增加了潜在的失业风险。中美经贸联系紧密、规模庞大、涉及面广、影响面宽，这会对与之密切相关的就业岗位造成广泛影响。最后，就业结构性矛盾更加突出。有学者指出，随着经济社会发展和劳动力市场供求关系变化，我国就业主要矛盾已经转化为劳动者日益增长的更高质量和更加充分就业需要和不平衡不充分的就业发展之间的矛盾。这种结构性矛盾主要表现在地区、企业、群体等方面，如在产业单一、产能过剩地区，老工业基地，资源枯竭城市等就业岗位相对短缺，有的地区甚至存在潜在规模性失业风险。同时，就业困难的高校毕业生、缺乏技能的农村劳动力、因化解过剩产能下岗的失业人员、部分退役军人等成为当前促进和稳定就业的重点和难点。调查中近四成的民众认为就业形势十分严峻、六成多的民众存在失业或半失业风险充分说明了这一点。

对当前和今后一个时期的就业形势，《政府工作报告》的定位为就业总量压力不减、结构性矛盾凸显，新的影响因素还在增加，高度重视并妥善应对就业问题仍是一项长期而艰巨的任务，各级政府必须把稳就业摆在更加突出的位置。

（二）政策落地举步维艰

就业优先已被确定为国家宏观战略，配套政策也相继出台，各级政府及职能部门对就业问题的重视程度前所未有。但从甘肃省实际看，就业优先战略及其配套政策在落实落地方面还存在诸多问题。首先，政策宣传不到位。就业优先作为一项关乎千家万户的国家宏观战略，也即国策，首要的问题是谁来落实，落实到谁？答案显然是明确的，那就是全党全国全社会来落实，落实到企业、个人和千家万户。但从调研了解到的情况看，多数民众不了解或不太了解就业优先战略及配套措施，这种偏低的知悉度充分说明各级政府对这一国策的宣传力度不够，诸多工作还仅仅停留在文件运行阶段。其次，就业服务存在“孤岛”。从调查情况看，当前甘肃省缺乏实时监测、研判就业市场供需情况的系统性力量，相关部门难以切实掌握市场主体的用工需求和劳动者的就业需求。缺乏相对完整的人力资源监测、研判系统，加之部分统计口径不明确，部门间“数据烟囱”“信息孤岛”共存，一些流动数据统计路径缺失，对灵活就业和离岸人才、候鸟型人才存在管理短板等问题，导致政府难以科学地匹配供需。当前就业难存在的结构性问题是企业普遍反映招工难，实际劳动力的供给数量却居高不下，大量的高校毕业生、农村富余劳动力、转业军人、下岗失业人员找不到工作，这种劳动力丰裕情况下出现“用工荒”的一个重要原因是供需双方信息不对称，就业信息服务平台不完善。同时，由于各方面条件的制约，就业培训和技能提升仍然是甘肃省就业工作中面临的瓶颈。这些情况从调研数据中都可以反映出来，如多数被访者表示求职时面临最大的困境是就业信息不足，绝大多数被访者有自主创业意愿却担心创业风险。最后，就业合力还未形成。作为国家宏观战略，就业优先是一套“组合拳”，需要全社会发力。但从甘肃省的实际情况看，这种合力还未形成，政府、市场主体和个人还远未承担起各自的责任和使命。

四　对策建议

面对新情况新挑战，甘肃落实就业优先战略需要在用足用活国家政策中找动力，在保持经济稳定发展中强基础，在精准施策中破难题，在全面发力中寻突破。

（一）用足用活国家政策，为稳就业提供制度保障

就业政策是稳就业的重要保障。就业优先战略实施以来，国务院及相关部委陆续出台一系列政策举措，这些措施有些是针对鼓励企业用工的，有些

是针对重点就业群体的，政策内容涵盖支持企业稳定发展、鼓励支持就业创业、积极实施培训、开展下岗失业人员帮扶等各个方面。政策重在落实，现在的关键就是要用足用活这些国家政策，进一步完善政策操作流程，简化程序，完善服务，不断释放政策“红利”，使就业优先战略各项举措在甘肃落地开花。同时，应抓好政策细化落实，提高针对性和可操作性，切实发挥政策成效。各地区要结合本地实际，创造性地开展工作，及时制定实施办法，细化各项措施，组织开展各项活动，使好政策落地生根，发挥实效，从而确保就业局势总体稳定。

（二）保持经济稳定发展，以稳增长促稳就业

经济发展与扩大就业是一种良性互动的关系，经济增长是带动就业的“火车头”，稳增长是稳就业的基础。保持经济增长在合理区间是稳定和拉动就业的必要条件。要进一步优化产业结构，提高第三产业增加值占国内生产总值的比重，提升经济增长对就业的拉动能力。加强财税、金融、产业、贸易、投资等经济政策与就业政策配套衔接，同等条件下优先安排对创造就业岗位多、岗位质量好的公共投资和重大建设项目。加强对新技术、新产品、新业态、新商业模式的支持，推动传统产业转型升级，大力发展战略性新兴产业和现代服务业，创造更加充分、更高质量的就业岗位。在大力发展实体经济稳定就业的同时，要积极培育壮大服务业、新产业、新业态、新模式等促进新动能开发的就业岗位。财税、金融、产业、贸易、投资等重大政策的制定和实施应有利于稳定就业岗位，改善就业环境，防范失业风险。着力优化经济结构，创造更多就业机会。通过改革“减负”释放活力。加大减轻企业税费负担、化解融资难、降低社保费率的力度，继续深化“放管服”改革，持续优化营商环境，进一步发挥民营企业、中小微企业吸纳就业的主渠道作用，进一步激发“双创”活力，使各类市场主体都能在稳就业中发挥应有的作用。积极推进“一带一路”建设、国际产能和装备制造合作，促进劳动者境外就业。

（三）聚焦重点，精准施策

稳就业不是简单的“花更多钱雇更多人”的静态思路，而应通过精准施策实现人力资源的质的提高，这就需要政府部门接地气，精准把握民生痛点，再一一施策，要聚焦重点群体和重点地区，注重防范局部规模性失业风险。当前，要将经济增长相对迟缓、产业单一、资源枯竭、就业岗位缺乏等地区，民营小微企业、受经贸摩擦影响大的企业，就业困难高校毕业生、因化解过剩产能下岗的失业人员、就业困难退役军人、城镇就业困难人员等群体作为政策重点，因地制宜，因群体而异，给予政策倾斜，精准施策，精准为他们提供就业指导、就业咨询和就业扶持，提高政策的针对性和有效性，如为农民工群体、“40”“50”群体等就业弱势人群提供完善的职业技能提升培训，并给予培训合格的就业困难人员一定职业培训补贴和生活费补贴；通过提高岗位补贴标准等方式，鼓励公共事务部门及企业招用城乡就业困难人员、退役士兵、企业分流职工、下岗转业职工等；认真落实国家三年百万青年见习计划，适当提高青年人员见习补贴标准，并为贫困、来自零就业家庭，以及缺乏工作经历的青年，优先提供见习机会；做好下岗失业人员就业援助，保障困难失业人员的基本生活。与此同时，对于中美经贸摩擦对就业带来的不利影响，应加强形势研判和政策储备。密切监测重点地区、企业用工变化，建立部门协调应急机制，及时消除局部规模性失业风险。

（四）打出促进就业“组合拳”

一要完善就业预警机制，加强形势监测分析。基于各地产业结构、企业生产经营状况等因素，相关部门通过排摸情况、监测指标，强化政策储备和应对预案，以应对未来可能出现的失业情况，增强风险意识和底线思维。二要强化政府就业供需匹配能力建设，实现更高质量和更充分的就业。整合不同就业工作部门职能，组建大就业服务部门，打造系统的就业市场动态监测研判体系，完善就业市场实时跟踪机制，构建集数据收集、数据分析、数据使用于一体的就业监测研判平台，充分把握就业市场变化趋势，促进劳动力供给和用工需求匹配耦合。充分运用大数据、云计算等新技术，构筑智能化协调匹配平台，强化政府协调各类市场主体及劳动力的能力，提升协调匹配效率，实现劳动力供给和市场主体用工需求更高质量的匹配和耦合。三要完善失业保险制度。对一些存在就业结构性矛盾的地区和就业困难群体，政府要出台相关的失业或待业保险措施。四要加强对灵活就业、新就业形态的支持，促进劳动者多渠道就业。加大创业担保贷款贴息及奖补政策支持力度，简化程序，细化措施，全面落实奖补政策。促进创业服务平台建设和功能完善，全面落实省级创业就业孵化示范基地（园区）扶持政策。

B.6 民众对个人网络信息安全的看法及评价调查

李　蓉*

摘　要： 个人网络信息安全是国家网络安全的一个重要组成部分。近年来，甘肃省委省政府在习近平总书记关于网络强国的重要思想指导下，深入开展网络安全知识技能普及工作，稳步推进全省网络安全体系建设。本报告以甘肃省民众为调查对象，通过问卷调查获取民众对个人网络信息安全的看法及评价，旨在及时发现甘肃省民众在网络信息使用和个人信息安全管理中可能存在的问题，并对问题进行分析探究，从而为解决问题提供一定的参考，以有利于推进甘肃省个人网络信息安全工作真正落到实处。

关键词： 民众　个人网络信息安全　个人隐私

党的十八大以来，以习近平同志为核心的党中央高度重视网络信息安全工作。党中央明确指出“没有网络安全就没有国家安全”，通过各项工作的积极推进引导人民群众“树立正确的网络安全观”，在牢固树立国家网络安全屏障的同时，也为推进网络强国提供根本遵循。个人网络信息安全是大数据时代国家网络安全的重要组成部分，个人网络信息的管理已越来越受到国

---

* 李蓉，硕士，甘肃省社会科学院马克思主义研究所助理研究员，主要研究方向为政治学理论、当代中国政治发展、政党政治。

家的重视，出台相应法律法规。近年来，国家相继出台了《中华人民共和国个人信息保护法（草案）》《中华人民共和国网络安全法》《信息安全技术个人信息安全规范》等法规条例，对公民个人网络信息保护提出规范性要求。2019 年，甘肃省委省政府在习近平总书记关于网络强国的重要思想指导下，不断提升网络信息设施服务水平、提高网络安全的保障能力，不断加强与共建“一带一路”国家和地区的信息技术交流与合作。同时，甘肃省积极参与到丝绸之路信息港建设之中，着力打造西北数字经济高地，努力创造支撑“丝绸之路经济带”信息传输和数据服务的重要节点。全省上下下大力气进一步完善个人网络信息安全的统筹管理机制、加强数据安全平台建设，全面深入开展网络信息安全知识技能普及工作，稳步推进全省网络安全体系建设。本报告以甘肃省民众为调查对象，通过问卷调查获取民众对个人网络信息安全的看法及评价，旨在及时发现甘肃省民众在网络信息使用和个人信息安全管理中可能存在的问题，并对问题进行分析探究，从而为解决问题提供一定的参考，以有利于推进甘肃省个人网络信息安全工作真正落到实处。

一　被访者基本情况

2019 年 7 ~8 月，《甘肃舆情分析与预测（2020）》调研组在甘肃全省范围开展了“民众对个人网络信息安全的看法及评价”的调查。此次调查选取省内平凉、天水、定西、武威作为重点区域，以问卷调查为主要形式。课题组共发放问卷 600 份，回收有效问卷 581 份，有效问卷回收率为 96.83%。从被访者性别看，男性为 311 人，占 53.53%；女性为 270 人，占 46.47%。从被访者年龄看，18 ~25 岁的为 44 人，占 7.57%；26 ~35 岁的为 170 人，占 29.26%；36 ~45 岁的为 221 人，占 38.04%；46 ~60 岁的为 140 人，占 24.10%；60 岁以上的为 6 人，占 1.03%。从被访者文化程度看，不识字的为 3 人，占 0.52%；小学文化程度的为 50 人，占 8.61%；初中文化程度的为 130 人，占 22.38%；高中（含职高）文化程度的为 146 人，占 25.13%；大专文化程度的为

95 人，占 16.35%；大学本科文化程度的为 137 人，占 23.58%；研究生以上文化程度的为 20 人，占 3.44%。从被访者政治面貌看，中共党员为 176 人，占 30.29%；无党派为 400 人，占 68.85%；民主党派为 5 人，占 0.86%。从被访者居住地看，城区为 317 人，占 54.56%；城郊为 125 人，占 21.51%；县城为 7 人，占 1.20%；乡镇为 24 人，占 4.13%；农村为 108 人，占 18.59%。按十个职业阶层样本分布为：国家与社会管理者阶层为 25 人，占 4.30%；经理人员阶层为 30 人，占 5.16%；私营企业主阶层为 43 人，占 7.40%；专业技术人员阶层为 83 人，占 14.29%；办事人员阶层为 53 人，占 9.12%；个体工商户阶层为 60 人，占 10.33%；商业服务业员工阶层为 21 人，占 3.61%；产业工人阶层为 93 人，占 16.01%；农业劳动者阶层为 128 人，占 22.03%；失业人员阶层为 45 人，占 7.75%（见表 1）。

表 1　被访者基本情况

单位：人，%

调查项目		人数	占比
性别	男	311	53.53
	女	270	46.47
年龄	18～25 岁	44	7.57
	26～35 岁	170	29.26
	36～45 岁	221	38.04
	46～60 岁	140	24.10
	60 岁以上	6	1.03
政治面貌	中共党员	176	30.29
	无党派	400	68.85
	民主党派	5	0.86
文化程度	不识字	3	0.52
	小学	50	8.61
	初中	130	22.38
	高中（含职高）	146	25.13
	大专	95	16.35
	大学本科	137	23.58
	研究生以上	20	3.44

续表

调查项目		人数	占比
职业阶层	国家与社会管理者阶层	25	4.30
	经理人员阶层	30	5.16
	私营企业主阶层	43	7.40
	专业技术人员阶层	83	14.29
	办事人员阶层	53	9.12
	个体工商户阶层	60	10.33
	商业服务业员工阶层	21	3.61
	产业工人阶层	93	16.01
	农业劳动者阶层	128	22.03
	失业人员阶层	45	7.75
居住地	城区	317	54.56
	城郊	125	21.51
	县城	7	1.20
	乡镇	24	4.13
	农村	108	18.59

资料来源：《甘肃舆情分析与预测（2020）》调研组“民众对个人网络信息安全的看法及评价”调查的问卷统计结果。

二　问卷统计与分析

（一）个人网络信息安全现状

1. 大量被访者存在个人网络信息安全隐患

问卷首先通过了解民众的基本情况——网络账号个数、是否提供真实信息、参加促销活动的频率、是否遭受过攻击、是否丢失过存储设备、通信设备是否设置了保护密码、是否接听到各种骚扰电话、是否因信息泄露造成经济损失等，来了解民众个人网络信息安全的现状。通过对问卷进行分析发现，大部分被访者拥有 1 ~ 5 个网络账号，占比为 77.1%；被访者中没有网络账号的仅占 16.9%。这说明超过 3/4 的民众有一个或多个网络账号，网络账号涵盖大量个人信息，网络账号数量越多，个人信息被泄露的风险就越大（见图 1）。

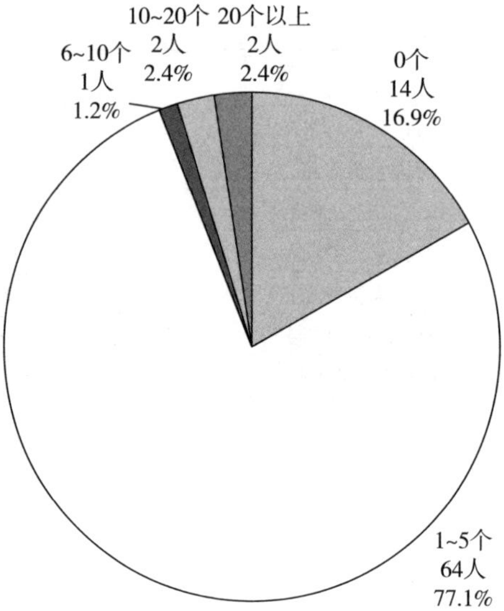

图1　民众的网络账号个数及比例

2. 大量被访者的个人网络信息曾被泄露

对于“个人网络信息是否被盗用、被滥用问题”，81.41%的被访者存在个人网络信息被泄露或盗取的情况。分阶层看，国家与社会管理者阶层的占比为3.96%；经理人员阶层的占比为4.65%；私营企业主阶层的占比为6.37%；专业技术人员阶层的占比为12.56%；办事人员阶层的占比为7.57%；个体工商户阶层的占比为8.43%；商业服务业员工阶层的占比为2.07%；产业工人阶层的占比为13.77%；农业劳动者阶层的占比为15.83%；失业人员阶层的占比为6.20%。由此说明，农业劳动者阶层、产业工人阶层及专业技术人员阶层均成为个人网络信息安全的高危阶层（见表2）。

表2　十大阶层对于“个人网络信息是否被盗用、被滥用问题”的选择

单位：次，%

阶层	频次	比例
国家与社会管理者阶层	23	3.96
经理人员阶层	27	4.65
私营企业主阶层	37	6.37
专业技术人员阶层	73	12.56

续表

阶层	频次	比例
办事人员阶层	44	7. 57
个体工商户阶层	49	8. 43
商业服务业员工阶层	12	2. 07
产业工人阶层	80	13. 77
农业劳动者阶层	92	15. 83
失业人员阶层	36	6. 20

3. 涉及个人网络信息安全的项目内容广泛

被访者中有 26. 13% 的人认同“个人基本信息：姓名，性别，年龄，身份证号，电话号码，籍贯，政治面貌，工作、邮件地址，家庭地址，家庭成员等描述公民个人基本情况的信息”都属于个人隐私；有 19. 13% 的人认为“个人特质信息：肖像、病史、身高、体重等属于公民个人特有的信息属于个人信息”；有 22. 45% 的人认为“个人特殊资料信息：活动日志、财产状况、E-mail 账号密码、银行账号及密码、决策方案等属于公民个人的特殊信息属于个人信息”；有 16. 74% 的人认为“个人信用信息：征信记录、遵纪守法情况、纳税情况等用以评定公民个人信用等级的信息属于个人信息”；有 13. 27% 的人认为“网络活动踪迹信息：IP 地址、电脑缓存与 Internet 临时文件、Cookie 文件、上网记录、网上填写的表单等公民个人使用网络遗留下来的‘痕迹’信息属于个人信息”。由此可见，涉及个人网络信息安全的具体内容已涵盖工作生活的各个方面（见表 3）。

表 3　个人隐私情况

单位：人，%

个人信息内容	个案数	占比
个人基本信息：姓名，性别，年龄，身份证号，电话号码，籍贯，政治面貌，工作、邮件地址，家庭地址，家庭成员等描述公民个人基本情况的信息	504	26. 13
个人特质信息：肖像、病史、身高、体重等属于公民个人特有的信息属于个人信息	369	19. 13

续表

个人信息内容	个案数	占比
个人特殊资料信息:活动日志、财产状况、E-mail 账号密码、银行账号及密码、决策方案等属于公民个人的特殊信息属于个人信息	433	22.45
个人信用信息:征信记录、遵纪守法情况、纳税情况等用以评定公民个人信用等级的信息属于个人信息	323	16.74
网络活动踪迹信息:IP 地址、电脑缓存与 Internet 临时文件、Cookie 文件、上网记录、网上填写的表单等公民个人使用网络遗留下来的“痕迹”信息属于个人信息	256	13.27
其他一些信息属于个人信息	44	2.28

4. 民众对个人网络信息安全保护比较重视

民众认为他们在信息泄露后才意识到要保护个人隐私；有 33.7% 的人认为他们对于个人隐私的保护有防范意识但未采取措施；有 38.6% 的人认为曾经泄露过个人隐私，并造成了伤害。这说明还有部分民众的个人隐私保护意识很差，并未意识到个人隐私的重要性，并且对于个人隐私的泄露没有采取措施。有 54.2% 的人认为他们总是担心个人信息泄露；有 67.5% 的人认为他们能够主动采取措施保护隐私。这说明大部分民众比较重视对于个人隐私的保护，有良好的保护意识（见图 2）。

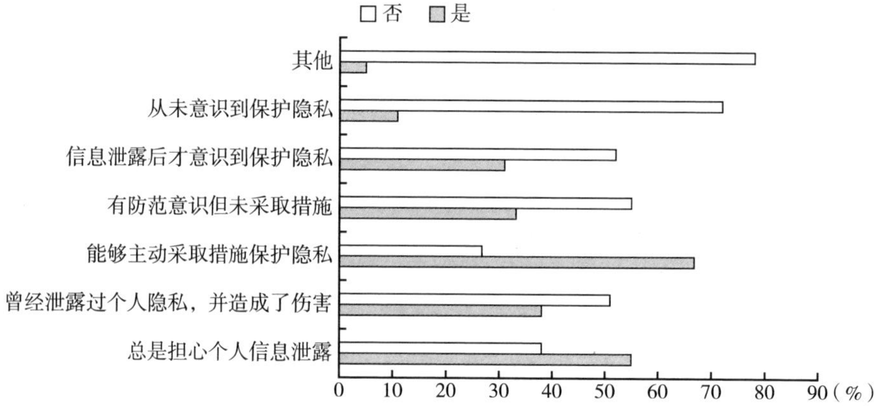

图 2　个人隐私保护的感知程度

（二）民众对保护个人网络信息安全的评价与看法

1. 多数民众认为个人网络信息安全存在隐患由于个人原因

对581份有效问卷的分析显示，63.86%的被访者认为信息安全的有效防护手段水平过低，如个人账户密码设置简单、经常会随意打开/回复不明邮件、无意识下载安装插件等个人因素是网络信息安全存在隐患的主要因素。分阶层看，国家与社会管理者阶层的占比为3.61%；经理人员阶层的占比为4.3%；私营企业主阶层的占比为6.02%；专业技术人员阶层的占比为12.91%；办事人员阶层的占比为7.57%；个体工商户阶层的占比为8.95%；商业服务业员工阶层的占比为3.1%；产业工人阶层的占比为14.46%；农业劳动者阶层的占比为17.73%；失业人员阶层的占比为6.71%（见表4）。由此可见，个人网络信息安全存在隐患的最主要原因来自个人。

表4　十大阶层对于“网络信息安全存在隐患的个人原因”的选择

单位：次，%

阶层	频次	比例
国家与社会管理者阶层	21	3.61
经理人员阶层	25	4.3
私营企业主阶层	35	6.02
专业技术人员阶层	75	12.91
办事人员阶层	44	7.57
个体工商户阶层	52	8.95
商业服务业员工阶层	18	3.1
产业工人阶层	84	14.46
农业劳动者阶层	103	17.73
失业人员阶层	39	6.71

2. 民众普遍意识到个人网络信息泄露的危害

被访者普遍认为个人隐私的泄露会带来很多危害。在被访者中有77.1%的人曾经由于个人隐私泄露在学习、工作和生活中受到骚扰（人身安全受到威胁）；有60.2%的人曾经因为社交网络、电子商务、电子政务、网络营销等个人隐私泄露而造成后续网络应用被限制（基于网络的应用受到质疑）；有59%的人认为个人不良信息的泄露会造成社会信息化进程缓慢，如个人隐私泄露对信息化的信任程度有所降低；有73.5%的人认为个人隐私泄露会使法律法规受到挑衅，让一些不法分子或组织钻法律的空子；有54.2%的人认为个人隐私泄露会造成社会伦理道德底线面临挑战；危害还包括社会信用体系受到伤害、不利于构建和谐社会、其他（见图3）。因此，大部分民众遭遇过个人网络信息泄露的情况，并认为个人隐私泄露不仅会给个人带来一定的危害，也会给社会的繁荣稳定带来危害。

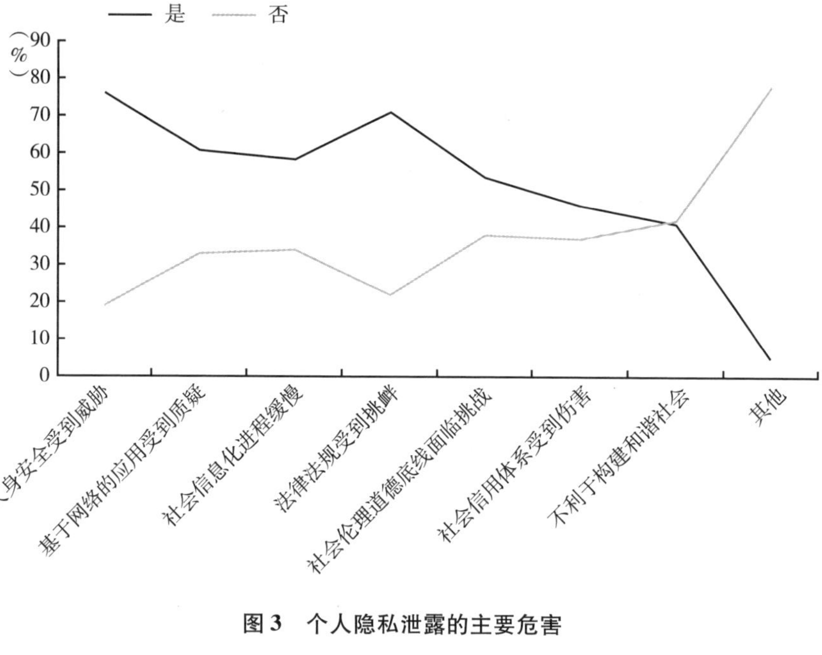

图3　个人隐私泄露的主要危害

3. 大量被访者认为必须增强个人对隐私的保护意识

通过对被访者的反馈统计发现，大部分民众认为保护个人网络信息安全最重要的是增强个人对隐私的保护意识。在问卷涉及的选项中，有三项是关于增强主观保护意识的，有三项是关于改善客观环境的，具体包括：

增强个人隐私保护意识、加强个人网络安全教育培训、提高社交网络安全技术水平、加强行业自律、健全相关法律法规、提高全民伦理道德修养。其中被访者认为加强个人网络安全最应该注意的是增强个人隐私保护意识，这一比例达到88%（见图4）。被访者普遍认识到首先要增强自身意识，其次是注重其他方面。因此增强自身保护意识是确保个人网络信息安全的重点。

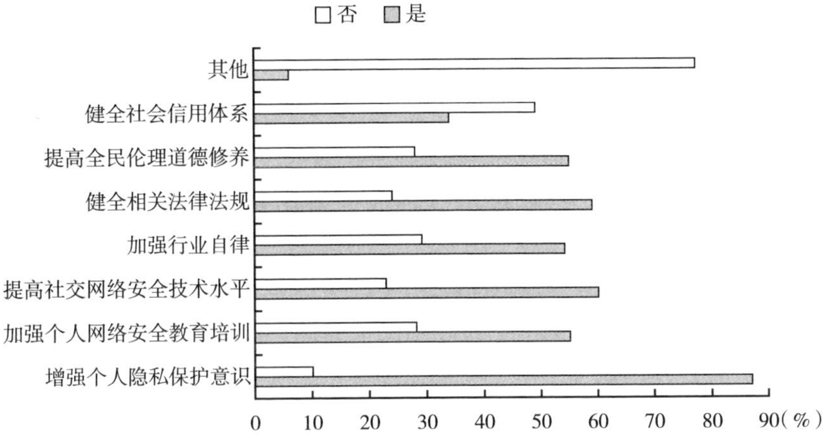

图4　个人隐私的保护策略

4. 大部分民众掌握一定的网络信息自我保护措施

大部分民众认为一些具体措施能对个人隐私的保护起到促进作用。养成良好的上网习惯，如不点击、打开情况不明的网址链接，不打开来历不明的邮件，浏览网页结束后及时断网/关机等；安装插件时需要确认安全；不随意转载和评论不确定的信息，这三种措施对于大部分民众的信息保护来说是积极有效的。也有部分民众采取过及时下载安全补丁、安装正版软件并及时升级、不随意乱用U盘等措施来保护个人隐私（见图5）。因此，大部分民众了解保护个人隐私的措施，相应地采取过措施来保护个人隐私，说明民众对于个人隐私的保护意识增强了。

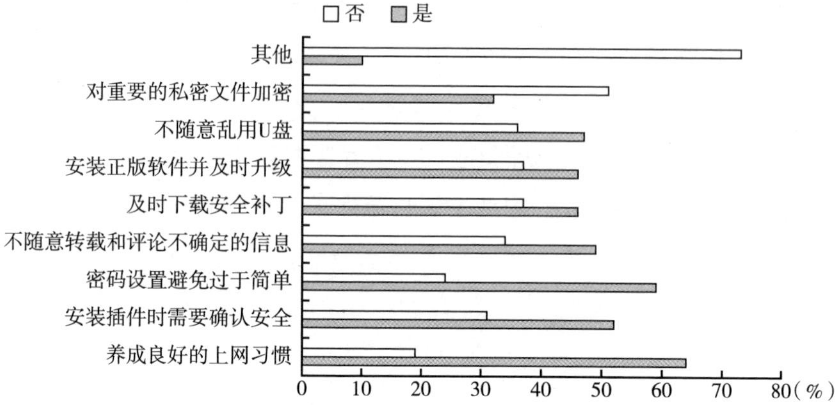

图5　个人网络信息安全的有效保护策略

（三）民众对个人隐私保护环境的评价和看法

近年来，国家采取多重手段保护个人网络信息安全，对个人隐私保护力度不断加大。关于社交网络中个人隐私保护的社会环境问题，超过60%的人认为，虽然在社交网络中，个人隐私保护意识不断加强，但个人隐私保护的环境并不乐观（见图6），比如加强隐私保护的专业技术的普及范围不广，公民的自我防范能力低下；盗取、滥用、买卖个人隐私现象逐年增加；盗取、滥

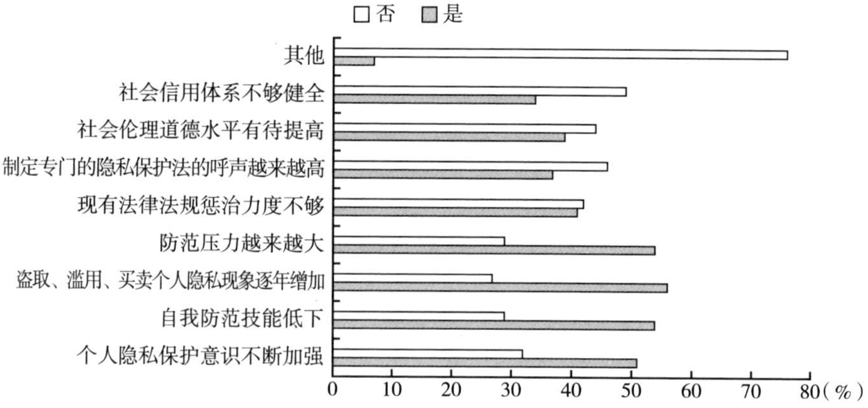

图6　对个人隐私的有效保护环境评价

用个人隐私的手段和渠道呈现多样化，信息盗取的水平不断提高，民众的防范压力越来越大。

1. 半数以上被访者认为盗取、买卖个人隐私现象呈逐年上升趋势

就“盗取、买卖个人隐私现象是否有逐年上升趋势”的调查项目分析发现，十大阶层的认知程度相近。57.77%的被访者对这一问题持肯定态度。其中国家与社会管理者阶层的占比为2.93%；经理人员阶层的占比为3.72%；私营企业主阶层的占比为4.82%；专业技术人员阶层的占比为8.09%；办事人员阶层的占比为4.82%；个体工商户阶层的占比为4.99%；商业服务业员工阶层的占比为2.75%；产业工人阶层的占比为11.02%；农业劳动者阶层的占比为10.84%；失业人员阶层的占比为3.79%（见表5）。

表5　十大阶层对于“盗取、买卖个人隐私现象是否有逐年上升趋势”的选择

单位：次，%

阶层	频次	比例
国家与社会管理者阶层	17	2.93
经理人员阶层	19	3.72
私营企业主阶层	28	4.82
专业技术人员阶层	47	8.09
办事人员阶层	28	4.82
个体工商户阶层	29	4.99
商业服务业员工阶层	16	2.75
产业工人阶层	64	11.02
农业劳动者阶层	63	10.84
失业人员阶层	22	3.79

2. 半数以上被访者认为采集个人隐私的手段呈多样化趋势

就“采集个人隐私的手段是否呈多样化趋势，技术水平不断提高”的调查项目分析发现，十大阶层的认知程度较为一致。54.73%的被访者对这一问题持肯定态度。其中国家与社会管理者阶层的占比为3.10%；经理人

员阶层的占比为3.27%；私营企业主阶层的占比为4.65%；专业技术人员阶层的占比为9.29%；办事人员阶层的占比为4.82%；个体工商户阶层的占比为4.30%；商业服务业员工阶层的占比为1.89%；产业工人阶层的占比为9.98%；农业劳动者阶层的占比为8.95%；失业人员阶层的占比为4.48%（见表6）。

表6　十大阶层对于“采集个人隐私的手段是否呈多样化趋势，技术水平不断提高”的选择

单位：次，%

阶层	频次	比例
国家与社会管理者阶层	18	3.10
经理人员阶层	19	3.27
私营企业主阶层	27	4.65
专业技术人员阶层	54	9.29
办事人员阶层	28	4.82
个体工商户阶层	25	4.30
商业服务业员工阶层	11	1.89
产业工人阶层	58	9.98
农业劳动者阶层	52	8.95
失业人员阶层	26	4.48

3. 六成以上被访者认为保护个人信息安全要健全相关法律法规

就“保护个人网络信息安全是否需要健全相关法律法规”的调查项目分析发现，66.61%的被访者对这一问题持肯定态度。其中国家与社会管理者阶层的占比为3.10%；经理人员阶层的占比为4.13%；私营企业主阶层的占比为4.99%；专业技术人员阶层的占比为11.19%；办事人员阶层的占比为6.37%；个体工商户阶层的占比为6.54%；商业服务业员工阶层的占比为2.75%；产业工人阶层的占比为12.05%；农业劳动者阶层的占比为10.67%；失业人员阶层的占比为4.82%（见表7）。由此可见，大部分被访者认同通过健全相关法律法规的手段保护个人网络信息安全是至关重要的。

表 7　十大阶层对于“保护个人网络信息安全是否需要健全相关法律法规”的选择

单位：次，%

阶层	频次	比例
国家与社会管理者阶层	18	3. 10
经理人员阶层	24	4. 13
私营企业主阶层	29	4. 99
专业技术人员阶层	65	11. 19
办事人员阶层	37	6. 37
个体工商户阶层	38	6. 54
商业服务业员工阶层	16	2. 75
产业工人阶层	70	12. 05
农业劳动者阶层	62	10. 67
失业人员阶层	28	4. 82

4. 大部分被访者认为规范强化管理措施对个人隐私的保护更有效果

就“规范强化管理措施是否对个人隐私的保护更有效果”的调查项目分析发现，59. 56% 的被访者对这一问题持肯定态度。其中国家与社会管理者阶层的占比为 3. 10%；经理人员阶层的占比为 2. 75%；私营企业主阶层的占比为 4. 65%；专业技术人员阶层的占比为 10. 5%；办事人员阶层的占比为 5. 68%；个体工商户阶层的占比为 5. 51%；商业服务业员工阶层的占比为 2. 41%；产业工人阶层的占比为 11. 70%；农业劳动者阶层的占比为 8. 78%；失业人员阶层的占比为 4. 48%。就采取哪些具体措施而言，近 70% 的被访者选择了“严惩侵犯个人隐私行为”；64% 的被访者选择了“采用先进的信息保护技术手段”；超过 53. 82% 的被访者选择“增强和提高个人的防范意识和能力”（见图 7）。大部分民众认为以上规范措施能使社交网络中的个人隐私的保护更有效果。这些规范措施可以很好地引导和规范人们的网络行为，对社交网络中个人隐私的保护更有效果。

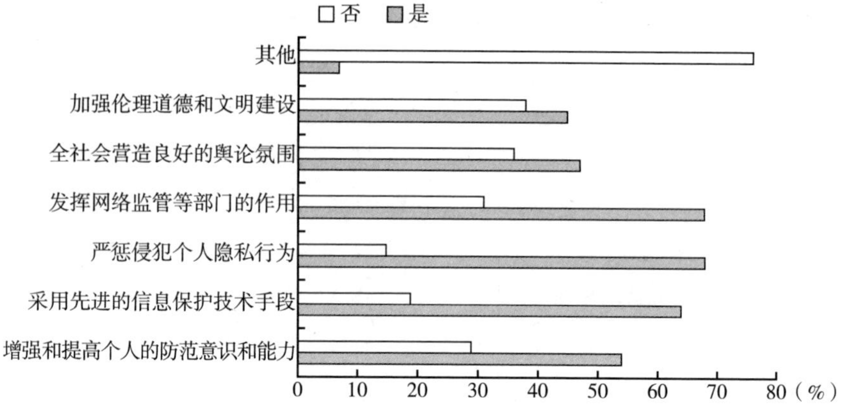

图7　个人隐私的有效规范措施

三　结论分析

（一）民众认为甘肃省对个人网络信息安全的保护力度加大

近年来，甘肃网信办以学习宣传贯彻《网络安全法》为重点，围绕“健全体系、夯实基础、营造环境、发展产业、开放合作”的发展目标，积极推进全省网络安全工作体系建设。但随着社会信息化程度的进一步提高，甘肃省民众个人信息网络安全问题出现高发态势，尤其是出现在经常使用社交网络的中青年人群中。他们的年龄集中在18～40岁，他们接触到的网络较多，社交网络账号较多，这部分受访群体中有超过70%的人拥有两个及两个以上网络账号，并且使用频繁。对于网络信息安全尤其是个人隐私安全，这部分群体存在更为突出的问题。而这部分群体中的大部分人对于个人隐私安全的感知水平不高，并未意识到个人隐私泄露后的危害，个人网络信息安全的保护还未引起他们的足够重视。

（二）民众面临的个人网络信息安全环境更加复杂

大数据时代已经到来，新一轮信息革命正席卷全球，战略性、革命性的数字化转型正在世界各地的各个领域内展开，这种转型甚至带来了生产方式、经营模式、支取形式的变革，信息数据的应用渗透到人们生产和生活的各个角落。信息技术的广泛应用在带给人们快捷便利的同时，网络安全事件也层出不穷，盗用个人信息进行网络欺诈等违法犯罪活动屡禁不止，网络安全形势日趋复杂严峻。近年来，手机智能化程度大大提高，利用移动应用程序超范围收集、滥用乃至泄露个人隐私数据的现象被屡屡曝光。然而调查发现，甘肃省的大部分民众并没有主动采取措施来防止个人隐私被泄露，在信息泄露造成个体利益损失时，才开始重视个人隐私的保护问题。受访的大部分民众知道应该如何保护个人隐私，并采取过一定的措施，但是通过调查不难看出，个人采取的保护措施力度不够，仍然缺乏系统的、谨慎的防范意识。当前面临的情况是采集个人隐私的手段越来越多，个人网络信息安全环境也更加复杂多样，必须首先增强个人的防范意识，从源头上制止侵犯个人隐私的行为。

（三）网络信息安全监督监管技术有待进一步提升

通过调查可以看出，大部分民众掌握的网络信息管理技术还不足以维护和防范目前存在的信息安全风险，超半数受访民众认为甘肃省对各平台之间的信息管理的整体水平还有待进一步提高。目前整个网络信息监管中存在不少问题与漏洞现象是较普遍的，在个人网络信息安全受到威胁时，用户的权益不能得到全面保障。一方面，甘肃省已经在积极有效地整合工信、公安、国家安全、通管、保密等部门的工作资源，建立网络安全联合通报工作机制，实现资源共享；另一方面，2019 年 9 月甘肃省已经启动了网络安全等级保护制度 2.0 国家标准。但即便如此，在课题组进行调查的过程中，仍有大量普通民众没有充分感受到信息保护与管理工作的作用，这种国家标准并没有完整地体现出来。

（四）网络信息安全相关法律法规有待进一步完善

我国的信息化建设起步相对较晚，但在“互联网 +”、大数据技术迅速推广的背景下，民众的网络使用频率不断提高和个人网络业务急速扩张，对公民个人信息的保护方面的局限性也逐渐显现出来，公民的个人合法权益难以得到有效保护。目前我国实行的网络信息安全法律法规包括：2011 年出台的《最高人民法院、最高人民检察院关于办理危害计算机信息系统安全刑事案件应用法律若干问题的解释》、2015 年颁布实施的《刑法修正案（九)》、2016 年全国人大常委会发布的《网络安全法》等。但由于法律滞后性与网络发展的急速性是不相符合的，在现实生活中，许多危害个人信息安全的违法犯罪行为无法被及时有效地抑制，从而在很大程度上无法对民众的网络安全进行保护。因此，绝大多数民众希望网络信息安全相关法律法规进一步完善。

四　对策建议

（一）加大宣传力度，增强个人信息保护意识

民众是个人信息使用及传播的主体，如果民众对主体自身的保护意识不强，就可能会导致网络安全的保护措施无法正常发挥作用，甚至给一些不法分子以可乘之机。个人用网络办公、购物，银行等业务已经渗入民众生活的方方面面。因此，从源头上杜绝个人网络信息的泄露和非法利用，首先需要在自身上下功夫。通过加大网络安全宣传力度，提高个人网络素质，提高民众在运用网络时的安全防范技能，提高民众运用网络的综合能力，进一步加强对网络安全意识的培养。在日常宣传中，可以多在农村和城镇密集场所引导人们使用杀毒软件及防火墙，以增强农村中青年的网络安全防护意识。通过移动互联网等传播形式进行网络安全教育。利用学校课堂、网络安全宣传周等教育活动普及网络安全知识和技能，加大个人网络安全知识的传播力度，并普及防火墙的设置、系统漏洞及修补方法、硬盘保护等知识，通过开展校园日、电信日、法治日、金融日、青少年日、个人信息保护日等活动，进一步普及个人网络安全知识，增强和提升民众的网络安全意识和基本防护技能，提高民众的网上自我约束能力、自控能力。

（二）稳抓泄密源头，提高商家职业道德和素养

在日常生活中，个人信息被采集后出现信息泄露等危险往往是由于信息采集方对采集的信息没有进行妥善保管与分析处理，并且有不少信息采集企业将收集到的个人信息作为商品进行利益交换，这种利益驱动增加了个人网络信息安全的风险。因此，要杜绝对个人信息的泄露和非法盗取，就必须同时对信息采集方企业的采集收纳行为进行有效监管和控制。与此同时，更为重要的是，让采集个人信息的企业增强自我管控和约束的意识，将保护客户个人信息作为自身必须履行的义务和责任，认识到出卖个人信息是不正当的盈利手段。我们可以这样理解，民众的个人信息安全不仅是民众个人意识和技术的问题，还可以上升为从业者的道德问题，采集信息的企业只有具备较高的道德水平，才会从根本上避免个人信息被非法利用与泄露的情况。也就是说，在个人网络信息安全的保护上，必须主客观同时用力。

（三）狠抓监管措施，净化复杂多变的网络环境

要想提高广大人民群众的个人网络信息的安全性，必须采取的重要措施就是加强网络安全监管。网络信息安全的治理和管控离不开政府行为，政府和网络安全相关部门需要不断进行有关网络安全相关技术的研发和创新。在信息安全方面，必须通过扶持网络安全产业，完善网络安全人才培养体系，引进先进的网络安全技术和产业项目，积极建立健全网络安全保障体系。同时政府应该不断完善和提升对网络安全的管理职能和效率，积极做好网络风险防控工作，将个人网络信息可能存在的危险遏制在萌芽状态。同时，可以对信息采集单位的信息保存制度进行严格规范，由政府统一制定标准、出台相关措施，在信息收集环节，对信息安全等级进行区分，由第三方平台进行统一监管并监督其具体落实情况，建立完善的信息安全检查机制，一旦发现被监管企业出现恶意泄露用户个人信息的不法行为，就对该企业和所在信息平台进行有力的处罚，以监管和严厉的处罚措施，杜绝信息采集方可能存在

的不法行为。同时，各种应对措施和监管能够落实至关重要，落实情况直接决定民众个人网络信息的安全程度。

（四）健全法律制度，促进网络信息行业健康发展

近年来，我国关于个人网络信息安全的法律制度逐步健全。但面对日新月异的大数据时代，网络信息的发展速度一日千里，此时再健全的法律也难免在彼时出现漏洞。这就需要在法律法规的限定之下，促使网络信息采集行业自律。在信息采集过程中尽可能详细公开地为民众提供企业关于个人隐私保护等服务的条款，进行专业的注释与司法解释，避免出现霸王条款和隐形条款。全省上下按照“加强统筹、突出宣传、强化技术、打造亮点”的工作思路，在各个行业进一步贯彻落实《网络安全法》，依法治网，依法管网，让广大民众在网络使用中更加普遍地以法律为准绳来规范和管理自身的网络行为，确保个人网络信息安全。增强网络安全事件防范和应急处置能力，全面摸排信息基础设施中的网络安全风险及隐患，及时修复整改。充分发挥政策标准、行业规则和技术伦理的引导和规范作用，确保法治为网络新技术的应用保驾护航，以切实行动提升网络信息安全的防护能力。

认知篇

Mass Cognition

B.7

党政干部对贯彻落实新发展理念的认识和建议

王　霖*

摘　要： 各级党政干部对新发展理念的认识和理解水平直接关系到新发展理念在我国经济社会发展实践中的落实效果。本报告以甘肃省党政干部为调查对象，就甘肃省党政干部对新发展理念的态度和认知做了调查，通过了解甘肃省党政干部对贯彻落实新发展理念的认识和建议，结合党的十九大报告精神，有针对性地提出全面提升甘肃省党政干部落实新发展理念的认识水平和能力的建议。

* 王霖，硕士，甘肃省社会科学院马克思主义研究所助理研究员，主要研究方向为政治学、文化学、社会学。

关键词： 党政干部　新发展理念　创新发展

党的十八届五中全会提出的创新、协调、绿色、开放、共享“五位一体”新发展理念是以习近平同志为核心的党中央治国理政新理念新思想新战略的重要内容之一。党的十九大报告进一步丰富完善了新发展理念，强调指出：“发展是解决我国一切问题的基础和关键，发展必须是科学发展，必须坚定不移贯彻创新、协调、绿色、开放、共享的发展理念”。“努力实现更高质量、更有效率、更加公平、更可持续的发展！”“保证全体人民在共建共享发展中有更多获得感，不断促进人的全面发展、全体人民共同富裕。”2018年3月，“贯彻新发展理念”被写进《中华人民共和国宪法》。这在中华人民共和国历史上是首次，表明我们党是一个想发展、能发展并且一定能发展好的执政党，表明我们正式进入全面发展的新时代。习近平总书记在省部级主要领导干部学习贯彻党的十八届五中全会精神专题研讨班上的讲话中强调指出，“党的干部是党的事业的骨干”。“新发展理念要落地生根、变成普遍实践，关键在各级领导干部的认识和行动。”① 各级党政干部对新发展理念的认识和理解水平，直接关系到新发展理念在我国经济社会发展实践中的落实效果。本报告旨在以甘肃党政干部为调查对象，以问卷调查形式了解分析甘肃党政干部对贯彻落实新发展理念的认识和建议，并提出提高甘肃党政干部对贯彻落实新发展理念认识水平和能力的对策建议。调查问卷以封闭、半封闭式题目为主。问卷调查在一定程度上反映了当前甘肃省党政干部对于新发展理念的基本认识。

一　调查基本情况

本调查数据主要通过发放调查问卷形式获得。本次调查对象为在甘肃省

① 《习近平在省部级主要领导干部学习贯彻党的十八届五中全会精神专题研讨班上的讲话》，新华网，http：//www. xinhuanet. com/politics/2016 －05/10/c_ 128972667. htm。

委党校参加培训的全省14个市（州）的党政干部、在武威市委党校参加培训的乡镇干部以及部分省直单位的党政干部（包括乡镇科级、县处级以及厅局级三个行政级别的干部），共计200人。本次调查共发放问卷200份，回收有效问卷179份，有效问卷回收率为89.5%。

从调查样本社会学分布特征来看，调查对象中男性党政干部为113人，女性党政干部为66人，样本男女比例分别为63.13%和36.87%；调查对象主要为30岁及以下和31～40岁年龄段党政干部，分别占样本总数的32.40%和28.49%；调查对象以大学本科和大学本科以下学历者居多，分别占样本总数的64.25%和25.70%；调查对象以乡镇科级干部居多，占样本总数的83.24%。有效调查问卷统计分布情况见表1。

表1　有效调查问卷统计分布情况

单位：人，%

		频次	比例
调查地点	甘肃省委党校	—	—
	武威市委党校	—	—
	省直单位	—	—
性别	男	113	63.13
	女	66	36.87
年龄	30岁及以下	58	32.40
	31～40岁	51	28.49
	41～50岁	39	21.79
	51～60岁	31	17.32
文化程度	大学本科以下	46	25.70
	大学本科	115	64.25
	硕士研究生	17	9.50
	博士研究生	1	0.56
职务	厅局级	4	2.23
	县处级	26	14.53
	乡镇科级	149	83.24

二 甘肃党政干部对新发展理念的总体性认识基本准确到位

（一）甘肃党政干部对新发展理念的总体定位有深刻的理解

发展是人类社会永恒的主题。作为发展中国家，发展更是“硬道理”。我国发展的理念随着发展实践不断丰富和完善。党的十八届五中全会提出的“五位一体”的新发展理念即在过去30多年我国发展实践基础上的关于发展理论的一次重大升华，深刻揭示了实现“更高质量、更有效率、更加公平、更可持续发展”的必由之路，是今后推进我国经济和社会发展的根本遵循和实践指南，必须将其贯彻落实到经济社会发展的各个领域和环节。甘肃作为欠发达内陆省份，“贯彻新发展理念”尤为迫切。调查问卷结果显示，甘肃党政干部对新发展理念的了解程度较高，显示出甘肃党政干部较高的政治立场和觉悟。对于“您对新发展理念的了解程度”这一问题，受访者中有136人表示“非常了解”，占样本总数的75.97%；有40人表示“一般了解”，占样本总数的22.35%；仅有3人表示“了解一点”，占样本总数的1.68%；没有受访者表示对新发展理念一点都不了解（见图1）。

党的十九大报告明确提出“中国特色社会主义进入了新时代”，明确了我国发展新的历史方位。“五位一体”的新发展理念深刻体现了以习近平同志为核心的党中央对我国新的发展阶段基本特征的洞悉，是我们党关于发展理论的一次重大飞跃。对于“新发展理念是新时期发展思路、发展方向、发展着力点的集中体现，是发展行动的先导”这一观点，大多数受访者表示非常赞同。选择非常赞同的有91人，占样本总数的50.84%；选择赞同的有62人，占样本总数的34.63%；选择比较赞同的有23人，占样本总数的12.85%；选择不赞同的有3人，仅占样本总数的1.68%（见图2）。

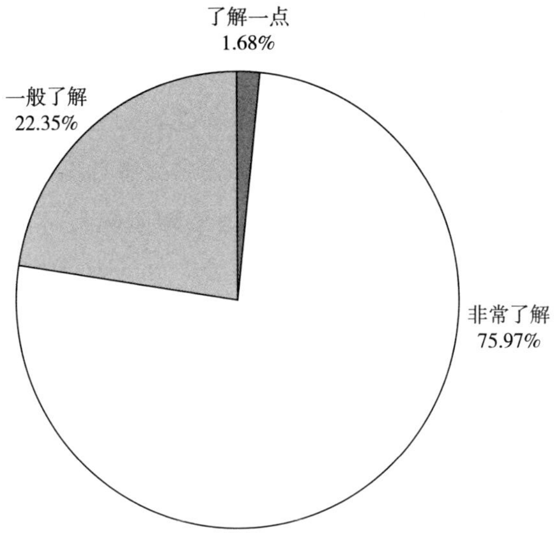

图1　您对新发展理念的了解程度

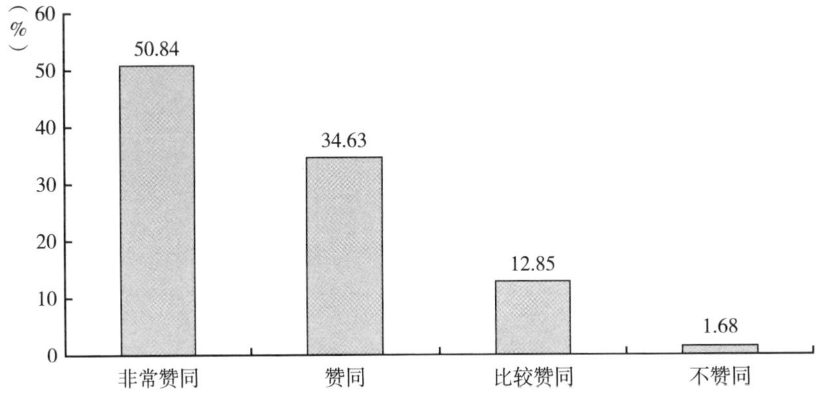

图2　对新发展理念的认同度

党的十九大将五年来以习近平同志为核心的党中央治国理政的新理念新思想新战略概括为“习近平新时代中国特色社会主义思想”。“四个全面”战略布局——全面建成小康社会、全面深化改革、全面依法治国、全面从严治党和五位一体“新发展理念”——创新、协调、绿色、开放、共享是其重要组成部分。同时，二者也是内在统一的，“四个全面”战略布局是五位一体“新发展理念”的战略统领；五位一体“新发展理念”是“四个全面”战略布局的具体展开。作为党的事业的骨干，党政干部立足新的历史方位，深刻认识和把握两者的内在逻辑，对于开启全面建设社会主义现代化强国新征程，夺取中国特色社会主义事业新胜利意义重大。统计调查显示，对于“您认为‘四个全面’战略布局与‘新发展理念’的关系”（可多选），选择“二者是内在统一的”的受访者有145人，占样本总数的81.01%；选择“‘四个全面’是‘新发展理念’的战略统领”的受访者有126人，占样本总数的70.39%；选择“‘新发展理念’是‘四个全面’的具体展开”的受访者有114人，占样本总数的63.69%；选择“二者是并列关系”的受访者有17人，仅占样本总数的9.50%（见图3）。

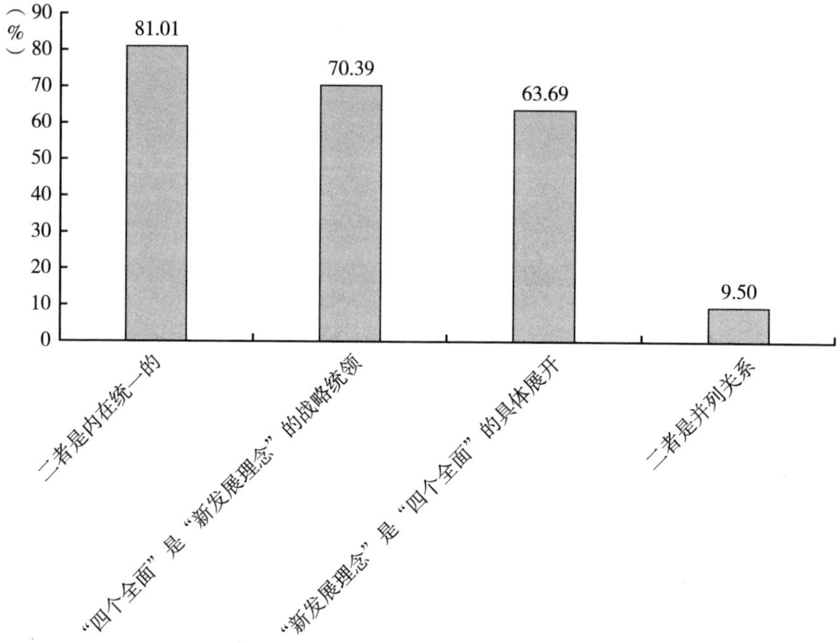

图3　对“四个全面”与“新发展理念”关系的认识

（二）甘肃党政干部对新发展理念的内涵有准确一致的认识

党政干部对新发展理念内涵的正确理解是全面贯彻落实新发展理念的前提和基础。调查问卷显示，甘肃党政干部对新发展理念的内涵有着准确一致的认识和把握。关于“不符合新发展理念内涵要求的说法”，绝大多数受访者认为新发展理念“与可持续发展、包容性发展是对立的”这一认识不符合新发展理念的内涵要求，表明甘肃党政干部对新发展理念内涵的认识是非常准确而且一致的。选择新发展理念“以问题为牵引，贯穿鲜明的问题导向”的受访者有16人，占样本总数的8.94%；选择新发展理念是“对传统发展思路和发展方式的改造和升级”的受访者有16人，占样本总数的8.94%；选择新发展理念“彰显人民至上的价值取向”的受访者有15人，占样本总数的8.38%（见图4）。

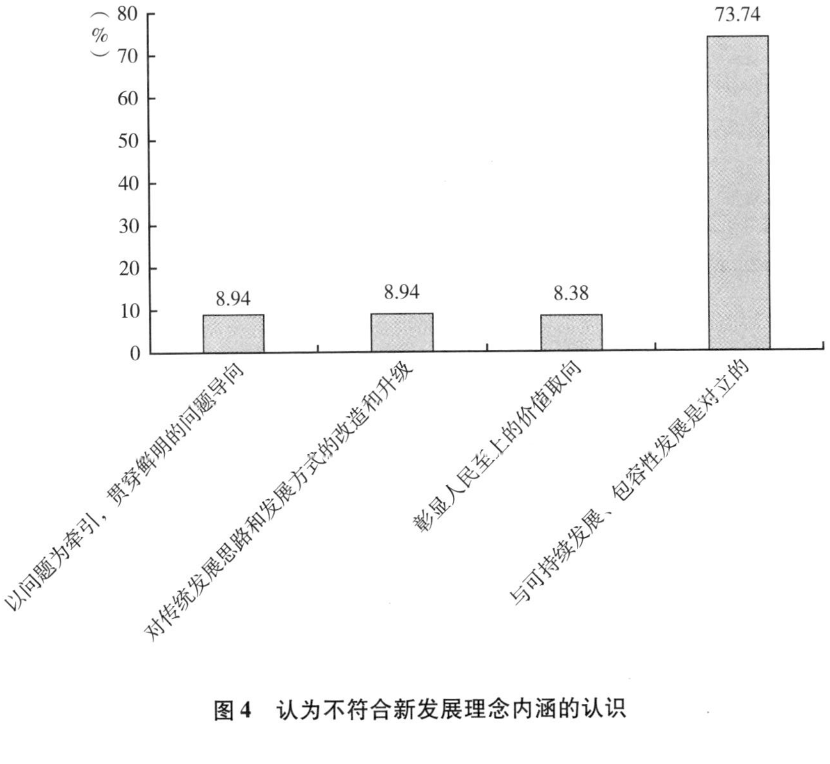

图4　认为不符合新发展理念内涵的认识

“创新、协调、绿色、开放、共享”五大发展理念是有机联系的整体，它们都有自身的特定内涵与要求，相对独立；同时，它们又相互依存，互为条件，共同组成不可分割的有机整体。对五大发展理念相互之间关系的认识，绝大多数受访者认为是“相互支撑”的，占样本总数的97.21%；认为是“相互独立”和“目标不一”关系的受访者分别有2人和3人，仅占样本总数的1.12%和1.68%（见图5）。

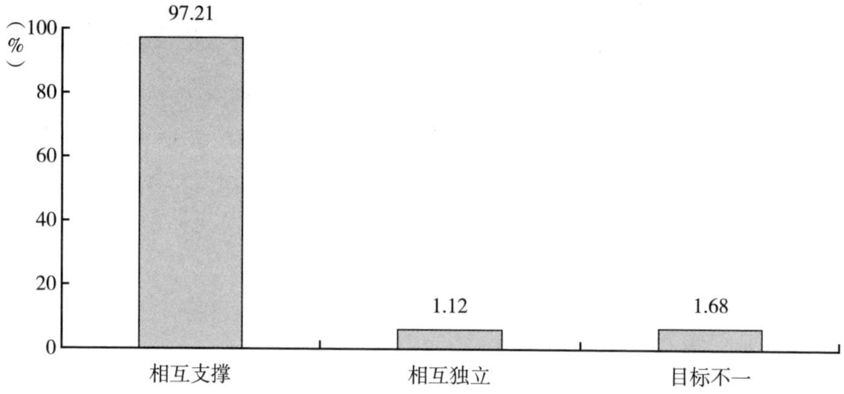

图5　对五大发展理念之间关系的认识

习近平总书记在省部级主要领导干部学习贯彻党的十八届五中全会精神专题研讨班上的讲话中强调指出要“着力实施创新驱动发展战略”“协调发展、绿色发展、开放发展、共享发展都有利于增强发展动力，但核心在创新。抓住了创新，就抓住了牵动经济社会发展全局的‘牛鼻子’”。实现“更高质量、更有效率、更加公平、更可持续发展”的关键在创新。对于“您认为党政干部对于创新是引领发展的第一动力的认识”，受访者中有123人认为党政干部对于这一认识是“普遍接受”的，占样本总数的68.72%，显示出甘肃党政干部对新发展理念核心的正确认识与把握；有49人认为党政干部对于这一认识“较为普遍接受”，占样本总数的27.37%；仅有7人认为党政干部对于这一认识“不太接受”，占样本总数的3.91%；没有受访者认为党政干部不接受创新是引领发展的第一动力（见图6）。

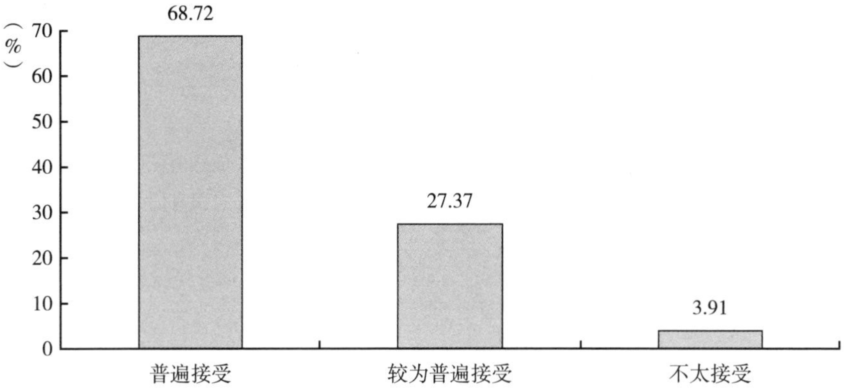

图6　对创新是引领发展的第一动力的接受度

（三）甘肃党政干部对贯彻落实新发展理念的预期成效很有信心

调查问卷结果显示，甘肃党政干部不但对新发展理念的内涵有着准确一致的认识，而且对贯彻落实新发展理念的预期成效充满信心。对于“十八届五中全会关于五大发展理念的战略部署”，受访者中有 133 人认为“很正确”，占样本总数的 73.30%；有 42 人认为“正确”，占样本总数的 23.46%；仅有 4 人认为“比较正确”，占样本总数的 2.23%；没有受访者认为“十八届五中全会关于五大发展理念的战略部署”是“不正确”的。当前，“一带一路”倡议、习近平总书记视察甘肃的行动本身以及发表的重要讲话给甘肃带来绝佳发展机遇，也极大鼓舞了甘肃党政干部对贯彻落实新发展理念的信心和决心。对于“贯彻落实新发展理念的预期成效”，绝大多数受访者表示“很有信心”；没有受访者表示对贯彻落实新发展理念没有信心（见图 7）。

（四）甘肃党政干部有很强的提高贯彻落实新发展理念能力的意愿

调查问卷结果显示，甘肃党政干部对于提高贯彻落实新发展理念的能力有着很强的意愿，显示出甘肃党政干部积极努力发展甘肃的迫切愿望。干部教育培训能够系统提升领导干部的思想认识水平和增强发展的本领，是进一

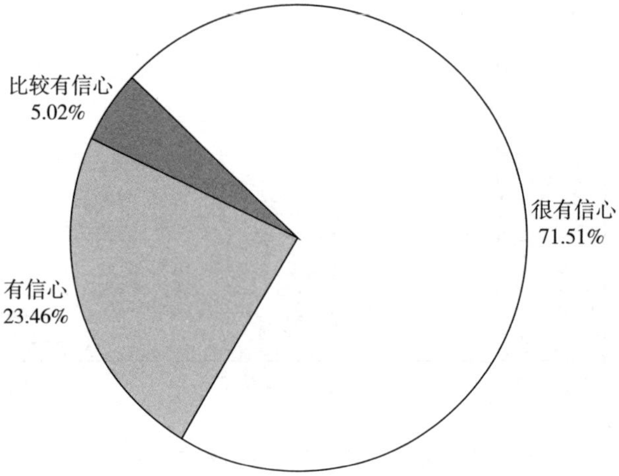

图 7　对贯彻落实新发展理念的预期成效

步提高贯彻落实新发展理念的重要途径。对于“参加新发展理念的教育培训是否必要”，受访者中有 143 人表示“非常有必要”，占样本总数的 79.89%，显示出甘肃省党政干部具有很强的提升思想观念水平，提高发展能力的意愿；有 32 人表示“有必要”，占样本总数的 17.88%；有 4 人表示“比较有必要”，占样本总数的 2.23%；没有受访者认为参加教育培训是不必要的（见图 8）。

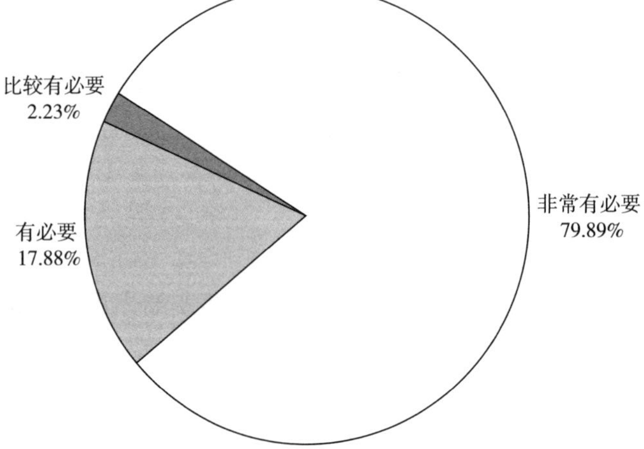

图 8　参加教育培训的意愿

三　甘肃省贯彻落实新发展理念需要进一步加强

调查问卷统计数据显示，目前甘肃省党政干部对于新发展理念的认识还存在一定的偏差，在贯彻落实新发展理念行动上还有一些障碍，甘肃省贯彻落实新发展理念需要进一步加强。

（一）甘肃党政干部在新发展理念的认识和行动上有一定偏差

首先，作为党的事业的骨干力量，党政干部应当树立与时代和实践发展相适应的思维方式，以符合时代需要的新的发展理念引领新的发展实践。“五位一体”新发展理念是党中央对我国多年发展经验的总结和理论升华，是新时代我国经济社会发展的根本遵循。党政干部对新发展理念的认识程度在贯彻落实新发展理念的实践中具有根本性作用。对于“您认为周边领导和同事对于新发展理念的认识程度”这一问题，有超过一半的受访者认为周边领导和同事对新发展理念的“认识理解较为正确”，从一个侧面说明部分甘肃党政干部对新发展理念的认识还存在不足（见图9）。

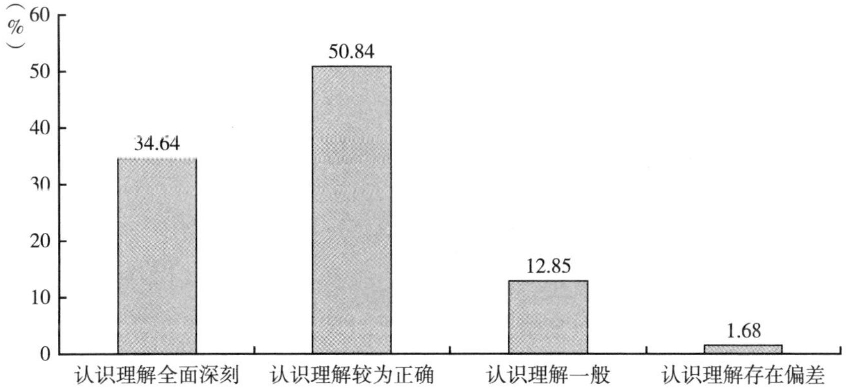

图9　周边领导和同事对新发展理念的认识

其次，问卷调查结果显示，在党政干部贯彻落实新发展理念的实践中，存在部分党政干部不作为、乱作为的问题，也存在部分党政干部面对经济发展新常态无所适从、不会为不善为的问题。对于“您认为党政干部在贯彻落实新发展理念中存在的主要问题”（可多选），超过半数的受访者认为主要问题是“不会为不善为”和“认识不一致”；超过1/3的受访者认为主要问题是“等待观望”；有小部分受访者认为主要问题在于“无所适从”，甚至存在“不作为乱作为”的现象，从一个侧面说明部分甘肃党政干部对贯彻落实新发展理念的行动还存在一定偏差（见图10）。

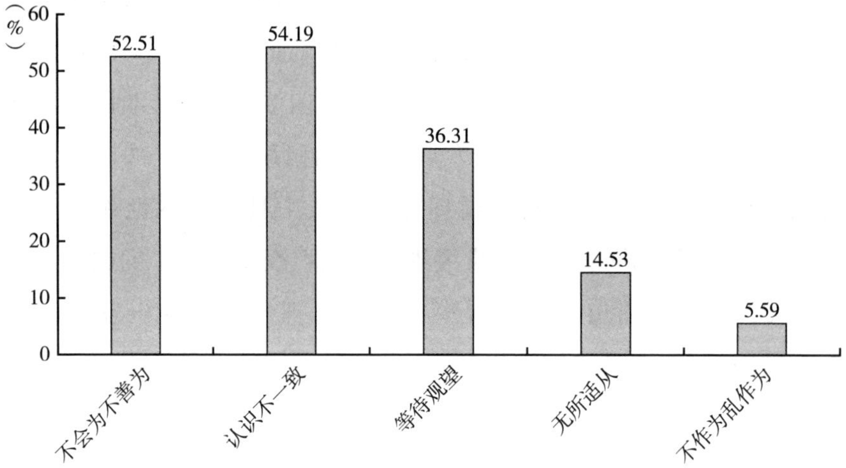

图10　贯彻落实新发展理念中存在的主要问题

（二）甘肃贯彻落实新发展理念需要进一步解放思想

创新发展是五大发展理念的核心和根本。全面贯彻落实新发展理念必须树立改革思维，把改革创新贯穿始终。在新时代发展实践中，机遇与挑战并存，创新发展同时面临诸多制约因素。调查问卷结果显示，对“您认为制约创新发展的最主要因素是”这一问题，大多数受访者认为“自主创新能力不强”是制约创新发展的最主要因素之一；也有部分受访者认为主要制约因素在于“体制机制障碍”和“社会创新创业活力不足”；还有小部分受访者认为主要制约因素在于“新兴技术与产业难以培育”（见图11）。

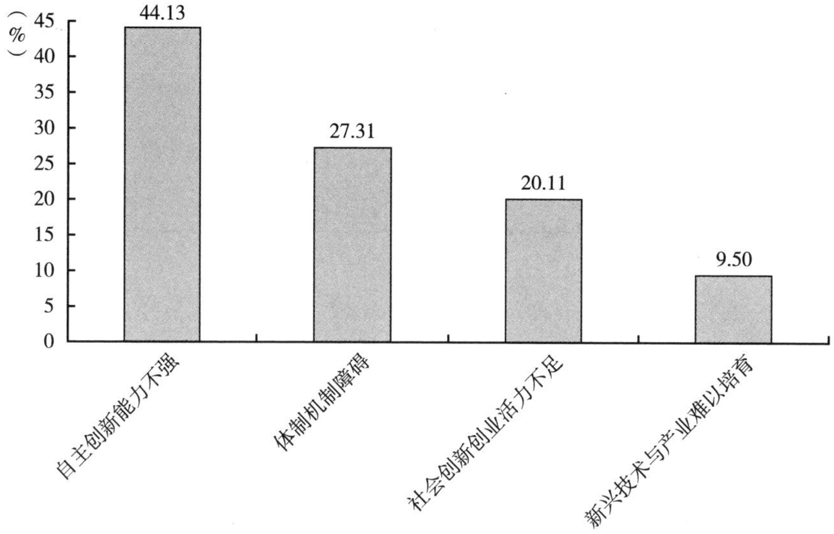

图11　制约创新发展的最主要因素

改革开放以来，我国经济社会实现快速发展，部分群体和部分地区实现了率先富裕，但不可否认，改革发展成果的共享离人民群众的期待还存在不小差距。关于如何认识“制约共享发展的最主要因素”，有超过一半的受访者认为是“收入分配差距较大”所致，究其根本则是体制机制原因。另有48人认为是“社会保障制度不完善”所致，占样本总数的26.82%；有18人认为是“扶贫工作难度大”所致，占样本总数的10.06%；有13人认为是“民生改善效果不佳”所致，占样本总数的7.26%（见图12）。

贯彻落实新发展理念具有复杂性、艰巨性、长期性的特点。对于在实践中贯彻落实新发展理念的最大障碍（可多选），按照被选次数由多到少排列，分别是“思想观念落后”（118次，占样本总数的65.92%）、“人才缺乏”（111次，占样本总数的62.01%）、“社会利益结构固化”（103次，占

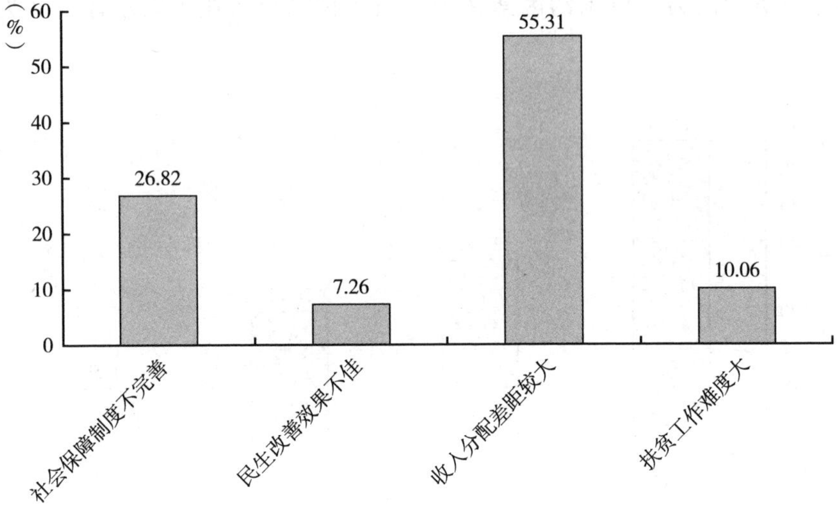

图 12　制约共享发展的最主要因素

样本总数的 57.54%）、“体制机制束缚”（91 次，占样本总数的 50.84%）、“经济下行压力较大”（60 次，占样本总数的 33.52%）、“工作推进不力”（43 次，占样本总数的 24.04%）（见图 13）。

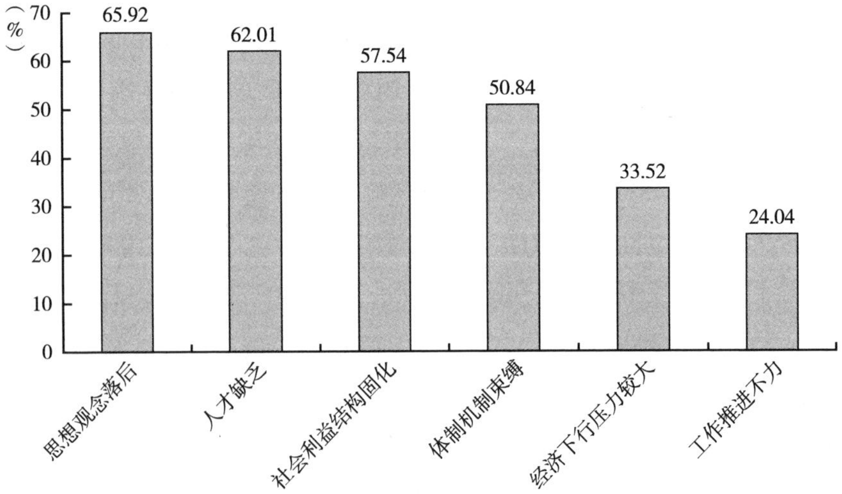

图 13　实践中贯彻落实新发展理念的最大障碍

（三）甘肃贯彻落实新发展理念的配套性措施有待加强

“五位一体”新发展理念能否落地生根关键在落实。各级地方政府依据国家发展蓝图及各地实际情况制定的地方发展蓝图及贯彻落实情况则成为国家发展蓝图能否实现的关键环节。关于所在地区制定的“十三五”规划中新发展理念的落实情况，受访者中有 44 人认为“很好”，占样本总数的 24.58%；有 91 人认为“好”，占样本总数的 50.84%；有 41 人认为“一般”，占样本总数的 22.91%；仅有 2 人认为“不太好”，占样本总数的 1.12%（见图 14）。从调查问卷分析结果看，今后一个时期，应加强对甘肃贯彻落实新发展理念情况的督察，确保能不折不扣落实围绕新发展理念提出的具体措施。

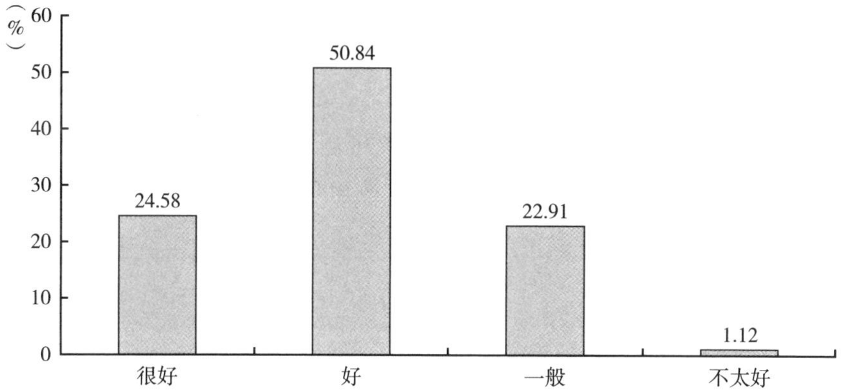

图 14　所在地区新发展理念贯彻落实情况

四　提升党政干部贯彻落实新发展理念认识和能力的建议

各级党政干部是社会各领域活动的主要宣传者、引导者和示范者，担负着加快经济发展、注重政治建设、加强文化建设、落实基本国策、维护群众利益等重要职责。甘肃作为西部欠发达省份，贯彻落实新发展理念、促进甘肃全方位发展尤为迫切。甘肃在实践中贯彻落实好新发展理念，各级党政干部的作用十分关键，一方面，贯彻落实新发展理念需要依靠各级党政干部的共同努力；另一方面，各级党政干部对新发展理念的认识水平会直接影响新发展理念的落实效果。因此，着力提升党政干部贯彻落实新发展理念的认识水平和能力对于甘肃贯彻落实新发展理念至关重要。

（一）提高党政干部对贯彻落实新发展理念重要性的认识水平

“五位一体”新发展理念是习近平新时代中国特色社会主义思想重要内容，是解决随着当代中国改革开放的深化和拓展而出现的众多复杂问题的行动指南。甘肃省全面贯彻落实新发展理念必须加强各级党政干部队伍对习近平新时代中国特色社会主义思想的学习、研究和宣传，在党政干部队伍中切实普及和落实习近平新时代中国特色社会主义思想和党的十九大精神，通过深入学习贯彻习近平总书记视察甘肃重要讲话和“八个着力”重要指示精神，正确认识新发展理念的科学性、重要性和时代性，进一步提高贯彻落实新发展理念对甘肃经济社会全面发展重要性的认识水平，在工作中自觉运用和践行新发展理念。

（二）加强对甘肃省党政干部新发展理念的学习教育

对干部进行教育培训是系统提升甘肃各级党政干部贯彻新发展理念能力和水平的切实可行的战略性举措。调查中，绝大多数受访者认为非常有必要开展党政干部关于新发展理念的相关教育培训，提升党政干部贯彻落实新发展理念的思想认识水平和在实际工作中创新发展的能力。关于党政干部贯彻落实新发展理念的建议方面，有超过一半的受访者提出要加强党政干部尤其是基层党政干部对理论及国家政策的学习。因此，甘肃省应通过多种方式，切实加强党政干部新发展理念学习教育，进一步提高党政干部对新发展理念的认识水平，着力提升党政干部贯彻新发展理念的能力和水平。一是各级党委政府加强各部门对新发展理念的组织学习；二是利用各级党校、行政学院等加强对党政干部学习贯彻新发展理念的专题培训；三是加强通过报纸、电视、广播、网站对新发展理念的宣传。

（三）注重党政干部贯彻落实新发展理念

一是各级党委政府搭建交流研讨、贯彻落实新发展理念的平台，进一步加强贯彻落实新发展理念实践调研和信息反馈机制建设；二是对全省各地州市、各部门在具体工作实践中贯彻落实新发展理念的好思路、好做法、好经验及时进行提炼和总结，帮助党政干部从实践层面准确深入掌握新发展理念的精髓要义；三是开阔视野，加强交流，认真学习其他省份，尤其是发达省份贯彻落实新发展理念的方法和经验，提升甘肃党政干部贯彻落实新发展理念的能力和水平。

（四）建立健全贯彻落实新发展理念的评估机制

贯彻落实新发展理念是今后一段时间甘肃省经济社会发展的方向和目标，更是做好各项具体工作的要求，正确评价贯彻落实新发展理念的成效，是贯彻落实新发展理念的重要环节，甘肃省应建立健全贯彻落实新发展理念评估机制。一是根据贯彻落实新发展理念要求和实际建立贯彻落实新发展理念评估体系。将贯彻落实新发展理念具体化，运用各项量化指标推动贯彻落实新发展理念。二是理论联系实际。结合甘肃省情实际评估贯彻落实新发展理念工作情况。三是不断总结。通过总结工作实践经验，提高党政干部及全省贯彻落实新发展理念的能力和水平。

参考文献

何立峰：《贯彻落实新发展理念建设现代化经济体系》，《中国经贸导刊》2017 年第 34 期。

《杨小军：贯彻落实五大发展理念重在思维方式的转变》，中国社会科学网，http://ex.cssn.cn/zhx/zx_zhyj/201709/t20170929_3657769.shtml。

谭月明、龚志军、李兆峰：《论新发展理念的三重逻辑》，《牡丹江师范学院学报》（社会科学版）2018年第6期。

徐东华：《新发展理念下政府绩效报告的作用机理与创新路径》，《国家行政学院学报》2018年第6期。

B.8
企业经营者对优化营商环境的认识和建议

魏 静*

摘 要： 近年来，政府部门采取多种措施破除各种不合理门槛和限制，使甘肃营商环境得到了一定的改善。本报告通过深入调查，认为当前甘肃营商环境还存在公共服务便利程度有待提升、专业服务机构服务有待改善、政府采购公开性亟须提高、企业税负较重、信贷不便利、企业经营的法制保障较差等问题，为此，建议从补齐公共服务短板，规范中介服务机构服务，建立公开、公平、公正的政府采购监督机制，继续减少中小企业税费，创新中小企业金融贷款工具以及完善法制化营商环境等不同方面来进一步优化营商环境。

关键词： 企业经营者 优化 营商环境

营商环境是衡量一个地方经济发展的重要指标，良好的营商环境为企业发展创造便利的条件，对促进地方经济社会发展产生积极作用。近年来，甘肃省各级政府、各部门全力响应国家营造良好营商环境，助推民营经济发展的政策和号召，相继出台了一系列改革举措，取得了良好的效果。本报告主

* 魏静，硕士，甘肃省社会科学院副研究员，主要研究方向为地方史。

要在此背景下考察企业经营者对当前营商环境的认识，距离目标预期还有怎样的差距，并结合调研给出有针对性的对策建议。本报告调查区域主要在甘肃兰州市，调查方式采取问卷式和访谈式，发出问卷 100 份，回收有效问卷 92 份，有效问卷回收率为 92%。

一　问卷基本信息

问卷基本信息见表 1。

表 1　问卷基本信息

单位：个

		频数
企业性质	国有	3
	中小企业	25
	个体工商户	64
企业管理层是否有人大代表或政协委员	是	0
	否	92
被访者年龄	18～29 岁	10
	30～39 岁	19
	40～49 岁	26
	50～59 岁	29
	60 岁以上	8
被访者性别	男	68
	女	24
被访者学历	初中及以下	33
	高中、中专、技校	41
	大专	2
	本科	13
	硕士及以上	3
被访者政治面貌	党员	17
	共青团员	0
	民主党派及无党派	0
	群众	75

续表

		频数
被访者户籍所在地	本省城镇户	43
	本省农村户	14
	外省城镇户	30
	外省农村户	5

二 调查内容

（一）企业经营者对本地公共服务便利程度的认识

良好的公共服务环境为企业经营者在本地经商提供了基础和保障，公共服务主要是指政府公共产品供给，包括医疗、教育、文化、城乡基础设施建设等。通过问卷和访谈，得出以下结果，见图 1。

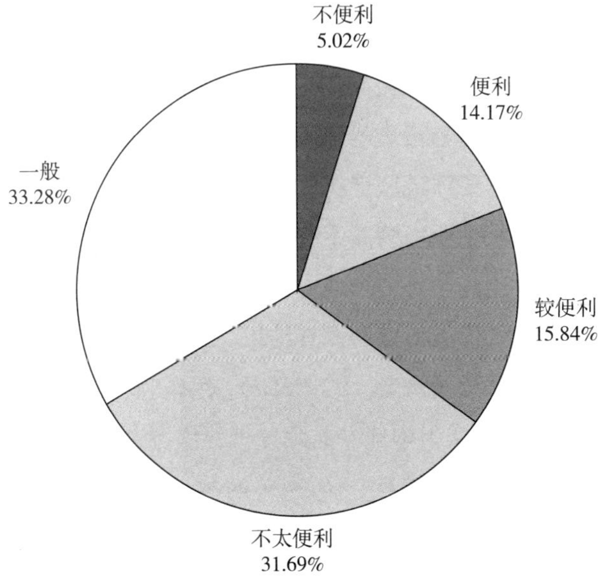

图 1　被访者对本地公共服务便利程度的调查结果

从图1可以看出，多数被访者（33.28%）认为本地公共服务便利程度一般，有31.69%的被访者认为本地公共服务不太便利，15.84%的被访者认为本地公共服务较便利，14.17%的被访者认为本地公共服务便利，5.02%的被访者认为本地公共服务不便利，可见多数被访者认为本地公共服务一般或是不太便利。通过进一步的访谈得知，许多被访者认为本地政府公共服务能力有待提高，如在城乡交通建设方面，一些地方交通设施差、道路施工建设多，致使交通堵塞现象普遍，给出行和营商带来不便。在教育方面，教育资源较为稀缺，特别是幼儿园和小学，入学难的问题不能得到有效解决。异地就医不方便，医疗资源分布不均衡。由于房价涨，地价也在涨，民营企业、个体工商户租金不断上涨。加之工资、原材料成本的增加，导致企业负担无形加重。在公民权利行使方面，一些企业经营者反映在受到不公正对待时，不能有效维护自身的权利，一些被访者认为自己就是弱势群体。

（二）企业经营者对专业服务机构服务的认识

一个地区法律、会计、税务、环评等专业服务机构是否发达对于企业的运营来讲是十分重要的。企业在商业纠纷中需要求助法律服务机构，企业财务咨询、出具各类专业财务报表等需要会计师事务机构；企业在税务咨询、税务代理等业务方面需要涉税服务机构；企业环评时需要委托环评机构出具各种环评报告。总之，企业经营离不开这些专业独立的市场化机构，因此，衡量这些机构是否发达是评价一个地方营商环境好坏的重要标准。图2是企业经营者对专业服务机构满意度的调查结果。

图2反映出，有多数被访者（32.26%）对本地专业服务机构服务不太满意，21.13%的被访者认为本地专业服务机构服务一般，20.24%的被访者对本地专业服务机构表示不满意，16.04%的被访者对本地专业服务机构表示较满意，而只有10.33%的被访者对本地专业服务机构表示满意。通过访谈得知，多数被访者认为本地专业服务机构参差不齐，收费不规范，服务质量和效率较差，不利于企业的顺利经营。

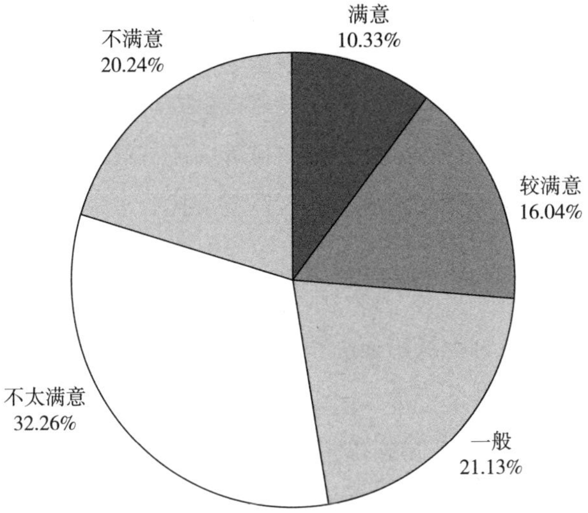

图 2　企业经营者对专业服务机构满意度的调查结果

（三）企业经营者对政府采购是否能得到公平对待的认识

政府采购通常以公开招标、投标为主要方式选择供应商，具有公开性、公正性、竞争性的特点，其中公平竞争是政府采购制度的基石。衡量一个地方营商环境的好坏，政府采购是否建立在公平竞争的基础之上是一个重要的标准，以下是“企业经营者对政府采购是否公正”的调查结果（见图 3）。

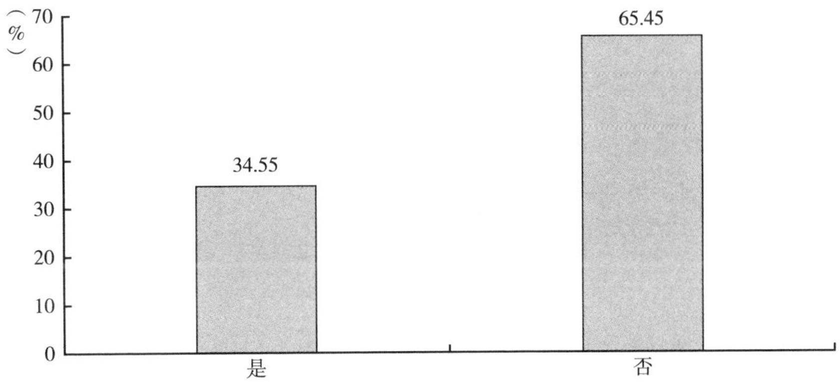

图 3　企业经营者对政府采购公平性的认识

图3显示多数被访者（64.45%）认为企业在政府采购时不能得到公平对待，被访者认为政府在采购时对民营企业设置不平等条款，要求供应商在政府采购活动前进行不必要的登记、注册或者要求设立分支机构，设置或者变相设置供应商规模条件、经营年限门槛等。还有被访者认为，一些企业和政府之间存在拉关系等不正当现象，这严重干扰了正常的公平竞争环境。

（四）企业经营者对税费负担的认识

近年来，在国内外多种因素的影响下，中小企业面临前所未有的发展压力。为了助推中小企业的发展，国家从税收政策上给予了很多优惠。具体来讲，小型微利企业可享受20%优惠税率。工业企业，从业人数不超过100人，资产总额不超过3000万元，年度应纳税所得额不超过30万元。其他企业，从业人数不超过80人，资产总额不超过1000万元，年度应纳税所得额不超过30万元。小规模纳税人申请一般纳税人的资格，从过去工业企业年销售额达到100万元降至50万元，商业企业年销售额从原来的180万元降至80万元。同时，小规模纳税人不论工业企业还是商业企业，增值税征收率由过去的6%和4%一律降至3%。新的企业所得税核定征收办法调低了核定征收企业应税所得率幅度标准。① 个体工商户月销售额不超过3万元免征增值税。在此背景下，企业经营者对税费负担有怎样的认识，以下是调查结果（见图4）。

图4显示，45.86%的被访者认为企业承担的税负在0~10%，30.91%的被访者认为企业承担的税负在10%~30%，23.23%的被访者认为企业承担的税负在30%~50%。通过调查得知，个体工商户月营业额如果不超过3万元，则不征收增值税。其他中小企业税收（如果只需计算流通税收）占销售收入的比例，根据行业不同，一般在3%~6%，虽然说一般纳税人的增值税率是17%，但去除抵扣，一般也不会超过6%。企业所得税依法核定

① 《中小企业可以享受哪些税收优惠规定》，快资讯网站，https://www.360kuai.com/pc/909879e3b0eb256ad?cota=4&kuai_so=1&tj_url=so_rec&sign=360_57c3bbd1&refer_scene=so_1。

征收，其税率根据行业不同一般确定在3%～30%。调查中，一些企业经营者认为，企业在营改增后非但没能减税，反而增加了税收负担，因为大部分中小企业的人力成本所占比重相对较大，而抵扣进项税的前提是必须取得增值税专用发票，但人力成本是不能抵扣进项税额的，所以企业之前按5%交营业税，“营改增”后就得按6%交增值税，税负实际上增加了。又如建筑行业、餐饮行业，“营改增”后的减税是建立在有进项抵扣的前提下，建筑业里砂石老板不会给进货商开发票，私人包工头不会开发票，餐厅员工去菜市场买食材，小摊贩也不会开发票等，而没有增值税专用发票，这部分开支就不能抵扣，再加上建筑行业和餐饮业的人工成本较高，所以企业实际税负较重。

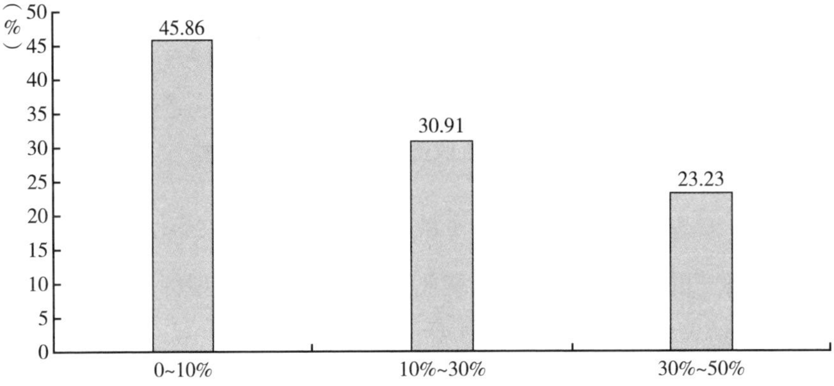

图4　企业承担税负占销售额的比重调查

（五）企业经营者对行政事业性收费的看法

2019年4月，中共中央办公厅、国务院办公厅印发了《关于促进中小企业健康发展的指导意见》，其中提出要推进环评制度改革，将项目环评审批时限压缩至法定时限的一半；同时，从加快中小企业首发上市进度以及推进地方涉企行政事业性零收费等措施看，我国减税降费的力度在逐渐加大。自2017年4月1日以来，已经取消或停征了35项中央设立的涉企行政事业性收费项目。本报告着力考察企业经营者对行政事业性收费执行效果的认识，调查结果见图5。

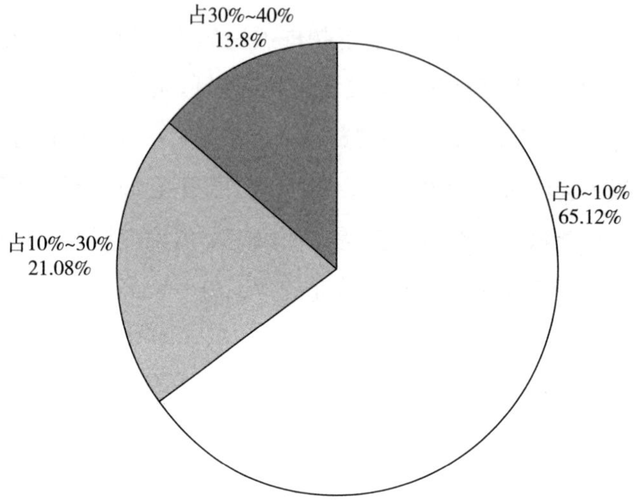

图5　行政事业性收费占企业销售额的比重

图5显示，65.12%的被访者认为行政事业性收费占企业销售额的0~10%，21.08%的被访者认为行政事业性收费占企业销售额的10%~30%，13.8%的被访者认为行政事业性收费占企业销售额的30%~40%，被访者中没有人认为行政事业性收费占企业销售额的40%~50%，这说明绝大多数被访者认为行政事业性收费占企业销售额比重是较小的。我们在访谈中得知，多数个体工商户认为政府性质的收费近年来很少，不对经营造成负担。但也有一些中小企业主认为企业在经营过程中背负的制度成本过高，比如国家一直在改革涉企环保类收费，不断降低企业的运营成本，但是企业在经营过程中所负担的环保成本还是很高的，企业自动监测设备的购置、安装、运营以及开展其他监测服务所产生的费用，均由企业自行承担。企业环境影响咨询费、环境影响报告书（表）编制及其所含的现状监测等费用均由企业与环评机构议价决定，环境审核过程中产生的相关费用，包括监测费用也是由企业与第三方机构议价决定的，属市场行为，而目前环评机构

的市场收费很高，对企业的经营造成一定的负担。另外，在企业排污许可审批及其他监测与评估方面，根据法律法规要求所产生的相关费用应由企业自行承担。企业违反国家环境影响评价规定中任何一条，承担的责任和接受的处罚都是十分严厉的。可以看出，这些制度性成本对企业的经营造成了较大的影响和负担。

（六）企业经营者对获得信贷便利程度的看法

长期以来，国家在金融政策扶持方面向大企业倾斜，而对中小企业的扶持力度不够，这是造成中小企业融资难的现实原因。大型企业能够在资本市场和货币市场上非常容易地得到资金，而中小企业的融资门槛却相应被提高许多，中小企业要获得贷款必须付出更大的成本。中小企业中有相当一部分是城乡企业，技术创新能力较弱，缺乏竞争力，市场风险高，这使银行等金融机构不愿向其发放贷款。中小企业大多为私营企业或合伙企业，管理水平落后，经营风险大，信用观念差，财务制度不健全，信息不透明，这使金融机构不能把握中小企业的贷款风险，无形增加了放贷风险。企业经营者如何认识这个问题，调查结果见图6。

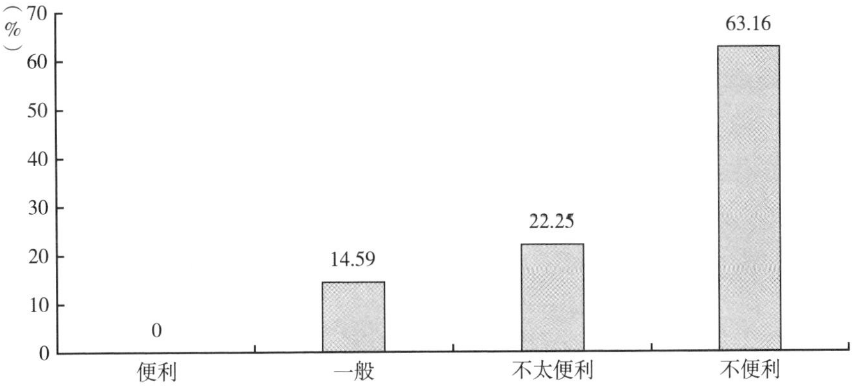

图6　企业经营者对获得信贷便利程度的认识

图6显示，63.16%的被访者认为企业获得信贷不便利。一般情况下，企业要求贷款或者担保，都需要有担保物来提供保证。中小企业仅有的抵押

品就是有限并且价值低廉的土地、房产和机器设备，其规模制约了抵押品的价值。目前，中小企业信用担保体系还不完善，为中小企业提供贷款担保的机构少，担保基金的种类和数量远不能满足需求。民营担保机构受到所有制歧视，只能独自承担担保贷款风险，而无法与协作银行形成共担机制。在我国，缺乏与中小企业相适应的金融机构，虽然城市商业银行、信用社和地方性商业银行等成为支持中小企业发展的主导，但是这些金融机构的资金实力不能完全满足中小企业的需求，最终制约当地中小企业的发展。

（七）企业经营者对企业合同执行的法制保障的认识

企业在一个地方落户，且能够顺利运营，必须建立在良好的法制保障基础之上，否则就会给企业的正常运营带来困难、阻力甚至经济损失。企业合同执行的法制保障也是衡量一个地方营商环境的重要指标，本报告就此问题对企业经营者进行调查，并得出以下结果，见图7。

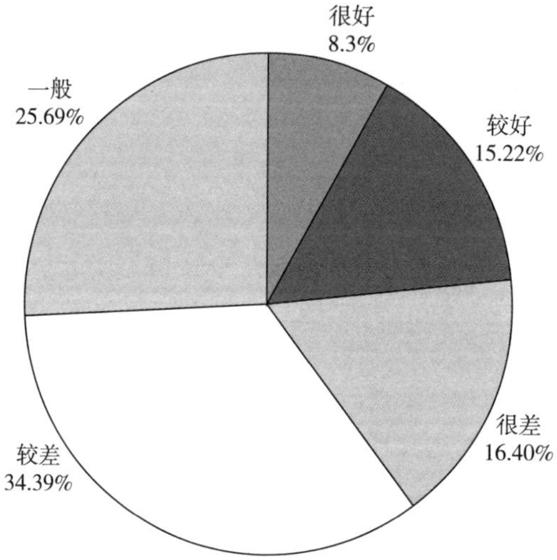

图7　企业经营者对企业合同执行的法制保障的认识

图7显示，多数被访者（34.39%）认为企业合同执行的法制保障较差，25.69%的被访者认为企业合同执行的法制保障一般，16.40%的被访者

认为企业合同执行的法制保障很差，15.22%的被访者认为本地企业合同执行的法制保障较好，只有8.3%的被访者认为企业合同执行的法制保障很好。以上数据表明，多数被访者认为企业合同执行的法制保障较差。通过调研了解到，一些个体工商户反映很多房屋业主不能执行当初和租户签订的合同，一再提高房屋租金，就增加了微利经营的个体工商户的负担。还有一些被访者反映，他们最担心房屋拆迁，商户的租房一旦被拆迁，当初和业主签订的租赁合同就会废止，致使商户的经营中断，蒙受损失。另外，一些落户到本地的中小企业，一旦遭遇房屋等商业纠纷，最初和政府签订的合同就得不到有效的法律保障，政府部门经常在面对企业商业纠纷时推诿扯皮，这严重阻碍了企业的正常营运，使企业蒙受经济损失。

（八）企业经营者对“获得各类行政审批的便利程度”的看法

甘肃省人大常委会调研组关于甘肃省营商环境情况的调研报告显示，甘肃省80%以上政务服务事项已实现在线办理。2019年上半年，88.83%的新登记企业一天内办结。调研报告显示，“放管服”改革深入推进，2011年以来，甘肃省已累计取消、下放行政审批事项22批2175项，减幅达94%。全省1644项政务服务事项均可实现一次办结，80%以上政务服务事项实现在线办理。2018年，企业开办时间压缩至5个工作日内，2019年上半年，88.83%的新登记企业一天内办结。[①] 上述数据表明，甘肃省营商环境得到了持续改善，企业经营者对此有怎样的认识和看法，调查结果见图8。

图8表明，多数被访者（40.85%）认为企业经营获得各项行政审批较便利，认为不便利的占最少数，只有13.24%。这说明地方政府从政策层面对企业是十分支持的，企业经营者获取各项行政审批总体上较便利。

---

① 《甘肃省持续改善营商环境八成以上政务服务事项实现在线办理》，国脉电子政务网，http：//www.echinagov.com/news/262862.htm。

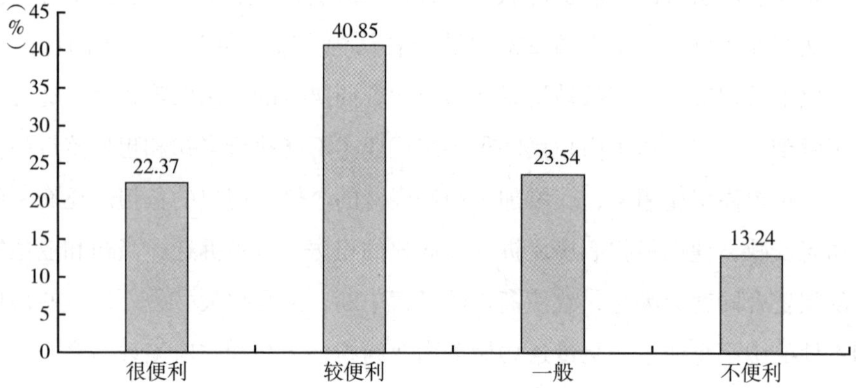

图 8　企业经营者对获得各项行政审批的便利程度的认识

（九）企业经营者对本地营商环境总体满意度调查

企业经营者对一个地方营商环境满意度的评价可以很直观地反映当地营商环境的好坏。优化营商环境不仅需要政府在政策层面的支持，还需要有政策执行环节法律制度的保障。企业经营者怎么看待和评价本地的营商环境，调查结果见图 9。

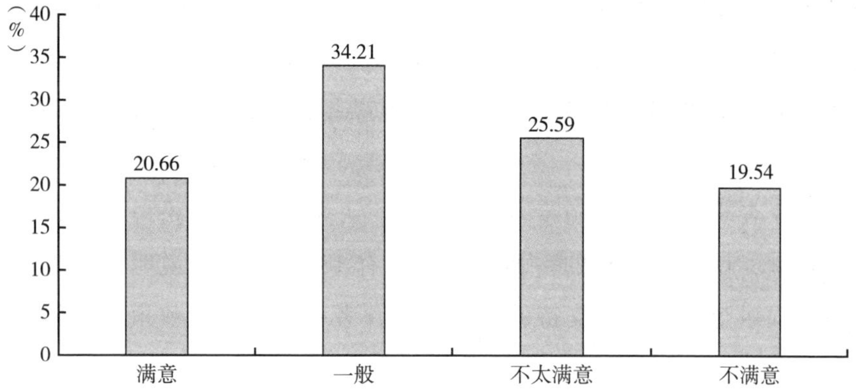

图 9　企业经营者对营商环境总体满意度的调查

三 调查结论分析

（一）多数被访者认为本地公共服务便利程度一般

通过调查发现，多数被访者认为本地公共服务便利程度一般，这在一定程度上制约了本地营商环境的优化。从教育看，当前义务教育资源不均衡，供给不能满足需求现状。从医疗看，医疗资源不均衡、异地就医不能便捷报销等问题依然存在。城镇交通拥堵、部分地区交通基础设施差、经常性施工建设的现象普遍存在。房价高、租金高、住房限购政策等对企业经营者带来不便。还有诸如缺乏人才引进优惠政策，公共服务网络供给、延伸不够长等问题都影响当地营商环境的改善。

（二）多数被访者认为本地专业服务机构欠发达

多数被访者对当地专业服务机构服务不太满意。一些专业服务机构缺乏规范管理，收费高、效率低、协调执行能力差等问题突出。从总体上看，专业服务市场不发达，发展水平参差不齐，管理问题突出。这主要是因为全国层面缺乏统一的专业服务机构管理法规，专业服务机构的法律地位、申请设立条件、申请设立程序、业务范围、业务的法律效力、机构运行、人员管理、质量保证、机构与人员考核、机构与人员信用评定、机构与人员奖惩等缺乏系统的规定，不利于专业服务的制度化、规范化和程序化。另外，一些专业服务机构不了解当地情况，服务质量参差不齐，给执行带来一定困难。一些专业服务机构的造假现象仍然较多，谁给钱就给谁说话，导致服务可信度不高。

（三）多数被访者认为企业在政府采购时不能得到公平对待

多数被访者认为企业在政府采购时不能得到公平对待，目前，政府采购普遍存在工作人员素质低、专业人才匮乏、政府采购预算编制滞后、招投标机制不健全、缺乏监督体系等问题。政府采购招标过程中，经常存在采取种种方式违规干预、弄虚作假、规避招标、业主与招投标代理机构串通一气、弄虚作假、泄露标底、对照投标人条件制定投标文件、违法分包、层层转包等现象。

（四）多数中小企业被访者认为企业的税负较重

对于多数中小企业来说，虽然“营改增”减轻了企业的税负，但是对于某些行业或者行业产业链上的某个环节来说，“营改增”后企业税负不减反增的现象依然存在，如由于企业早期存货处理不当，没有取得专业发票，“营改增”后就不能抵扣增值税发票，导致税收陡增。由于企业固定资产更新周期较长，“营改增”实行之前一些固定资产完成更新不久，短期内没有购置固定资产的需要，也没有大额度进项用于抵扣，造成企业税负增加。部分企业在实际运行中有一部分支出确实无法或者很难取得增值税专用发票，比如员工工资、贷款利息、资源类产品等。除以上原因外，企业实际税负还会受到产业链条的影响。如果产业链中的某个环节不容易向下游转嫁税负，或者由于流转税影响到下游需求，就会造成某些企业的税负增加。

（五）中小企业获得信贷不便利

我国中小企业很少采用股份有限公司或者有限责任公司的形式，大多数采用的是合伙制或个人独资的形式，其资本规模较小。中小企业普遍基础不雄厚，实力不强，为避免产生财务风险，银行通常对这些中小企业申请贷款设置较高门槛。另外，许多中小企业财务管理制度不够健全，资金管理混乱，导致银行不愿对其进行贷款。由于信用信息网络建设的滞后、信用信息不完善以及传输渠道的不顺畅，企业与银行之间信息严重不对称，企业对于银行的信用政策了解不透彻，而银行对企业真实的信用水平也了解不深，双方之间的不信任程度越来越高，极大影响了中小企业的融资需求。

（六）企业合同执行的法制保障较差

中小企业在经营过程中，面临诸多法律风险，如合同风险，在合同订立、生效、履行、变更和转让、终止及违约责任的确定过程中，合同当事人一方或双方利益都可能面临损害的可能。一些企业对合同的签订、审核、履约等环节缺乏严格的管理程序，有的企业为了提高效率，调动业务人员积极性，把业务合同章交给业务人员随身携带，对签了的合同不审查，对合同文本无备案管理制度，对合同履约过程缺乏严格控制和有效防范。再如，企业在商业秘密、专有技术等知识产权方面缺乏有效保障，一些企业的高管、技术人员、营销人员等在公司工作一段时间后，掌握了公司的技术秘密或商业秘密，然后跳槽。这些人离开时往往将企业的技术秘密、客户信息甚至客户关系带走，对企业造成致命影响。

四　优化企业营商环境的对策建议

（一）补齐公共服务短板，提升城市公共服务能力

政府应加快补齐城乡基本公共服务短板，实现基本公共服务均等化，推进义务教育均衡发展、增加教育服务有效供给、优化均衡医疗资源、加快交通物流等基础设施建设、全面放开养老服务市场、适当降低商用水电燃气价格等，增加公共服务市场有效供给，不断优化资源布局，营造良好的营商环境。

（二）建立规范中介服务机构市场服务能力的长效机制

政府在规范中介服务机构服务能力方面应发挥一定的作用，首先是制定充分体现劳务价值的科学合理的指导性收费标准。目前市场上中介服务收费标准，主要依据《中介服务收费管理办法》有关规定，由于这个办法收费标准高低价格线幅度较大，具有垄断性质的中介服务机构一般会选择高标准

价格执行。建议将中介服务机构收费标准制定权下放到地级物价部门，其在考虑中介服务机构劳务付出的基础上，适当参考当地经济社会发展水平以及居民物价承受力，上下价格线浮动幅度不超过20%。其次要打破中介市场垄断，建立充分的市场竞争机制。一些中介机构如工程监理、房产交易等，很多是从原行政机关分离出来的，原行政机关干部变成公司法人代表，因此企业在行政机关办理审批手续时，经常被指定接受这些中介服务机构服务，从而扰乱了市场秩序。就中介服务机构本身来说，政府还应加大对其的监督检查力度，成立由纪委牵头，物价、审计、财政、税务等各部门共同参与的联合督察小组，每年对中介服务机构进行一次综合检查，从而营造良好的中介服务机构市场氛围。

（三）建立公开、公平、公正的政府采购监督机制

建立公开、公平、公正的政府采购监督机制是优化营商环境的重要条件。公开招标采购时，监察、公证、财政、审计等部门在招标、投标、开标、唱标、定标等各个环节，应进行全过程跟踪监督，不让采购当事人有投机的机会。应对供应商的资格、资质进行仔细核查，发现虚假成分，资料不实、不完整等情况时，要坚决取消供应商的资格。参与编制标底的人员、评标小组成员及相关当事人要接受统一安排，在开标前要严格中断与外界的联系，严防走漏信息。招标单位不能事先组建评标小组，应在评标前采取随机抽签的方式临时组建。评标应以招标文件为根据，不能采取招标文件以外的标准进行评标。定标要选择报价合理、能提供最佳服务的投标者，而不是与招标部门有关系的单位。

（四）进一步减少中小企业税费

减少中小企业税费是优化营商环境的关键，可以扩大中小微企业享受减半征收所得税优惠的范围，将年纳税所得额上限由50万元提高到100万元。提高个人所得税起征点，由现在的3500元提高到5000～7000元。同时，把个人首套住房按揭贷款利息、子女教育、赡养老人等家庭支出纳入税前扣除部分。为支持小微企业、个体工商户的发展，享受暂免征收增值税优惠政策

的小微企业和个体工商户，将征收起点由月销售额3万元提高到10万元。政府应分级分类制定不同企业的“五险一金”缴费政策，适当降低缴费率，以减轻企业上缴社会保障费的负担。制定针对中小企业的税收优惠，如调整税收的起征点、减免税收和返还税收、调整固定资产折旧率、延长税收的缴纳期限等。

（五）不断创新贷款金融工具

改善中小企业营商环境重要的是创新中小企业融资体系，拓宽融资渠道，鼓励商业银行把中小企业作为重要的服务对象，支持中小企业信用贷款，不断完善资本市场体系，发展中小企业板、创业板以及中小企业资本基金市场，解决中小企业融资难的问题。健全完善中小企业信用体系，提高和增强中小企业的整体素质和综合实力，为中小企业健康可持续发展创造条件。由于中小企业进行商业银行贷款受到担保抵押物不足的限制，因此可以将担保抵押物的范围扩大，提高中小企业信用等级。创新开发金融产品，设计如金融租赁、票据租赁、典当融资等融资工具，从而解决中小企业融资难问题。[①]

（六）构建法制化的营商环境

社会主义市场经济环境的特征应该是自主、平等、诚信、竞争，实现这一目标除了依靠经济规律外，还需要通过健全完备的法律制度来发挥引导规范和制约保障的作用。政府不仅应减少对市场的干预，还应依法行政，发挥服务保障作用。营商环境涉及领域多、范围宽，所以政府在营商领域里的行政行为必须受到法律制约。在经济领域执法过程中，执法部门无论是维护市场经济秩序还是调整市场主体的行政方式都应建立在法制的基础之上，保障市场主体的权益，应逐渐打破市场垄断行为，进一步放开石油、电力、电

---

① 《中小企业融资难原因及对策》，合作经济与科技网站，http：//www. jjykj. com/view. asp? nid = 4054。

信、金融等行业的准入限制，以拓宽非公经济的发展空间，打造公平竞争的营商环境，运用市场机制来调节资源，使资源能得到最优化的配置。通过设定调解、仲裁、诉讼等不同渠道，解决纠纷、化解矛盾，维护市场主体的合法权益和市场经济的良好秩序。通过建立矛盾预警机制、利益表达机制、协商沟通机制等不同方面来维护各方权益，加大对民营企业知识产权保护力度，充分发挥知识产权司法保护主导作用。

参考文献

毛强：《筑牢优化营商环境的制度基础》，《学习时报》2019 年 10 月 16 日。

周妍博：《严格知识产权保护助力优化黑龙江省营商环境》，《对外经贸》2019 年第 7 期。

王双陆：《企业营商环境优化的路径与对策》，《现代商贸工业》2019 年第 28 期。

B.9
农民群众对农村人居环境整治的看法和评价

侯万锋*

摘　要： 本报告问卷调查结果显示，大多数被访者认为政府在农村人居环境整治上的成效较为明显，总体评价较高；认为各地在推进农村厕所、垃圾、风貌“三大革命”，治理农村生活污水、废旧农膜回收利用与尾菜处理、畜禽养殖废弃物与秸秆资源化利用、乡村规划编制、“四好农村路”建设、村级公益性设施共管共享等“六大行动”方面取得了较大进展和成效，满意度较高；对加强农村人居环境整治抱有信心和希望。同时也发现政府在农村人居环境整治上仍存在诸多问题和不足，急需破解和消除。要着力加强农村人居环境整治，应坚持规划先行，凸显乡土特色；坚持综合施策，突出整治重点；拓宽融资渠道，健全长效机制；立足长远发展，突出绿色主题；转变农民观念，强化主体地位。

关键词： 农民群众　农村　人居环境整治　乡村振兴

从党的十九大提出实施乡村振兴战略并强调要“开展农村人居环境整治行动”到中办、国办印发《农村人居环境整治三年行动方案》，从召开全国改善农

* 侯万锋，硕士，甘肃省社会科学院公共政策研究所所长、副研究员，主要研究方向为农村政治学、地方治理等。

村人居环境工作会议上明确“改善农村人居环境是实施乡村振兴战略的第一场硬仗”到2019年中央一号文件再次明确把“抓好农村人居环境整治三年行动”作为全面建成小康社会决胜期必须完成的硬任务之一，党中央和国务院这一系列重大战略部署，使加强农村人居环境整治的重大意义更加明确，目标任务更加清晰，政策导向更加精准，责任机制更加具体，方式方法更接地气，保障措施更加有力。甘肃在2018年5月出台《农村人居环境整治三年行动实施方案》，加强农村人居环境整治。这对于实现“产业兴旺、生态宜居、乡风文明、治理有效、生活富裕”的乡村振兴总要求，具有十分重要的现实意义。本报告旨在为有关党政部门加强农村人居环境整治提供一定的借鉴和参考。

一　被访者的基本情况

课题组选取甘肃平凉市庄浪县、麦积区，定西市通渭县，陇南市宕昌县，武威市古浪县，临夏回族自治州东乡族自治县等6县（区），以问卷调查为主要形式展开调查。本次调查共发放问卷220份，回收有效问卷217份，问卷有效回收率为98.64%。从性别看，男性为132人，占60.83%，女性为85人，占39.17%。从年龄看，18~25岁的为54人，占24.88%，26~35岁的为44人，占20.28%，36~45岁的为46人，占21.20%，46~60岁的为66人，占30.41%，60岁以上的为7人，占3.23%。从政治面貌看，共产党员为43人，占19.82%，无党派或民主党派为3人，占1.38%，共青团员为4人，占1.84%，群众为167人，占76.96%。从文化程度看，大专及以上文化程度的为30人，占13.82%，高中或中专文化程度的为35人，占16.13%，初中文化程度的为67人，占30.88%，小学文化程度的为79人，占36.41%，不识字的为6人，占2.76%。从婚姻状况看，未婚的为55人，占25.35%，已婚的为146人，占67.28%，丧偶的为13人，占5.99%，离异的为3人，占1.38%。从收入来源看，选择“种地”的为105人，占48.39%，选择“打工”的为67人，占30.88%，选择“经商”的为15人，占6.91%，选择“其他”的为30人，占13.82%。从家庭人数看，1人家庭的为1人，占0.46%，

2 人家庭的为 1 人，占 0.46%，3 人家庭的为 24 人，占 11.06%，4 人家庭的为 52 人，占 23.96%，5 人及以上家庭的为 139 人，占 64.06%（见表 1）。

表 1　被访者的基本情况

单位：人，%

调查选题		人数	占比
性别	男	132	60.83
	女	85	39.17
年龄	18～25 岁	54	24.88
	26～35 岁	44	20.28
	36～45 岁	46	21.20
	46～60 岁	66	30.41
	60 岁以上	7	3.23
政治面貌	共产党员	43	19.82
	群众	167	76.96
	无党派或民主党派	3	1.38
	共青团员	4	1.84
文化程度	不识字	6	2.76
	小学	79	36.41
	初中	67	30.88
	高中或中专	35	16.13
	大专及以上	30	13.82
婚姻状况	未婚	55	25.35
	已婚	146	67.28
	丧偶	13	5.99
	离异	3	1.38
收入来源	种地	105	48.39
	打工	67	30.88
	经商	15	6.91
	其他	30	13.82
家庭人数	1 人	1	0.46
	2 人	1	0.46
	3 人	24	11.06
	4 人	52	23.96
	5 人及以上	139	64.06

资料来源：《甘肃舆情分析与预测（2020）》调研组“农民群众对农村人居环境整治的看法和评价”的问卷统计结果。

二 对农村人居环境整治的总体看法和评价

2019年是农村人居环境整治全面推进的关键之年。甘肃全面贯彻落实党中央和国务院关于农村人居环境整治的有关文件精神，结合农村实际，先后出台和实施“1+9”① 系列政策文件，取得了较大进展。从问卷调查数据看，被访者认为政府对农村人居环境整治是重视的，满意度较高，作用明显，总体评价积极、肯定。

（一）97.24%的被访者认为政府对农村人居环境整治是重视的，重视程度较高

从“本地政府对农村人居环境整治工作的重视程度”看，96人选择“非常重视”，占44.24%，84人选择“比较重视”，占38.71%，31人选择“一般重视”，占14.29%，4人选择“不太重视”，占1.84%，2人选择“很不重视”，占0.92%（见图1）。图1表明，97.24%的被访者认为本地政府对农村人居环境整治是重视的。

（二）91.71%的被访者对农村人居环境整治是满意的，满意度较高

从对“农村人居环境整治的总体评价”看，98位被访者表示“非常满意”，占45.16%，70位被访者表示“比较满意”，占32.26%，31位被访者表示“基本满意”，占14.29%，14位被访者表示“不太满意”，占6.45%，4位被访者表示“很不满意”，占1.84%（见图2）。图2表明，91.71%的被访者对甘肃省农村人居环境整治表示“非常满意”、“比较满意”和“基本满意”，总体评价较高。

---

① “1+9”政策文件中，“1”即《甘肃省深入学习浙江“千村示范、万村整治”工程经验扎实推进农村人居环境整治工作实施意见》；“9”即针对农村厕所、垃圾、风貌“三大革命”，农村生活污水治理、废旧农膜回收利用与尾菜处理、畜禽养殖废弃物与秸秆资源化利用、乡村规划编制、“四好农村路”建设、村级公益性设施共管共享“六大行动”。

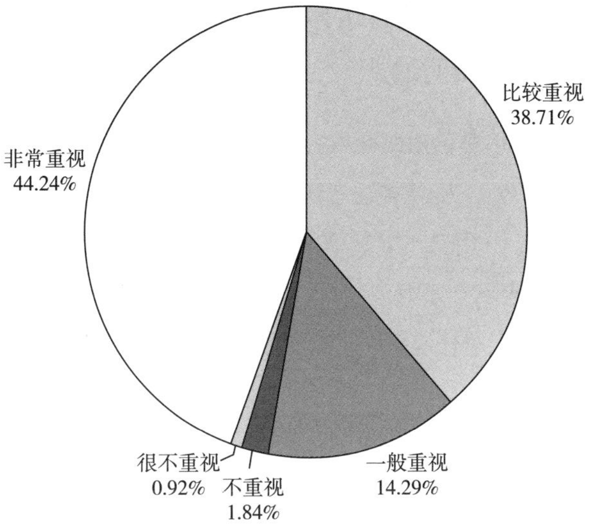

图 1　被访者对政府农村人居环境整治重视程度的看法

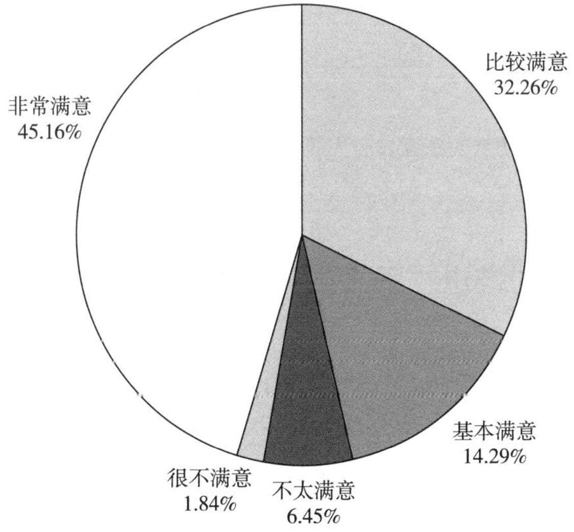

图 2　被访者对农村人居环境整治满意度的看法

（三）94.47%的被访者认为加强农村人居环境整治对改变村容村貌有积极作用，作用明显

从“推进人居环境整治对改变村容村貌的作用”看，87 位被访者认为“有很大作用”，占 40.09%，72 位被访者认为“有较大作用”，占 33.18%，46 位被访者认为“有一定作用”，占 21.20%，7 位被访者认为“没有作用”，占 3.23%，5 位被访者表示“不好说”，占 2.30%（见图 3）。图 3 表明，94.47% 的被访者认为加强农村人居环境整治对改变村容村貌有积极作用，作用明显。

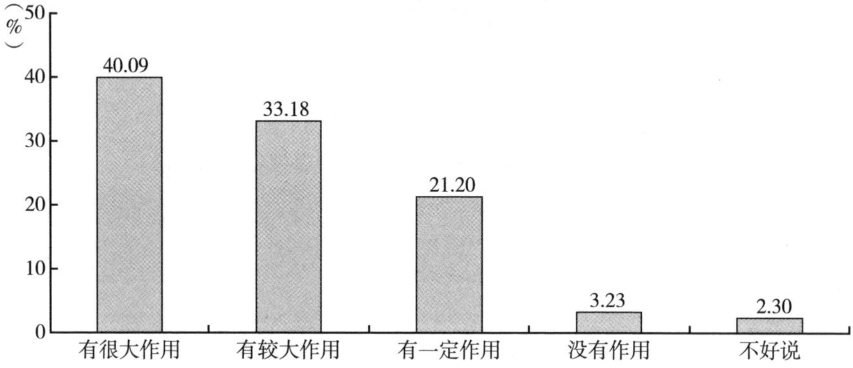

图 3　被访者对加强农村人居环境整治对改变村容村貌的看法

三　对推进“三大革命”成效的看法和评价

甘肃各地结合农村实际，因地制宜，借鉴浙江“千万工程”，坚持以建设美丽宜居村庄为导向，加强农村人居环境整治。全面深入推进农村厕所、垃圾、风貌“三大革命”，取得了明显成效。从问卷调查数据看，被访者认为推进农村厕所、垃圾、风貌“三大革命”的成效明显、突出、显著。

（一）92.16%的被访者认为推进农村厕所革命的成效较为明显

从“当地推进农村厕所革命的成效”看，73 位被访者认为“成效显

著”，占 33.64%，77 位被访者认为“成效较好”，占 35.48%，50 位被访者认为“有一定成效”，占 23.04%，8 位被访者认为“没成效”，占 3.69%，9 位被访者认为“不清楚”，占 4.15%（见图 4）。图 4 表明，92.16% 的被访者认为推进农村厕所革命“成效显著”、“成效较好”和“有一定成效”，成效明显。

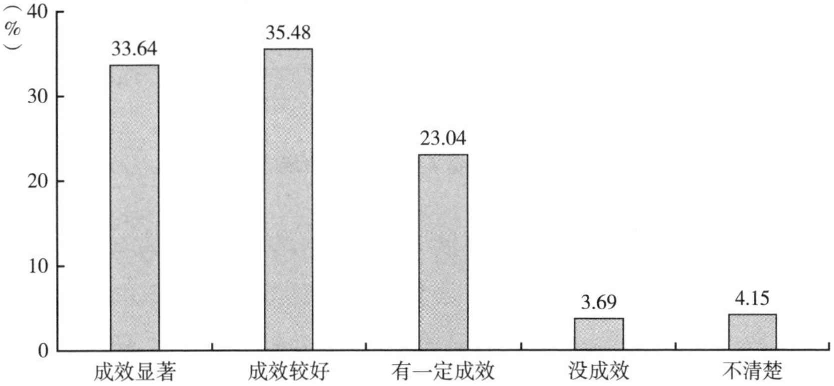

图 4　被访者对推进农村厕所革命成效的看法

（二）94.47% 的被访者认为推进农村垃圾革命的成效较为突出

从“当地推进农村垃圾治理的成效”看，98 位被访者选择“成效显著”，占 45.16%，73 位被访者选择“成效较好”，占 33.64%，34 位被访者选择“有一定成效”，占 15.67%，5 位被访者选择“没成效”，占 2.30%，7 位被访者选择“不清楚”，占 3.23%（见图 5）。图 5 表明，94.47% 的被访者认为推进农村垃圾革命的“成效显著”、“成效较好”和“有一定成效”，成效突出。

（三）95.40% 的被访者认为推进农村风貌革命的成效较为显著

从“当地改变农村风貌的成效”看，108 位被访者选择“成效显著”，占 49.77%，68 位被访者选择“成效较好”，占 31.34%，31 位被访者选择

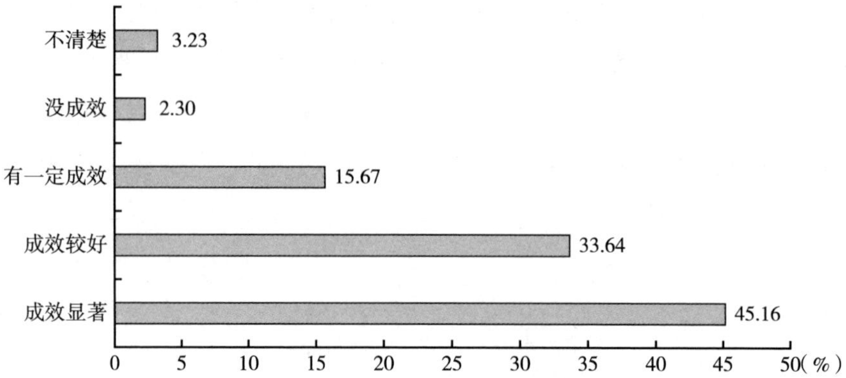

图5　被访者对推进农村垃圾革命成效的看法

“有一定成效”，占14.29%，6位被访者选择“没成效”，占2.76%，4位被访者选择“不清楚”，占1.84%（见图6）。图6表明，95.40%的被访者认为推进农村风貌革命的“成效显著”、“成效较好”和“有一定成效”，成效显著。

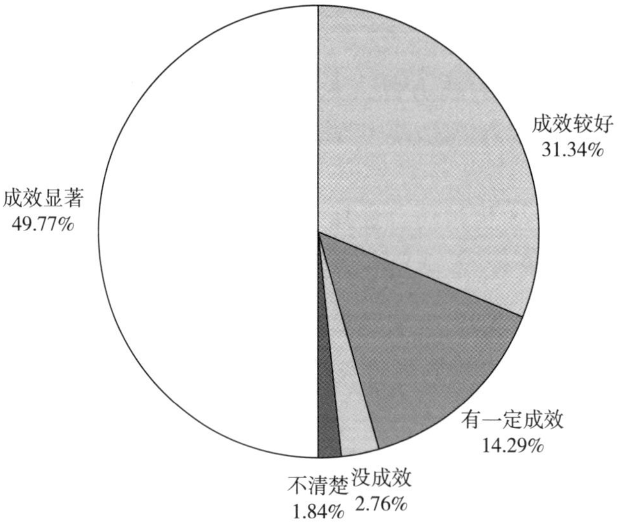

图6　被访者对推进农村风貌革命成效的看法

四　对实施“六大行动”成效的看法和评价

甘肃各地把落实中央农村人居环境部署与突出甘肃特色相结合，深入实施农村生活污水治理、废旧农膜回收利用与尾菜处理、畜禽养殖废弃物与秸秆资源化利用、乡村规划编制、“四好农村路”建设、村级公益性设施共管共享等“六大行动”，取得了明显成效。从问卷调查数据看，被访者认为在农村生活污水治理、废旧农膜回收利用与尾菜处理上成效较好，在畜禽养殖废弃物与秸秆资源化利用上取得较大进展，

（一）95.39%的被访者认为加强农村生活污水处理的成效较好

从“当地加强农村生活污水处理的成效”看，89 位被访者选择“成效显著”，占 41.01%，75 位被访者选择“成效较好”，占 34.56%，43 位被访者选择“有一定成效”，占 19.82%，7 位被访者选择“没成效”，占 3.23%，3 位被访者选择“不清楚”，占 1.38%（见图 7）。图 7 表明，95.39%的被访者认为加强农村生活污水处理的“成效显著”、“成效较好”和“有一定成效”，成效较好。

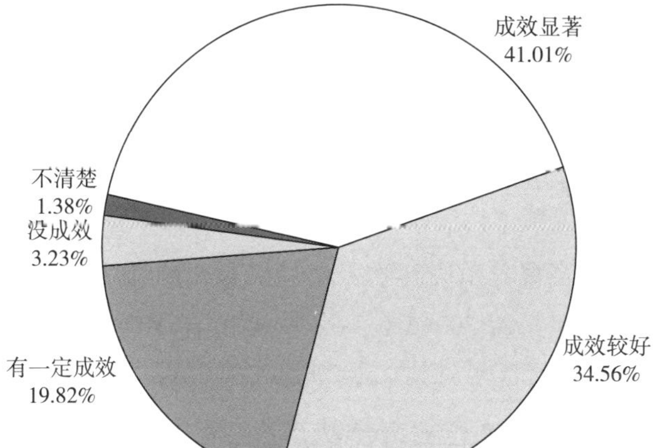

图 7　被访者对加强农村生活污水处理成效的看法

（二）90.32%的被访者认为加强废旧农膜回收利用与尾菜处理利用的成效较大

从“当地加强废旧农膜回收利用与尾菜处理利用的成效”看，64位被访者选择“成效显著”，占29.49%，76位被访者选择“成效较好”，占35.02%，56位被访者选择“有一定成效”，占25.81%，9位被访者选择“没成效”，占4.15%，12位被访者选择“不清楚”，占5.53%（见图8）。图8表明，90.32%的被访者认为加强废旧农膜回收利用与尾菜处理利用的“成效显著”、“成效较好”和“有一定成效”，成效较大。

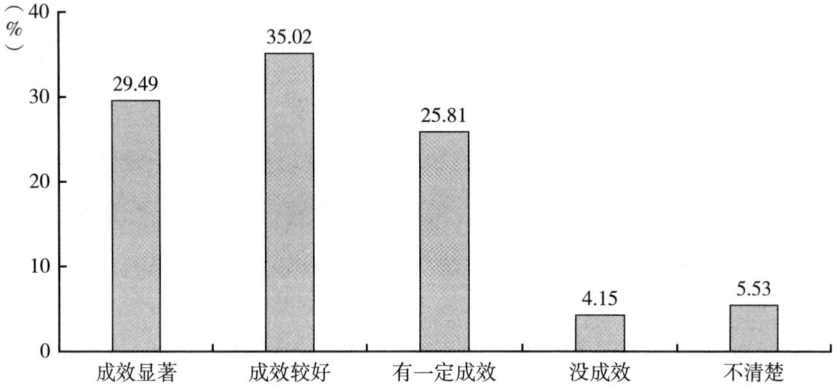

图8　被访者对加强废旧农膜回收利用与尾菜处理利用成效的看法

（三）88.48%的被访者认为在畜禽养殖废弃物与秸秆资源化利用上取得较大进展

从“当地加强畜禽养殖废弃物及秸秆资源化的利用”看，86位被访者认为“有很大进展”，占39.63%，62位被访者认为“有较大进展”，占28.57%，44位被访者认为“有一定进展”，占20.28%，8位被访者认为“没进展”，占3.69%，17位被访者表示“不清楚”，占7.83%（见图9）。图9表明，88.48%的被访者认为在畜禽养殖废弃物及秸秆资源化利用上“有很大进展”、“有较大进展”和“有一定进展”，进展顺利。

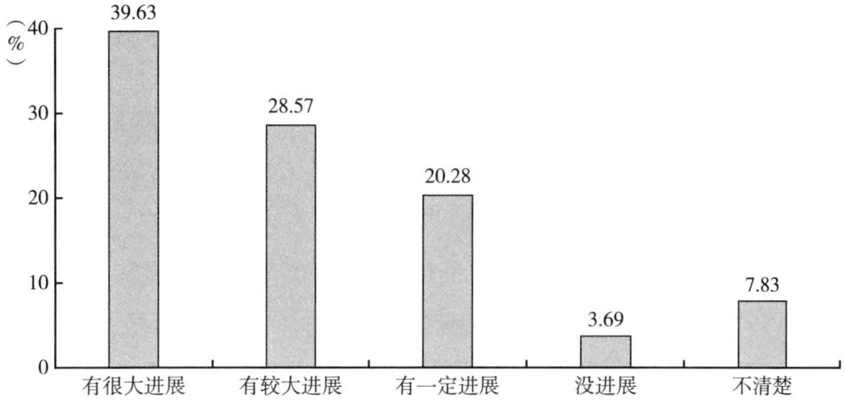

图9　被访者对加强畜禽养殖废弃物及秸秆资源化利用进展的看法

（四）92.63%的被访者对农村人居环境乡村规划编制管理的满意度较高

从“当地加强农村人居环境的乡村规划编制管理”看，83位被访者表示“非常满意”，占38.25%，82位被访者表示“比较满意”，占37.79%，36位被访者表示“基本满意”，占16.59%，14位被访者表示“不太满意”，占6.45%，2位被访者表示“很不满意”，占0.92%（见图10）。图10表明，92.63%的被访者对农村人居环境乡村规划编制管理表示“非常满意”、“比较满意”和“基本满意”，满意度较高。

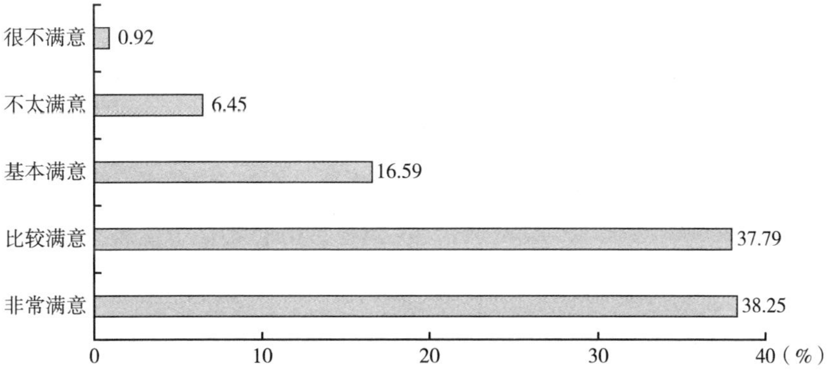

图10　被访者对农村人居环境村庄规划编制管理的满意度

（五）94.47%的被访者对加强“四好农村路”建设表示满意

从“当地加强‘四好农村路（建好、管好、护好、运营好）’”情况看，80位被访者表示“非常满意”，占36.87%，76位被访者表示“比较满意”，占35.02%，49位被访者表示“基本满意”，占22.58%，9位被访者表示“不太满意”，占4.15%，3位被访者表示“很不满意”，占1.38%（见图11）。图11表明，94.47%的被访者对加强“四好农村路”表示“非常满意”、“比较满意”和“基本满意”，满意度相对较高。

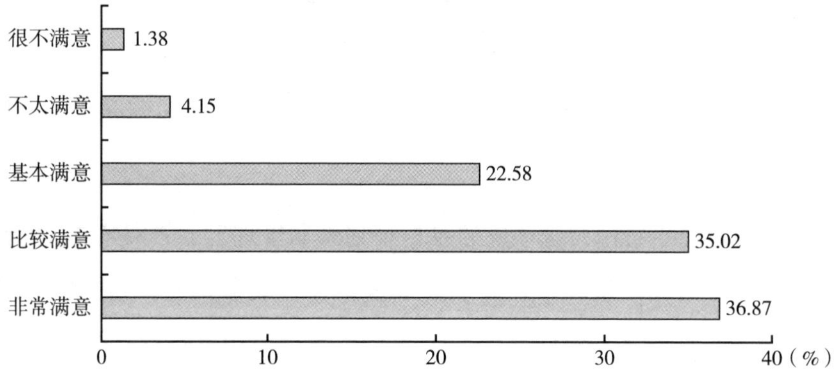

图11　被访者对“四好农村路”的满意度

（六）93.55%的被访者认为村级公益性设施共管共享的进展顺利

从“当地加强村级公益性设施共管共享”的进展看，66位被访者认为“有很大进展”，占30.41%，92位被访者认为“有较大进展”，占42.40%，45位被访者认为“有一定进展”，占20.74%，10位被访者认为“没进展”，占4.61%，4位被访者表示“不清楚”，占1.84%（见图12）。图12表明，93.55%的被访者认为加强村级公益性设施共管共享“有很大进展”、“有较大进展”和“有一定进展”，进展顺利。

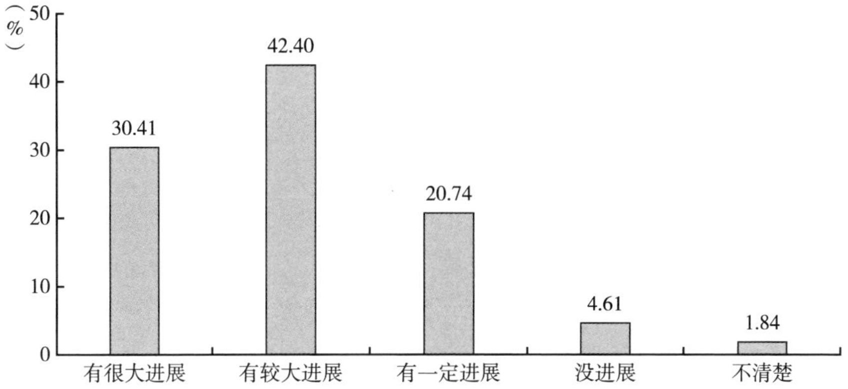

图 12　被访者对加强村级公益性设施共管共享进展的看法

五　对农村人居环境的信心和期望程度

农民群众是农村人居环境整治的主体，必须把尊重群众意愿作为工作的出发点。从问卷调查数据看，被访者对加强农村人居环境整治有很大信心，期望值较高。

（一）94.47%的被访者对加强农村人居环境整治充满信心

从“加强农村人居环境整治的信心”看，100 位被访者表示“有很大信心”，占 46.08%，57 位被访者表示“有较大信心”，占 26.27%，48 位被访者表示“有一定信心”，占 22.12%，8 位被访者表示“没有信心”，占 3.69%，4 位被访者表示“不好说”，占 1.84%（见图 13）。图 13 表明，94.47% 的被访者对农村人居环境整治表示“有很大信心”“有较大信心”“有一定信心”。

（二）94.01%的被访者对加强农村人居环境整治抱有希望

从“对加强农村人居环境整治的希望”看，112 位被访者表示“抱有很大希望”，占 51.61%，49 位被访者表示“抱有较大希望”，占 22.58%，43 位被访者表示“抱有一定希望”，占 19.82%，6 位被访者表示“不抱希

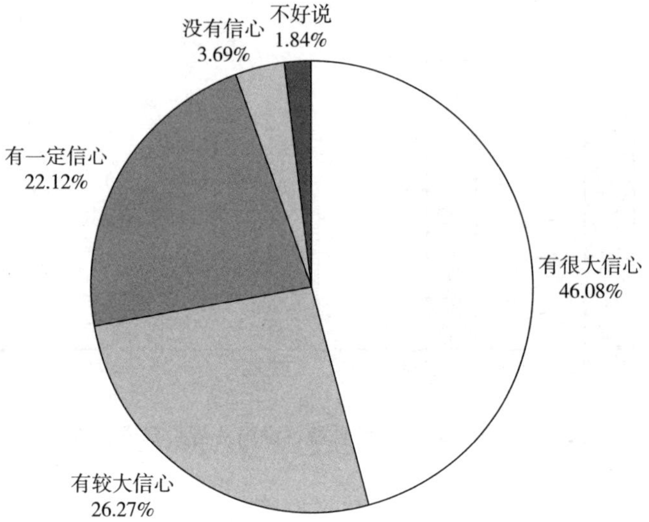

图 13　被访者对加强农村人居环境整治的信心

望”，占 2.76%，7 位被访者表示“不好说”，占 3.23%（见图 14）。图 14 表明，94.01% 的被访者对加强农村人居环境整治“抱有很大希望”、“抱有较大希望”和“抱有一定希望”，希望程度较高。

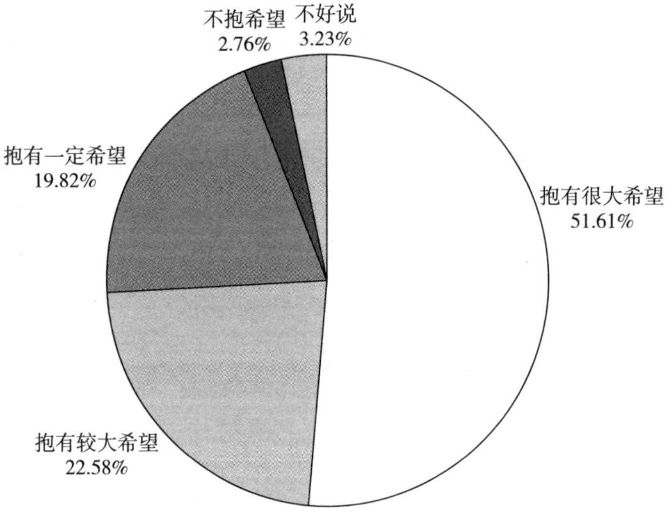

图 14　被访者对加强农村人居环境整治的希望

六　对农村人居环境整治存在的问题及其原因的看法

总体上看，甘肃各地高度重视农村人居环境整治，取得了较大进展，但仍存在整治力度不够，部分问题未能持续跟进解决，农村改造、“厕所革命”未取得突破性进展；城乡接合部划分区域不清、部门职能不清，造成道路沿线整治反弹；有些地方未能结合区域实际情况制定整治标准，没有实现整体推进、彻底整改；由于乡镇和有关部门衔接不够，农村老旧房屋拆迁、农厕改造等项目存在“两张皮”现象等，且存在这些问题的原因也是多方面的。

（一）被访者认为农村人居环境整治存在的问题是多方面的，但“群众观念难转变”排在第一位

就“目前农村人居环境整治存在的主要问题”的多选调查项目看，选择“群众观念难转变”的为150人次，选择“社会力量参与不足”的为134人次，选择“治理机制不健全”的为52人次，选择“政策落实不到位”的为48人次，选择“后期管理跟不上”的为42次，选择“政府投入不够”的为33人次，选择“其他”的为15人次。从图15可以看出，被访者认为目前农村人居环境整治存在的问题是多方面的，其中“群众观念难转变”、“社会力量参与不足”和“治理机制不健全”排在前三位。

（二）被访者认为农村人居环境整治存在问题的原因是多重的，但以“群众认识不到位”为最

就“加强农村人居环境整治不明显的原因”的多选调查项目看，选择“群众认识不到位”的为145人次，选择“缺乏资金支持”的为111人次，选择“技术条件不具备”的为108人次，选择“自然条件差”的为77人次，选择“本地政府不重视”的为14人次，选择“其他”的为15人次。从图16可以看出，被访者认为农村人居环境整治存在问题的原因是多重的，其中“群众认识不到位”、“缺乏资金支持”和“技术条件不具备”排在前三位。

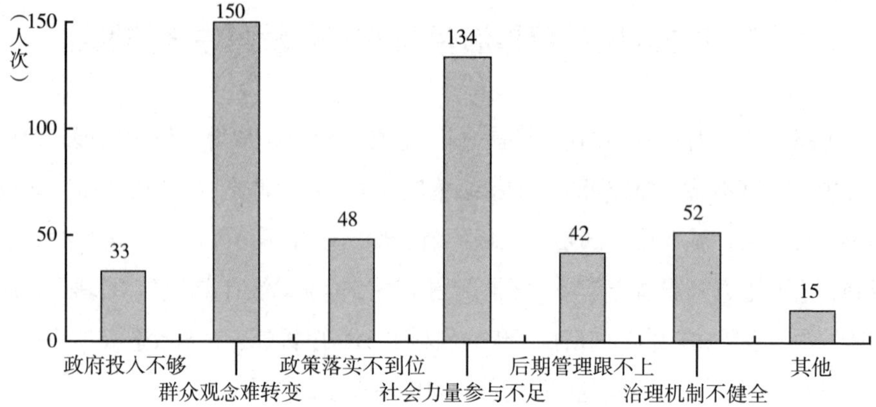

图 15　被访者认为农村人居环境整治存在的主要问题（多选）

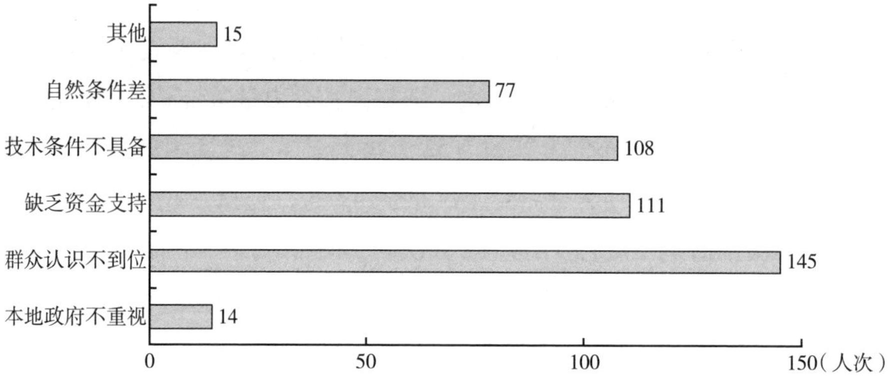

图 16　被访者认为农村人居环境整治存在问题的原因（多选）

七　着力加强农村人居环境整治的对策建议

在实施乡村振兴战略背景下，农村人居环境整治是实施乡村振兴战略要打的第一场硬仗，应正确处理农村发展与人居环境整治的关系，坚持政府主导引导与农民主体参与相结合，因地制宜，统筹规划，不断健全治理机制，稳步有序推进。

1. 坚持规划先行，凸显乡土特色

坚持规划先行，就是根据村庄人居环境现状，按照甘肃各地农村实际，体现不同乡村特点特色，在市州和县域总体发展规划的基础上，综合考虑村庄的自然条件、地理环境、民俗民风、经济发展、社会建设以及农民群众关切，科学规划农村人居环境整治的目标任务，综合考虑农村人居环境整治的重点工作和具体措施。一是应坚持因地制宜。根据乡村空间、资源禀赋、土地布局和基础设施，编制乡镇和村庄规划，明确重点整治项目、标准和时序。二是应立足农村特色。既不能脱离农村生产和农民生活实际，盲目推进，又要聚焦群众所需所思所盼，根据不同村庄的特殊性，实行分类整治。三是应坚持集约节约。既要以土地利用总体规划为基础，突出多规融合，确保农村山水林田湖草得到保护、修复、统筹和综合治理，又要优化农村土地布局，综合提升人居环境整治质量。四是应凸显乡土特色。各地的规划应凸显乡土味道、突出地方特色、坚守生态底线，既要充分挖乡村要素，防止乡村景观城市化，又要让群众易于接受、经济适用、维护方便，合理布局村庄的绿化、照明等设施。

2. 坚持综合施策，突出整治重点

甘肃按照中央关于农村人居环境整治文件精神，确定甘肃农村人居环境整治要以开展厕所、垃圾和风貌“三大革命”和“六大行动”为重点。这涉及多个部门、多个领域和多个方面，需要综合施策。一是在开展“三大革命”上，应合理确定改厕模式，建立健全垃圾收运处置和回收利用体系，结合实施村庄清洁行动，整治村庄公共空间和农户庭院，加强乡村建筑风貌引导。二是在实施“六大行动”上，应开展农村生活污水治理试点，探索适合不同地区实际的农村生活污水治理模式，以蔬菜种植、流通集散地、仓储库区为重点，加快建立畜禽养殖废弃物资源化利用市场机制等。三是应坚持“点线面”结合。在点上，确定人居环境整治的示范点，实施硬化道路、绿化美化、埋设污水管网等基础设施计划；在线上，以厕所革命为重点，开展污水管网覆盖工作；在面上，以垃圾革命为重点，针对过境路段、门前“三堆”、老旧（废弃）房屋等，建立齐抓共管的工作机制。四是应坚持

“治管育”齐抓。坚持全域全镇抓整治，针对农村人居环境中的“堵点”、“痛点”和“盲点”，整合共管共享，对辖区内的背街小巷、小区周边、黑臭水体等进行集中整治。

3. 拓宽融资渠道，健全长效机制

加强农村人居环境整治既要政府和市场同时发力，鼓励社会力量积极参与，又要积极促进农村生态生产生活有机衔接，实现农村人居环境整治与乡村发展有机结合，建立多元化融资机制，拓宽资金筹措渠道。一是应积极争取国家的资金支持，建立健全资金投入保障机制。二是应采取以奖代补、以工代赈等多种方式，提高资金使用效率。三是应通过土地、金融税收等优惠政策，支持社会资本参与人居环境整治。四是应鼓励各类金融机构加大信贷支持力度，在信贷安排上向农村人居环境整治领域倾斜。五是应通过政府购买服务等方式，推进农村人居环境治理的市场化改革。六是应建立完善管护制度，制定农村人居环境治理的具体办法，完善农民参与人居环境治理的相关机制，引导农民自我约束、自我管理、自我提高、自我改善人居环境。

4. 立足长远发展，突出绿色主题

加强农村人居环境整治应将短期的美化农村环境和长期的绿色发展相结合，进而解决城乡人居环境发展不平衡、不充分问题，突出绿色主题。一是应建立耕地休耕轮作、畜禽粪污资源化利用、农业产业准入负面清单等制度，健全农业绿色发展制度体系。二是应加强对农村环境整治面临的突出问题进行治理，完善农村污染防治制度体系，补齐生态环境保护突出短板。三是应综合考虑资源环境承载力，坚持以绿色生态为导向，强化化肥农药减量增效，强化秸秆综合利用。四是应建立农村人居环境改善长效机制，加快发展节水农业，加强耕地保护与质量提升，强化农业生物资源保护。五是应加强产业技术体系建设，推进现代农业技术体系与生态环境保护的需求对接，推介一批优质安全、节本增效、绿色环保的主推技术。

5. 转变农民观念，强化主体地位

农村人居环境整治的受益群体是农民，需要强化农民主体地位。一是应充分发挥农村基层党组织战斗堡垒作用，特别注重发挥村“两委”作用，强化基层组织功能。积极组织和动员乡村干部义务参加农村人居环境整治活动，带动广大群众自觉参与。二是应营造整治农村人居环境氛围。既要入户发放人居环境整治的宣传材料，又要通过村广播、宣传标语、微信平台等进行广泛宣传，引导群众以主人翁姿态积极参与人居环境整治。三是应充分发挥示范带动作用，确定村干部及其亲属、村党员、村民组长带头示范建设，通过组织村干部和村民现场参观、群众现场观摩，改变群众看法。四是应制定相关政策，对参与人居环境整治的群众给予适当奖补。

B.10
基层干部对基层减负的反响和建议

吴绍珍*

摘　要： 基层减负是当前我国社会发展中一项重要的政治任务，也是基层干部的热切期待。基层干部从文山会海、痕迹管理、过度检查中真正解脱出来，才能轻装上阵谋发展、抓落实。本报告以抓实“基层减负年”为契机，调查基层干部对基层减负的反响，了解具体情况，查找存在问题的原因，提出有效对策建议，为基层干部减负松绑，让他们集中精力为民办实事、解决难题求实效。

关键词： 基层干部　基层减负　基层权责体系

2019年3月，中共中央办公厅发出《关于解决形式主义突出问题为基层减负的通知》（以下简称《通知》），明确提出将2019年作为“基层减负年”。破除形式主义、官僚主义，为基层干部最大限度减负，是党中央关注的重要议题，是舆论讨论的焦点话题，也是广大基层干部由衷的心声。全国各地积极响应中央指示，围绕为基层减负，聚焦“四个着力”“按照‘能减则减、能并则并’的原则要求”，对困扰基层的文山会海、过度检查、过度留痕等形式主义问题进行大排查大整治。本报告对甘肃省的临夏回族自治州、定西市、天水市的八个县级以下的基层干部通过实地走访、问卷调查等方式掌握基层减负在实际工作中

---

* 吴绍珍，硕士，甘肃省社会科学院社会学研究所副研究员，主要研究方向为马克思主义中国化、社会学。

的推进情况，倾听基层干部对减负提出的意见和建议，结合网上文献资料真实掌握基层一线情况，提出基层减负对策，切实为基层松绑减负。

一　受访者的基本情况

课题组对甘肃省临夏回族自治州三个县、定西市三个县、天水市两个县县级以下党政机关干部、城市街道社区干部、乡镇村干部通过实地访谈、问卷调查的方式展开调查。共发放调查问卷300份，回收有效问卷293份，有效问卷回收率达97.67%。在样本中，男干部有217人，相对较多，占72.33%，女干部有83人，占27.67%。在政治面貌上，共产党员有103人，占34.33%；群众有192人，占64%，无党派或民主党派有5人，占1.67%；在单位类型上，党政机关有31人，占10.33%，城市街道社区有126人，占42%，乡镇村有143人，占47.67%；在文化程度上，大专及以上有126人，占42%，高中或中专有89人，占29.67%，初中有57人，占19%，小学及文盲有28人，占9.33%（见表1）。

表1　受访干部的基本情况

单位：人，%

调查项目		频数	占比
性别	男	217	72.33
	女	83	27.67
单位类型	党政机关	31	10.33
	城市街道社区	126	42
	乡镇村	143	47.67
政治面貌	共产党员	103	34.33
	群众	192	64
	无党派或民主党派	5	1.67
文化程度	大专及以上	126	42
	高中或中专	89	29.67
	初中	57	19
	小学及文盲	28	9.33

资料来源：《甘肃舆情分析与预测（2020）》调研组“基层干部对基层减负的反响和建议”的问卷统计结果。

二 基层干部对基层减负的反响

（一）基层减负受到了广大基层干部的高度肯定

第一，广大基层干部认为基层减负意见出台得太及时，是英明之举。基层干部是连接基层工作与群众之间的直接桥梁与纽带，是做好基层工作的骨干力量。基层干部减负，着力解决困扰基层的形式主义问题，让广大干部从一些无谓的事务中解脱出来，更好地投入干实事、求实效中去，这是民心民意之所向，《通知》击中了基层干部痛点，说到基层干部的心坎上，举措务实管用，社会各界纷纷点赞，基层干部直呼“暖心”。在访谈中，受访干部都认为《通知》是党和国家对基层干部的关爱和对基层工作的高度负责，他们非常赞同。资料显示：甘肃省张掖市高台县巷道镇东联村党总支书记胡宗仁说：“‘这既是民之所向，又温暖走心，让我们干事儿的劲头也更足了。2019 年，我们更加明确工作目标，更加轻装上阵，把更多的时间和精力投入到群众工作上来，投入到在为老百姓做实事上来。’”① 临夏回族自治州积石山保安族东乡族撒拉族自治县寨子沟乡干部说：“为基层减负，触到了我们基层干部的痛点。我们早就盼着文件少发一些、会议少开一些、检查少开展一些，这样就有更多的时间实实在在地服务群众。我坚决支持！”②

第二，大部分基层干部认为基层减负带来了实实在在的变化。基层减负是国家为基层松绑减负，激励广大干部真抓实干、为民解忧的一次基层工作大变革，全国各地认真落实《通知》要求，着力在“减”上做文章，大力精简会议活动，切实改进文风会风，在“严”上见真格，在“实”上下功夫，提高督查检查的精准性、规范性，突出实绩考核，对应景造势的，严肃

---

① 《高台县基层干部热议“基层减负”》，搜狐网，http：//www.sohu.com/a/306068246_242188。

② 《2019 年“基层减负年”！来听听甘肃基层干部怎么说?》，澎湃新闻，https：//www.thepaper.cn/newsDetail_forward_3829657。

追责问责，更好为基层干部松绑减负，激励其集中精力干事创业。中共甘肃省委办公厅、甘肃省人民政府办公厅印发《关于解决形式主义突出问题为基层减负的若干措施》，要求全省各级各部门认真抓好若干措施贯彻落实，各地相继出台具体实施意见，全面展开基层减负行动，解决基层难点痛点问题。在访谈中大部分基层干部认为自《通知》出台以来，基层工作不同程度地进行了“减负”，各种会议少了，统计数据和材料报表少了，督查考核少了，工作压力小了，工作效率高了，基层工作脱虚向实转化。资料显示：“‘今年4月以后，区上通知我们参加的会议和各项检查明显少了。大会都是以视频形式召开的，效率提高了很多。’‘我们尽量不开会，到现场听取意见、解决问题、服务群众。’成军统计了一下，从‘五一’节后上班的那一周算起，街道只参加过一次全省的视频会议、迎接过一次区里的检查。”① 玉环市委组织部负责人表示：“截至目前，玉环已减去或精简涉及村（社区）基层组织建设方面的5类23项内容。现在督查少了，面对面指导多了，我们处理村里各项事务的时间和精力也充沛了。”② 可见，基层减负受到广大基层干部的高度肯定。贯彻落实好通知精神必能有效为基层减负，有力促进干部担当作为，更好地为民谋利、为民办事、为民解忧。

（二）基层干部对当前工作中存在问题的反映

第一，大部分基层干部反映工作任务重、休息时间少。党的十八大以来，在纠正“四风”方面成效显著，但是形式主义、官僚主义还在基层依然不同程度地存在，危害极大。“上面千条线，下面一根针”，基层作为党的政策落实的“最后一公里”，往往承担着十分繁重的任务，虽然2019年为“基层减负年”，但在实际工作中一些形式主义问题在基层单位仍然存在，不少基层干部依然被“文山会海”所困，事事留痕已常态化，个别地

① 《【甘肃日报】为基层减负，天水在行动》，每日甘肃网，http：//ts. gansudaily. com. cn/system/2019/07/03/017218292. shtml。

② 《【我在基层看减负】力戒形式主义狠抓工作落实玉环出台基层减负十二条》，浙江在线，http：//js. zjol. com. cn/ycxw_ zxtf/201904/t20190424_ 9981232. shtml。

方还有变相“层层加码”的现象，占用基层大量时间，耗费基层干部大量精力。在交谈中大部分基层干部说：“在开会、整材料、陪同上级督查检查考核等工作上花了很多时间精力，真正花在为民解决问题上的时间精力少。基层干部似乎并不受《劳动法》保护，法定假日得不到保障。”调查问卷显示，干部兼任3～5项工作的占57.00%，干部兼任6项以上工作的占15.35%（见图1）。在繁重基层工作任务下有的基层干部“加班加点”，“白加黑、五加二”是常态。定西市一位在农村扶贫一线工作的干部反映，“现在没时间坐在办公室看报纸、喝茶或吹牛扯淡，在基层工作，看似简单的贫困户档案要来回跑很多趟了解情况、拍照片、表格让贫困户签字，加班加点填写大量的表格，‘脚都不点地’的工作节奏忙得没有个人生活”。由此可见，基层工作出现的“脱实向虚”的问题使基层干部承担着十分繁重的任务，工作头绪多，休息时间少，同时也助推形式主义的蔓延。

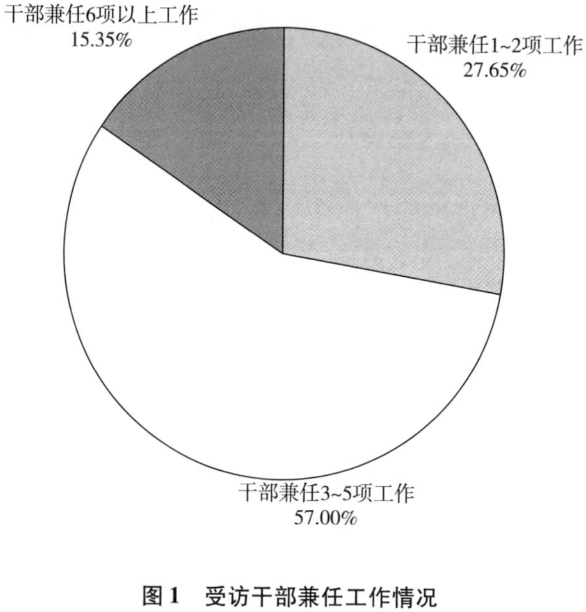

图1　受访干部兼任工作情况

第二，基层干部反映待遇低，晋升空间小。基层工作人员酬劳少、晋升空间小、工作成就感低。目前基层干部的待遇和他们付出的工作量相比明显不符，尤其是乡镇干部，每个月3000多元的工资只够“养家糊口”，干多干少都一样。基层晋升空间小，绝大多数基层干部自嘲患上了“同志病”“副科病”，忙碌十几年依然是一般同志或者是个副科长。更让人心凉的是，那些“苦干实干靠政绩的不如有靠山有背景的”，“累死了默默无闻诚实肯干的”，“投机钻营虚报浮夸的”得到了提拔。调查数据显示：63.14%的受访干部认为待遇低，48.81%的受访干部认为晋升空间小，29.35%的受访干部认为得不到上级领导的理解和支持，33.45%的受访干部认为工作忙来忙去，但没有体会到工作的成就感和价值感，61.09%的受访干部认为缺乏培训机会，22.87%的受访干部认为在群众中印象不好（见图2）。25.26%受访干部热爱工作，26.28%受访干部对工作比较有热情，35.84%的受访干部对工作热情度一般（见图3），虽然对工作有热情的超过调查人数的一半，但工作热情度一般和没热情的比重之和为47.44%，这个数据是在基层干部酬劳少、晋升空间小、工作成就感低的情况下对工作热情度的真实反映。

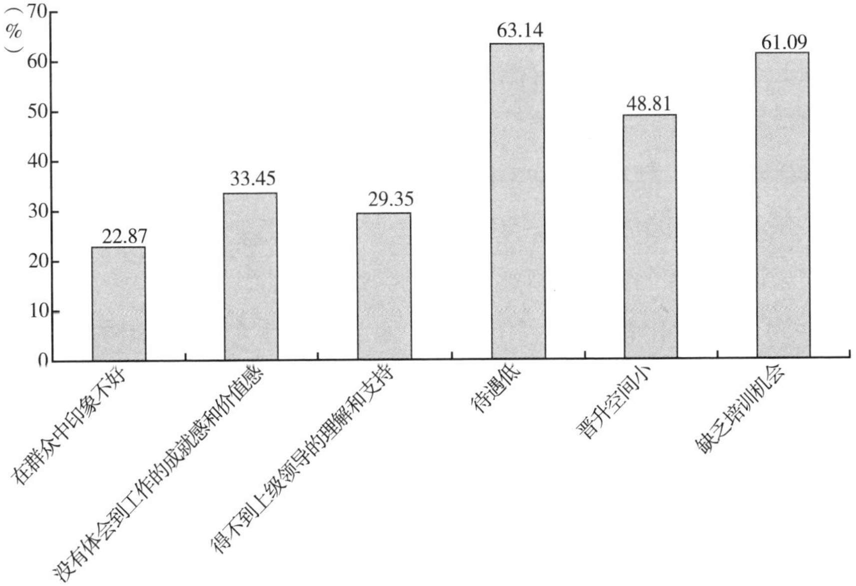

图2　受访干部真实的工作状态（多选）

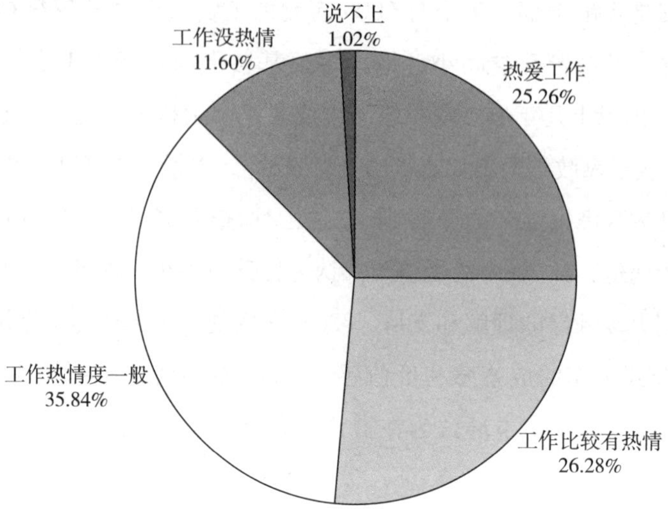

图 3　受访干部对工作的热情度

第三，近四成的干部反映工作压力大，存在焦虑情绪。工作任务重可谓当前基层工作最重要的压力源，“公婆”多、文件多、会议多、任务多、考核多等多、繁、杂的工作事务给多数基层工作者带来很大压力。一个基层干部身兼几个部门的工作，加之临时性、紧急性、突发性事件多，他们疲于应付，普遍感到对工作难以适应，出现本领恐慌，弱化了基层干部干事作为的主动性、积极性、能动性。在实地调查采访中，我们深切感受到基层干部普遍工作压力大，其中有些干部存在焦虑情绪，特别是过度留痕、过多检查的现象带给他们深深的困惑。调查数据显示：认为当前工作压力非常大的受访干部占 14.68%，比较大的占 21.84%，二者的比重之和为 36.52%（见图 4）。认为经常有焦虑情绪的受访干部占 22.18%（见图 5）。一位乡镇干部说：“基层工作‘一人处’的人员紧缺现象也是普遍存在的，基层干部被调侃成了‘万金油’、‘百事通’到‘减压阀’、‘出气筒’，手机 24 小时随时待命的高强度工作，问责追责，让一些基层干部心中有很多纠结。”工作任务的压力、问责追责的压力、养家糊口的压力造成干部有心无力、身心焦虑疲倦，长时期的负面情绪会严重影响基层工作有力推进。

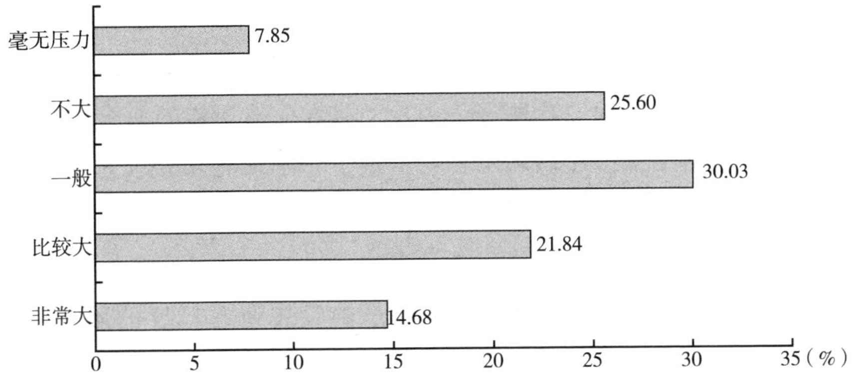

图4　受访干部对工作的压力情况

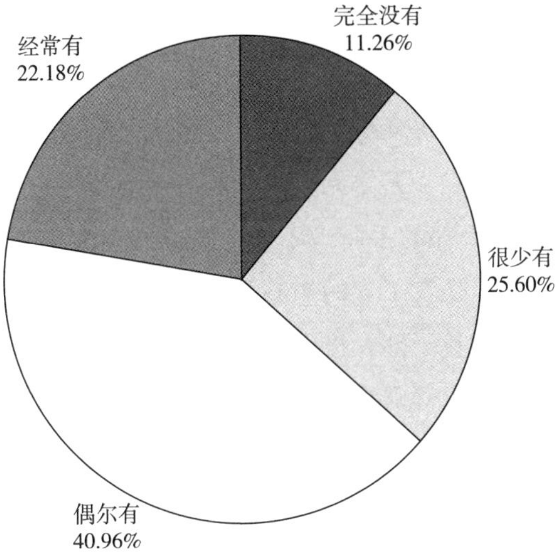

图5　受访干部对工作的焦虑情绪情况

第四，基层年轻干部出现逃离乡镇的趋势，面临流失、断层之忧。工作任务繁重、压力大、待遇低、休息时间少、工作成就感低都是基层工作的现实，这也是基层年轻干部逃离乡镇的主要原因，基层行政工作面临流失、断层之忧。调查数据显示：52.60%的受访干部对工作状况不满意，57.34%的受访干部想改变工作环境，26.62%的受访干部有过离职的想法。在访谈中，部分基层干部反映长期处于基层，工资待遇、晋升渠道、发展空间不能与城市中的公务员群体相比较，加之，部分基层干部好的经验点子得不到上级认可，无法实行；部分领导不理解和关心干部，出现问题和错误“挨板子背锅”，不给干部纠错的机会。这样的境况磨灭了部分干部的斗志和干劲，出现工作不求有功只求无过、不求被领导重视的不良现象。一些长期不得志的干部或一些迫于就业压力进入基层的年轻干部，把基层作为“暂栖之地”，通过调离、辞职或者考研等方式离开基层，就算国家对年轻干部设置留在基层的服务年限，他们的心思根本不在基层，工作得过且过，缺乏责任感、奉献精神和拼搏精神，工作期限一满，大部分年轻人就走了，基层面临引不来人的问题。

（三）基层干部对形式主义现象带来的危害的认识

形式主义流弊已久，虚耗最宝贵的人心资源，造成极大的危害。在访谈中大部分基层干部表示：“无休无止的上报重复的数据、表册、工作总结，汇报材料‘绊住’了干部的手脚，不能为群众排忧解难，疏离党群干群关系，背离了党的宗旨，违背了党的初心和使命，透支党和政府的公信力，败坏党风和社会风气，腐化干部，极大浪费了人力和物力资源，给群众没有带来真正的实惠，造成人民群众和服务对象对基层干部的工作服务强烈不满和抵触情绪，侵蚀了党执政根基。”天水市一位乡镇干部说：“‘以文件落实文件’‘以会议落实会议’‘以讲话落实讲话’等形式主义在部分地方仍然存在，文山会海这种‘虚落实’‘表面功夫’在‘痕迹主义’上绣花，材料很唯美，会议很繁忙，务虚到了极致，导致荒废主责主业，又增加了基层干部的负担，贯彻国家政策和社会现代化治理就难出效率。‘落实观’做不到唯物、唯实，没有明确的工作目标的‘救穷式’加班培养了人浮于事的工作作风、推诿塞责的工作态度，严重危害了实事求是的思想路线，败坏了文风，阻碍对党和人民的事业的发展，到了‘空谈误国’的险境。”形式主义、官僚主义同我们党全心全意为人民服务的宗旨格格不入，是党和人民的大敌。基层作为我国树立“为民、务实、清廉”良好形象的前线阵地和前沿窗口，要深刻认识形式主义带来的危害，落实基层减负精神，直接聚焦目标，全方位多角度深层次杜绝形式主义，力争务求实效。

（四）基层干部指出基层减负要注意的问题

第一，基层干部减负重在减负不是减责。基层干部减负实质是将基层干部从无谓的事务中解脱出来，减负不减责，减负是为了更好地服务人民群众，是基层干部的共识。在调查中，87.36%的受访干部认为减负就是减压，也是添动力，重在减负不是减责。在访谈中，大部分基层干部认为基层减负的最终落脚点是把基层干部从“无谓的事务”中解脱出来，让基层干部把更多时间、更多精力用于关注群众的呼声，解答群众的问题，全神贯注为群众办实事，心无旁骛地及时解决群众的难题，努力实现人民对美好生活的向往，不断提升群众获得感、幸福感和安全感。张掖市高台县的广大乡镇村干部表示：“《通知》鲜明树立了为基层松绑减负、激励广大干部担当作为的实干导向，有利于更好激励广大干部崇尚实干、担当作为。”[①] 可见，基层减负不是懒政怠政，不是不担当不作为的借口，而是为了激发基层干部工作的积极性，把更多时间和精力用到干工作、抓落实上，一心一意为民谋福上。减负是人心所向，也是党政机关进一步深化改革、实现国家治理体系和治理能力现代化的迫切要求。“减负”必须做到提质，让基层干部更好地贴近民情，更好地服务群众，做到真减负、减真负，在落实人民之所想、人民之所需，为民解难题上下一番真功夫，“减负”和“提质”两手抓，两手都要硬，做到松绑不松懈，减负不减责，进一步展示基层干部敢于担当、奋发有为的精神风貌。

第二，基层减负的关键是要抓落实。广大干部群众纷纷表示《通知》关键在于落实，在“实”字上下功夫，要拿出有效管用的措施，把中央精神完全落到实处，让硬杠杠真正落到实处，基层减负最根本的是

① 《高台县基层干部热议“基层减负”》，搜狐网，http：//www. sohu. com/a/306068246_242188。

要崇尚实干、注重实效，“减”的背后，是为了做实干的“加法”，把一条条“实招”落实，为基层减负。只有具体、深入、彻底抓减负，从制度上坚决杜绝形式主义，最大限度地激发干部勇于担当、积极可为的积极性、主动性、创造性，基层干部实打实干为人民群众办的事才有落实、有回音，让群众从心底里感谢基层干部。甘肃省临夏回族自治州一位基层干部说：“基层减负是推进全面深化改革、全面从严治党向纵深发展，也是加强党的作风建设、制度建设，坚决反对形式主义和官僚主义的重要内容。要落实好通知精神必须上下一心、共同努力，大力精简开会、台账记录、工作笔记，发扬‘短实新’文风会风；要提高督查检查考核的精准性、规范性，考核突出解决实际问题的多少、群众的口碑；要严肃问责、规范问责、精准问责、慎重问责，对弄虚造假、应景造势、诬告陷害行为严肃查处；要更好地为基层干部松绑减负，激励其集中精力了解群众、关心群众、解决群众问题。”可见，基层减负的出发点和落脚点，就是各地各部门要严格落准落实落细《通知》，让基层干部轻装上阵，脚踏实地谋发展。

第三，基层减负要避免随意任性，反对形式主义。基层减负对广大干部来说本是一件好事，“减负”势在必行，但不能随意任性。有些基层干部非常担心把减负当口号喊、纸上谈兵、流于纸面、止于文件，或只注重表面治理，在落实的过程中过度解读政策、自行立规，把好经念歪，忽视源头防范。媒体报道：“有的地方为了体现‘深入’贯彻落实，干脆把已经做好的工作全盘否定、另起炉灶，按照新规定新要求再做一次。”还有“某地为检验减负成效，居然要求地方层层填报‘减负清单’”[①]的做法，访谈干部认为这样的减负看似积极贯彻落实减负政策，对出现的问题立行立改，实则是一种简单粗暴的行政思维，让形式主义、官僚主义现了原形，也暴露出形式主义、官僚主义根子太深。天水市一位农村帮扶干部反映：“在农村

① 《基层干部心声：减负最怕“越减越负”……》，腾讯网，https://new.qq.com/omn/20190424/20190424A01RWP.html。

扶贫工作中，表格资料名目繁多，上级部门不做调查研究，上级一天一个指示，随意布置任务，村干部带领贫困户刚填好的各类表格，推翻重新填表，反反复复，干部、贫困户都很厌烦，牢骚满腹。”大部分干部认为：基层减负要格外警惕形式主义和官僚主义的新变异，比如，按要求督查和检查考核虽然减少了，但上级改成了调研，到基层听取汇报、查看各种汇报材料及资料台账等，最后以调研报告形式给基层排名、追责，基层干部无所适从，仍苦不堪言。减负必须因地制宜，具体问题具体分析，如为切实抓好党建工作，管事业单位的党委书记抽出时间主动参加党组织活动、带头讲党课等，不能因事务性工作耽误党建工作。当今之计，领导干部要深入基层看看基层在做什么、群众需要什么，用行之有效的举措精准治理，才不至于陷入“越减越负”的怪圈。基层减负杜绝“官僚做派”，防止用形式主义反对形式主义，打破“至上而下”布置工作的惯性思维，厘清基层属地的权与责，不能搞繁文缛节，不能做表面文章。避免“抽刀断水”现象，“抽刀断水”不能解决根本问题，“截流建坝”方能正确引流。

（五）基层干部对减负的建议

第一，强化学习培训。针对基层干部队伍整体素质与党和政府的要求有较大差距的问题，94.88%的受访干部建议通过强化学习培训提高基层干部的工作能力和道德品质（见图6）。在采访中，大部分干部反映由于工作忙，没有更多的精力和时间通过学习提升素质、考虑发展、服务群众、进行创新，认为“打铁还需自身硬”，只有个人不断学习加上单位培训教育，坚定政治站位，提升工作能力，才能破除“本领恐慌”，方能为群众出谋划策，谋求有效的发展。不少基层干部表示自己很想成为一名作风务实、勤政为民、与时俱进、扎根一线、忠诚干净的好干部，也正在朝这一方向努力，力图让组织、人民都满意。

第二，严格管理干部。严格管理和较强的执行力是充分发挥基层干部聪明才智、提高社会治理效能的基础性工作和前提条件。57.70%的受访干部建议严格管理干部。大部分干部提出要严格执行基层公务员职务与职级并行制度，严格做好职级晋升的考核和把关工作，从体制、机制上提高竞争度，做到能者上、平者让、庸者下，避免职级并行制度沦为基层熬资历的新型潜规则；要坚持严格管理，杜绝好人主义；要充分发挥监督职能，提升精准执纪问责水平。

第三，关心爱护干部。对基层干部必须厚爱，要坚持以人为本，尊重职工，平等对待，主动帮助基层干部解决难题、创造条件，从根本上破解基层干部干事创业的心理“痛点”，才能激发干部想干事、干实事、多干事、能干事。100%的受访干部建议关心爱护干部。受访基层干部提出要通过完善基层福利待遇制度，提高工作的薪资福利水平；强化对干部心理上的关怀和生活上的关心，积极开展心理健康教育；严格落实带薪休假、加班补休、定期体检等制度；要落实容错纠错机制等厚爱方式，凝聚干部人心，提振干部干事创业精气神、增强干部的主人翁意识，激发干部干事创业的热情、稳定干部队伍，促进更多干部勇于担当、勤于奉献、积极作为。

第四，上下结合、共同发力。“基层减负”不仅是基层的事，而且是整个政务系统的事，每个部门、党员干部都及时检视造成基层负担过重的问题，及时纠错，才能确保“减负”之路畅通无阻，让“减负”落到实处，“履责”如期而至。88.40%的受访干部建议要上下结合、共同发力。受访基层干部提出通过加强领导干部思想教育，控制各级开展监督检查的总量和频次，严格控制层层发文、层层开会，强化基层减负社会监督、舆论监督和群众监督等，着力解决部分领导党性不纯、政绩观错位问题，督查检查考核过多过频、会议过多、过度留痕问题。可见，应该在“减负”工作中使各个相关部门、干部保持思想一致、行动一致、目标一致，共同发力转变上面雷声轰轰、下面风吹不动的现象，为广大基层干部做到真减负，让其卸下重担、轻重上阵，做好基层治理工作。

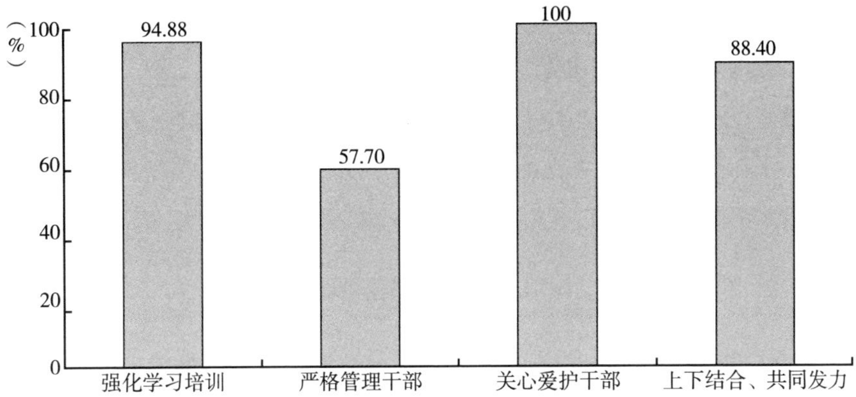

图 6　基层干部对基层减负的建议（多选）

三　基层干部负担过重的原因分析

（一）新的征程赋予基层干部重任

幸福靠奋斗，兴邦靠实干。中国特色社会主义是干出来的，人民的美好生活也是干出来的。我国从站起来、富起来到强起来，成为世界第二大经济体，是一个不断创造奇迹的过程，也是一个不断奋斗的过程。习近平总书记在党的十九大报告中强调，“五年来的成就，是党中央坚强领导的结果，更是全党全国各族人民共同奋斗的结果。”① 推进中国特色社会主义伟大征程、实现两个百年奋斗目标、把我国建设成为富强民主文明和谐美丽的社会主义现代化强国是长期而艰巨的历史任务，唯有持之以恒，以永不懈怠的精神状态和一往无前的奋斗姿态，一步一个脚印，踏踏实实，撸起袖子干好工作，方能取得最终胜利。每一个中国人都是中国伟大成就的见证者、开创者、建设者，没有人能够置身事外。基层是一切工作的落脚点，基层干部是党和政府联系群众的桥梁和纽带，是中国特色社会主义伟大事业的中坚力量，是党的各项方针政策的贯彻落实者，没有基层

① 《习近平在中国共产党第十九次全国代表大会上的报告（全文）》，求是网，http://www.qstheory.cn/llqikan/2017-12/03/c_1122049424.htm。

干部的积极执行，再好的政策措施也会落空。每一次进步都是奋斗者的收获，每一份成绩都是实干家的功劳。新时代各个县、乡镇、村处于滚石上山、爬坡过坎、攻坚克难关键时期，处于全面建成小康社会的决胜时期，在这个关键时期，基层干部要勇挑攻坚克难的重任，必须付出更多心血，严格约束自己，以雷厉风行、锲而不舍的钉钉子精神，扑下身子同人民一起苦干、实干、加油干。

（二）部分干部能力不足，不能精准指导

有些上级部门领导干部思想保守、理论水平不高、法规意识不强，缺少开拓创新的能力，不求有功，但求无过，现实中干工作、办事情、想问题不能用马克思主义的立场、观点和方法，面对纷繁复杂的实际情况，抓不住主要矛盾，不愿深入基层摸清内情、倾听群众意见，不解决群众反映的问题，头脑里没谱，心中没数，手里没招，不在做细做实上下功夫。不能结合工作实际统筹协调、谋划全局，创造性地开展工作，凭直觉指挥，工作随意性大，想到哪儿做到哪儿，朝令夕改，带有很明显的盲目性和随意性，机关“瞎抓”，基层就“抓瞎”，舍本逐末，劳心苦神，没有实效，徒费功夫。基层干部年龄普遍偏大、学历较低，如临夏回族自治州的村干部队伍中 56 岁以上有 511 人，占总人数的 15.12%；文化程度为小学及文盲的有 474 人，占总人数的 14.03%（见表 2）。他们对新知识的学习较少，对电脑、手机等的操作水平低，法制观念淡薄，抵制风险能力差，对新情况、新问题往往感到无从下手，力不从心，难以担负关键岗位的重任。

表 2　临夏回族自治州村干部队伍基本情况统计

项目			村支书	村主任	村文书	总计
人数(人)			1142	1122	1115	3379
年龄	平均年龄(岁)		47.3	45.1	40.8	—
	35～50 岁	人数(人)	521	561	521	1603
		所占比例(%)	45.62	50.00	46.73	47.44
	56～59 岁	人数(人)	190	125	67	382
		所占比例(%)	16.64	11.14	6.01	11.31
	60 岁及以上	人数(人)	66	40	23	129
		所占比例(%)	5.78	3.57	2.06	3.82

续表

项目			村支书	村主任	村文书	总计
文化程度	高中及以上	人数(人)	621	503	509	1633
		所占比例(%)	54.38	44.83	45.65	48.33
	小学	人数(人)	127	179	127	433
		所占比例(%)	11.12	15.95	11.39	12.81
	文盲	人数(人)	11	18	12	41
		所占比例(%)	0.96	1.60	1.08	1.21

资料来源：中共临夏回族自治州委组织部。

（三）政绩观错位，责任感缺失

有些地方领导干部党性修养放松、理想信念动摇、宗旨意识淡漠，缺乏执政为民的高度使命感和责任感，政绩观、价值观错位，不想干事、不想负责，又想邀功，只能以形式主义博取个人名利，表现为做事不从实际出发，不以国家为重、大局为重、人民利益为重，急功近利，追求私欲，热衷于造声势、做表面文章，搞“形象工程”，重“显绩”，轻“潜绩”，追求轰动效应、造假数字，贪图表面上的华丽、“养眼”的成绩，急于求成，只求让上级领导满意。这样的干部必然会脱离实际、脱离群众。正因为这类领导干部较多，才给各种形式主义、官僚主义滋生蔓延提供了温床。

（四）部分主管单位权责不明，懒政怠政

基层干部负担沉重也来源于担当意识不强、权责不明、懒政怠政。基层政府在各项政策的制定上基本处于失语状态，而上级部门在制定政策时往往过于强调属地管理和属地责任，忽视谁监管谁负责、谁牵头谁协调等工作原则，本该上级部门承担的责任、协调解决的问题，借助行政权力层层下推，“不少机关部门却将压实责任变异为压力‘甩锅’，督查检查‘甩锅’，转发文件‘甩锅’，分配任务也‘甩锅’，‘锅锅’砸向

基层”①。发不必要的文件、下无实质性意义的指示、组织不必要的检查，压力型行政体制造成基层工作应接不暇，可谓上面一纸文，下面跑断腿，一人前面干活，背后多人督导，变相增加了基层负担，搞得基层穷于应付，难以应付，“忙”成了工作最主要的绩效。

（五）体制机制不完善

体制机制不完善是形式主义蔓延的土壤。我国正处于并将长期处于社会主义初级阶段，中国社会市场经济体制正在建立和完善，许多方面的体制还不完善、制度不够健全，这就为个别执掌权力或接近权力的党性不强、信念不坚定、意志薄弱的以权谋私违背群众意愿的领导干部提供了可乘之机。干部政绩的评判标准和体系还不够规范，干部的选拔任用机制、处理问题的决策机制、各项工作的成本核算机制、干部监督机制、干部问责机制等方面行政管理体制不完善，工作落实用简单化地下指标、定期限、报材料来应付，以致各行各业轰轰烈烈搞形式，形式主义屡禁不止，效率低下随处可见。现实证明，形式主义花样翻新，基层负担过重问题，除了领导干部能力不足、懒政怠政等因素外，科学、合理的制度设计和安排，是基层减负最为关键的因素。

（六）部分主管单位留痕思想严重

留痕工作是强化基层各项工作管理、激发动力、明确责任、推动落实的有效举措，既有利于贯彻落实上级党委政府决策部署，又使工作检查考核、干部实绩管理可以量化，便于上级部门对基层工作的督查指导，促进基层工作规范化、标准化，这很有必要。然而，随着过于频繁的达标验收和问责压力的增大，当前“留痕管理”有沦为形式主义的趋势，材料多不多、好不好成为基层工作评估的重要指标。操作中“凡事留痕”“美化留痕”“刻意

---

① 《基层减负的调查和思考（以桂阳县乡镇为例）》，桂阳县人民政府网站，http：//www. hngy. gov. cn/zwgk/zwdt/zwdtt/xzdt/content_ 2974947. html。

留痕”等过度留痕现象比较严重，普遍出现了重“痕”不重“绩”、留“迹”不留“心”的做法，凡事要求“工作留痕”严重背离了原有的真实性、有效性、科学性和严肃性，滋长了“脱实向虚”的不良风气，使工作落实最终陷入形式主义的窠臼。以文办事、以会办事是基层干部的主要工作，只要上级下达的任务，不管工作做没做，也不管做的效果怎样，只要是谁的文件多、资料多、文件盒子多、资料做得扎实，工作就算完成了。在考核上不注重实际成效，而以材料、台账设置好坏来评价工作优劣，在这种务虚脱实的形式主义考核导向下，精于台账、贯于做表面文章的基层单位被评为先进，受到大力表彰，助长了“做表面文章比实干苦干管用”的歪风。准备材料耗费干部大量的时间和精力，增加了基层干部的工作负担，使广大基层干部身心疲惫、怨声载道。

四　基层减负的对策建议

（一）要健全制度，营造“暖心工程”

干部管理既要体现组织的力度，也要体现组织的温度。越是担子重，越要爱护挑担人。关心和爱护基层干部，要健全制度，营造“暖心工程”。要培育一种制度环境，习惯于按坚持制度化、规范化的科学程序来推进工作。各地要完善基本工资标准调整机制，实施地区附加津贴制度，建立相应的奖金、绩效奖励机制，强化经费保障，着力改善基层干部特别是困难艰苦地区和奋战在脱贫攻坚第一线的干部的工作和生活条件，让基层干部感受到付出与回报成正比，调动起基层干部的工作热情；要落实全国县以下机关实行公务员职务与职级并行、职级与待遇挂钩制度，建立干部工资晋升机制，只有打通晋升通道，才能吸引更多的人才安心在基层工作，树立“唯贤重绩”用人导向，在提拔任用、交流重用、职级晋升时优先考虑敢担当有闯劲的干部，为真才实干、埋头苦干的干部创造晋升机会；健全问责机制，切实改革压力型体制，科学划分基层与上级部门责任，确定基层干部职责，明确干部不担当不作为“负面清单”，以便基层干部能因地制宜地进行科学化管理，为基层干部卸下“做多做少、做好做差都一样”的工作思想包袱，使干部重获工作热情，高效开展工作。制定完善的容错保护机制，依规依纪依法进行问责，给一些敢担当、为群众做实事的基层干部试错的机会，让敢担当者有作为，营造敢做、想做、争做的良好工作氛围；建立双向考评机制，把基层意见列入政府职能部门考核内容，将其作为评判和衡量政府职能部门工作成效的重要指标，改变只对下不对上的单向度考评机制。坚决落实正常休假制度，保障基层干部基本休假权利，以破解基层干部休假“多停留在纸面”的问题。赋予基层相应的权力，把编制、财力充实到基层。通过健全制度切实做到对基层干部“政治上关注、思想上关怀、工作上关爱、生活上关心”，最大限度激发干部干事创业的工作热情，营造风清气正的工作氛围。

（二）强化干部队伍素质提升

“工欲善其事，必先利其器。”党的十九大报告提出要建设高素质专业化干部队伍。加强干部队伍专业化建设是解决干部治理能力不高、政绩观错位、本领恐慌和心理焦虑的重要途径。要把培训、加强自我学习、提供心理援助作为提高干部队伍素质的有效途径切实抓紧抓好。第一，狠抓思想政治建设，强化理论武装。要解决形式主义问题，必须把思想政治建设摆在首位，先从提高思想觉悟、强化理论武装入手。扎实开展“两学一做”“不忘初心、牢记使命”等学习教育活动，要坚持读原著、学原文、悟原理，深入贯彻落实习近平新时代中国特色社会主义思想，深刻体悟贯穿其中的立场观点方法，坚定理想信念，具有人民情怀、高度政治自觉、无畏担当精神，树立历史眼光、强化理论思维、切实提高党性修养、增强党性观念、提高政治站位、坚定政治立场、把准政治方向，使党员干部特别是领导干部牢固树立正确的政绩观、利益观，以对党和人民高度负责的精神，以科学态度和求实精神，做立党为公、勤政为民、实事求是、为人民谋幸福的带头人。第二，专业化治理素养培训。专业素质的养成是一项系统工程，需要连贯性地由简单到丰富、由基础到高级做好精准式干部培训。通过学习培训，练就领导干部驾驭全局，掌握敢于斗争、善于斗争的本领，在“干实事”中长本事，在“办难事”中强耐心。激发干部潜能和热情，坚持问题导向、实践导向、需求导向，敢于和善于到困难多、情况复杂、矛盾尖锐的地方去研究问题，在攻坚克难中锤炼过硬本领，以勇毅笃行的实际行动破解人民群众期盼最强烈、需求最迫切的问题，用为人民谋幸福的“初心”换得民心，使每一位领导干部都有成就感，从而避免职业倦怠。第三，引导领导干部自觉提升素养，学会自我调适。要经常给基层干部交任务、压担子，通过组织函授及学习强国等网络平台学习，结合工作实践及时解疑释难，让领导干部在干中学、学中干，在学习中丰富知识、增修养、去浮躁，增强忧患意识、防范风险挑战，不断提高实际工作能力，成为业务过硬的“行家里手”。第四，提供心理援助。建立基层干部职工压力及心理健康状况的跟踪调查机制和基层干部的谈心谈话制度，逐步设立职工压力及心理健康状况的咨询治疗中心或开设心理健康咨询热线，配备专业心理咨询人员，为干部提供全面专业的心理辅导。在教育培训中开设“领导干部心理健康与调适”“管理心理学”等有关干部心理健康教育内容的课程，并将心理科学方面的课程作为干部教育公共课长期开设，着力通过心理健康教育舒缓基层干部压力。通过培训教育、自主学习、心理援助，基层干部要坚持党的原则第一、党的事业第一、人民利益第一，具有勇挑重担、尽力而为、善始善终、心安理得、无怨无悔、追求快乐的工作和生活思想境界，以饱满的热情投入基层管理工作中，全心全意为人民服务。

（二）改进领导方式和工作方法，让基层干部把工作做实做细

为基层减负就要坚定不移全面从严治党，在思想观念、工作作风和领导方法上多管齐下，防止用形式主义的做法来解决形式主义问题。首先要求各级领导和领导机关真正把自己摆进去，以实际工作效果体现减负要求，拿出切实举措查找自身存在的问题，着重从思想观念、工作作风和领导方法上找根源、抓整改，从领导干部抓起，从领导干部改起。牢固树立正确政绩观，

抓住“落实”这个关键，实打实地抓好基层减负措施的落实，切实转变依靠“开会、发文、检查”推动工作的惯性思维，俯下身子、真抓实干，警惕“换汤不换药”的形式主义“新变种”，切不可将减负沦为变相增负，真正把为基层减负落到实处。领导要把严管与厚爱结合起来，要推行民主管理，使基层干部敢讲真话，要与基层干部多谈心、多交流，重大决策要开门纳谏、博采众长，对基层干部职工反映的问题不回避、不推诿，为敢于担当、崇尚实干的基层干部撑腰打气，消除基层干部的后顾之忧，使基层干部有参与管理的成就感；严格控制各类检查评比活动，不搞层层检查评比；要对扎根基层岗位、认真履职、勤于做事、做出突出业绩的干部大力宣传，形成“正能量”的舆论场，让人民群众更多了解基层干部真实的工作情况，给予基层干部客观公正的评价；要切实把关心激励基层干部的各项措施落实到具体人、具体事、具体工作之中，调动基层干部以新作为激荡新气象。多用互联网思维在互联互通共享共治上下功夫，对微信工作群信息传递应规范管理，严格落实不得以微信工作群、政务 App 上传工作场景截图或录制视频来代替对实际工作评价。加快促进集约化、系统化、扁平化的“互联网＋政务”网络政务平台在基层落地生根，通过科技手段向基层安排部署工作、调研督查工作，提高工作效率、节约公共资源、减轻基层负担，让广大基层干部在推动发展中心情舒畅地干工作。

（四）保障基层执法权力，完善基层权责体系

各级纪检监察机关要为坚决贯彻落实通知的要求、落实中央纪委三次全会工作部署保驾护航，把基层减负一抓到底，绝不能“整改一阵风，过后一场空”，带头打好这场力戒形式主义的“攻坚战”。各级纪检监察机关要履行对主管行业部门的监管职责，规范督查检查考核，确保基层减负各项措施落地见效。要把工作效能和为人民服务的质量作为评价各项工作的根本准则，充分发挥纪检监察指挥棒作用，强化政治巡察和政治监督，加大舆论监督力度，积极推进以暗访为主的真督实查，结合“怕、慢、假、庸、散”，多渠道听取基层干部和群众意见，全面排查履行责任不力、流于形式、敷衍

塞责的形式主义问题，严肃整改各级各部门形式主义、官僚主义典型问题，加大对责任领导的追责力度，该问责的就问责、该曝光的就曝光，问责要实事求是、依规依纪依法，做到严肃、精准、规范、慎重，问责坚持上下同心、以上率下，坚决防止问责泛化简单化问题。把整治形式主义突出问题与提高基层干部的积极性统一起来，让基层减负见到实效，使广大干部打消顾虑，放开手脚，将更多精力聚焦在落实工作、为民办实事和提高能力上，用崇尚实干、担当作为的奋斗精神贯彻党的路线方针政策。

专 题 篇

Special Subjects

B.11

网络媒体中的甘肃形象建构与传播研究

路慧玲*

摘 要： 区域形象是一个地区物质文明状况和精神文明状况的综合反映，良好的区域形象在区域发展中起着重要作用。在信息化高速发展的当今社会，网络媒体已成为区域形象建构和传播的关键中介和主要平台。调查结果显示，近年来，网络媒体中关于甘肃的报道呈现内容不断丰富，水平不断提高，正面报道数量持续增多等特点，但群众对网络媒体中甘肃形象的总体评价并不太高。网络媒体中甘肃形象建构和传播还存在宣传内容创新不足、缺乏吸引力、宣传力度不够等问题，为进一步促进网络媒体中甘肃形象建构和传播，要注重宣传内容和形式的创新性，不断推动优秀文化产品数字化、网络化，提高政

* 路慧玲，甘肃省社会科学院公共政策研究所副研究员，主要研究方向为区域经济。

府信息网络传播的透明度，注重网络报道的群众性。

关键词： 网络媒体　甘肃　区域形象　建构　传播

随着社会经济的不断发展，区域之间的交流合作日趋深入，区域之间的竞争也日益激烈。区域形象是一个地区物质文明状况和精神文明状况的综合反映，也是区域发展的重要软实力，在吸引资金、技术、人才等发展要素方面起到重要作用，因此，如何塑造良好、健康的区域形象，已成为各地社会经济发展中备受瞩目的焦点话题。在信息化、网络化快速发展的时代背景下，网络媒体可以通过自身的特质，建构事物的“媒介形象”，并且网络已经成为人们获取信息最为重要的手段，有数据显示，截至2019年6月，中国网民规模达8.54亿人，互联网普及率为61.2%，网络新闻用户规模达6.86亿人，占网民整体的80.3%。可见，网络媒体是区域形象建构和传播的关键中介和主要平台，新闻网站更是重中之重，各级地方政府都将在网络媒体中建构和传播良好的区域形象作为促进本区域繁荣发展的重要工作之一常抓不懈，与此同时，学术界也对媒体和区域形象之间的关系这一热点话题进行了研究。

甘肃作为一个内陆欠发达省份，长期以来受客观条件制约及大众刻板印象影响，区域网络形象建构和传播比较滞后。但近年来，甘肃省政府采取了一系列措施，不断加大投入力度，大力打造新的甘肃网络形象。如由甘肃省文化和旅游厅出品的由黄轩代言的《交响丝路　如意甘肃》旅游宣传片，及《绚丽甘肃》形象宣传片等，均在网络传播中取得了良好效果，受到大众的好评，在树立良好的网络区域形象方面产生积极的影响。进一步了解网络媒体中的甘肃形象建构与传播的现状及存在的问题，了解群众需求及期盼，采取科学决策以更加高效的方式推进甘肃网络形象建构和传播，对甘肃省区域发展具有重要的现实意义。

一　调研方法及样本概况

（一）调研方法

为更好地了解甘肃民众对甘肃网络形象的认知情况，发掘民众对网络媒体中甘肃形象建构和传播的诉求及愿望，塑造更加深入人心的区域网络新形象，课题组以甘肃省内普通民众为研究对象，于2019年8～9月在甘肃省内进行了问卷调研和访谈。在对象选择上，考虑到对网络媒体接触较多的主要是中青年，因此，在调研时涉及的50岁以下的民众占到绝大多数。

为保证调研结果的客观性，课题组首先对国内外关于区域网络形象建构和传播的相关研究进行分析及归纳，设定甘肃网络形象包含的主要内容，在此基础上科学设计问卷。调研过程中，采取问卷调查与个别访谈相结合的办法，以便获取更加全面的信息。在数据分析过程中，主要运用描述性统计分析，重点关注各选项的频数及频率，分析过程主要由SPSS统计分析软件实现。

（二）样本概况

课题组采取问卷调查及个别访谈等形式，在嘉峪关市、武威市古浪县、兰州市安宁区、平凉市崆峒区及临夏回族自治州东乡族自治县开展调查，共发放问卷210份，回收问卷205份，其中有效问卷为204份，有效问卷回收率为97.14%。有效问卷分布情况为：嘉峪关市为36份，武威市古浪县为42份，兰州市安宁区和平凉市崆峒区各为47份及临夏回族自治州东乡族自治县为32份。从性别看，男性为96人，占47.06%，女性为108人，占52.94%。从年龄看，18岁以下为17人，占8.33%，18～25岁为57人，占27.94%，26～35岁为60人，占29.41%，36～50岁为59人，占28.92%，51岁及以上为11人，占5.39%。从文化程度看，小学及以下为7人，占

3.43%，初中为29人，占14.22%，高中或中专为76人，占37.25%，大专为56人，占27.45%，本科及以上为36人，占17.65%。从职业看，学生为33人，占16.18%，农民为34人，占16.67%，工人为33人，占16.18%，个体户/私营企业主为31人，占15.20%，公务员/事业单位人员为30人，占14.71%，离退休人员为4人，占1.96%，其他为39人，占19.12%。从在甘肃生活的时间看，生活的时间在1年以上的有194人，占95.10%，生活的时间不足1年的有10人，占4.90%（见表1）。

表1　样本基本情况统计

单位：人，%

调查项目		人数	比例
性别	男	96	47.06
	女	108	52.94
年龄	18岁以下	17	8.33
	18～25岁	57	27.94
	26～35岁	60	29.41
	36～50岁	59	28.92
	51岁及以上	11	5.39
职业	学生	33	16.18
	农民	34	16.67
	工人	33	16.18
	个体户/私营企业主	31	15.20
	公务员/事业单位人员	30	14.71
	离退休人员	4	1.96
	其他	39	19.12
文化程度	小学及以下	7	3.43
	初中	29	14.22
	高中或中专	76	37.25
	大专	56	27.45
	本科及以上	36	17.65
在甘肃生活的时间	1年以上	194	95.10
	不足1年	10	4.90

二　调查问卷统计分析

（一）民众对网络媒体的关注情况

1. 被访者对网络媒体的关注度

在问及“您对网络媒体的关注情况如何?”时，有 67 名被访者选择“每天关注”，占到被访总数的 32.84%，有 78 名被访者选择“每周关注几次”，所占比例为 38.24%，有 11.76% 的选择“每月关注几次”，有 15.69% 的选择“很少”，只有 1.47% 的选择“几乎不关注”（见图 1）。进一步询问发现，选择“几乎不关注”的 3 人中，两个是长途车司机，受制于职业影响，关注网络媒体的时间十分有限，另外一个是受生活习惯影响而不愿意使用网络，除此之外，其他被访者都或多或少地关注网络媒体，82.84% 的人接触网络媒体较为频繁，可见，网络媒体已成为绝大部分人获取信息的重要渠道。

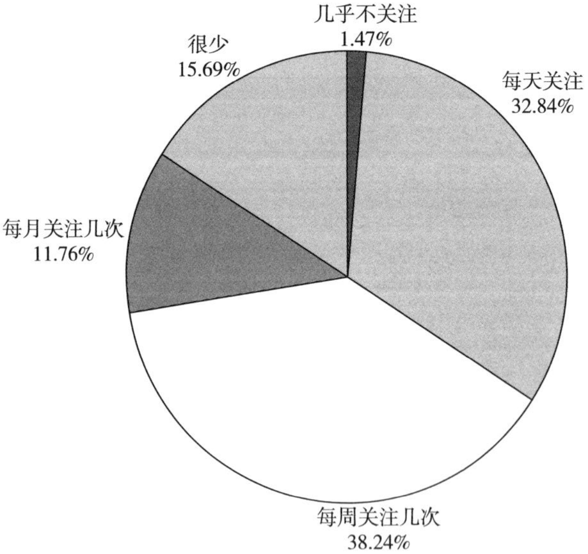

图 1　被访者对网络媒体的关注度

2. 关注哪一类网站

问卷数据显示，被访群众对各种类型的网站均有关注，其中，对新闻网站关注的人数最多，被访者中有 104 人表示比较关注“新闻网站”，比例达到 50.98%。接着是“旅游文化网站”，有 62 人选择这一选项，所占比例为 30.39%。排在第三位的是“政府网站”，有 18.63% 的受访者选择了这一选项，“娱乐和游戏类网站”和“论坛和社区网站”各有 34 人和 33 人关注，所占比例分别为 16.67% 和 16.18%，“电子商务网站”选择比例较低，为 8.82%，此外，还有 6.86% 的受访者比较关注“学习强国”“甘肃党建”等其他网络平台（见图 2）。

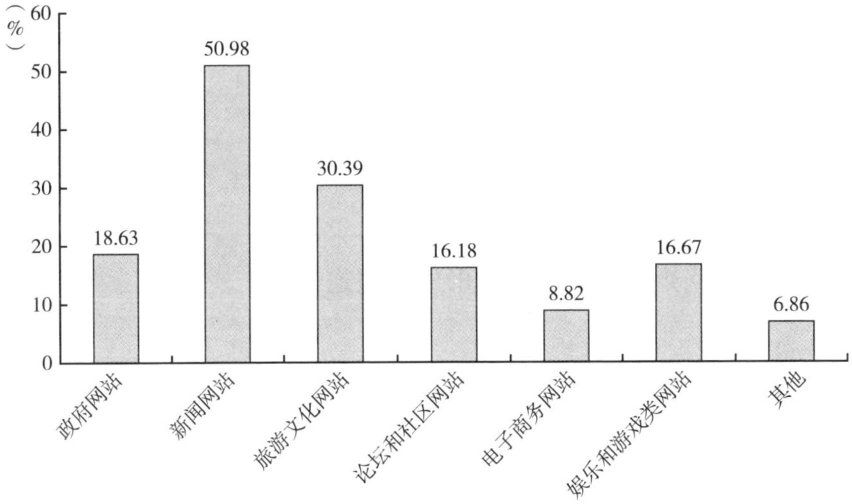

图 2　被访者对不同类型网站的关注情况

3. 关注哪些方面的信息

从网络媒体关于甘肃的相关报道中群众较为关注的内容看，选择“教育”的被访者最多，为 87 人，所占比例为 42.65%，对“经济”比较关注的人数达到 83 人，占比为 40.69%，关注“社会”的有 65 人，比例为 31.86%，选择“文化”的有 62 人，占 30.39%，对“政治”和“生态”比较关注的分别有 56 人和 55 人，占比分别为 27.45% 和 26.96%，有 28 人比较关注“科学”，所占比例为13.73%，另有11人选择“其他”，占5.39%（见图3）。可见，在网络中关于甘肃省的报道中，群众对与自身利益息息相关的教育问题最为关注，且对本省的经济、社会、文化、政治、生态比较关注。

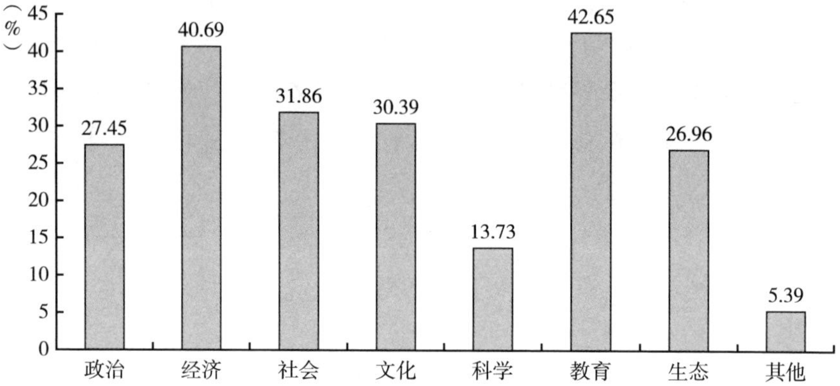

图3　被访者对不同类型信息的关注情况

（二）网络媒体中关于甘肃形象的报道情况

1. 报道数量

在问及“您认为网络媒体中关于甘肃的报道数量如何？”时，有105名受访者选择“一般”，所占比例为51.47%，50名受访者选择“较少”，所占比例为24.51%，34人选择“较多”，该选项占比为16.67%，仅有15人选择“很多”，比例为7.35%（见图4），可见，群众认为网络媒体中关于甘肃形象的报道还不丰富，有待在报道数量方面进一步增加。

在问及“您认为当前网络媒体中关于甘肃报道中，正负面报道的数量如何？”时，有107名受访者选择“正面报道较多”，所占比例为52.45%，74名受访者选择“正负面报道数量差不多”，所占比例为36.27%，只有23人选择“负面报道较多”，该选项占比为11.27%（见图5）。

2. 受访者对甘肃网络形象与现实形象偏差的感知

为了解甘肃省群众对甘肃网络形象与现实生活中甘肃形象在感知上的差

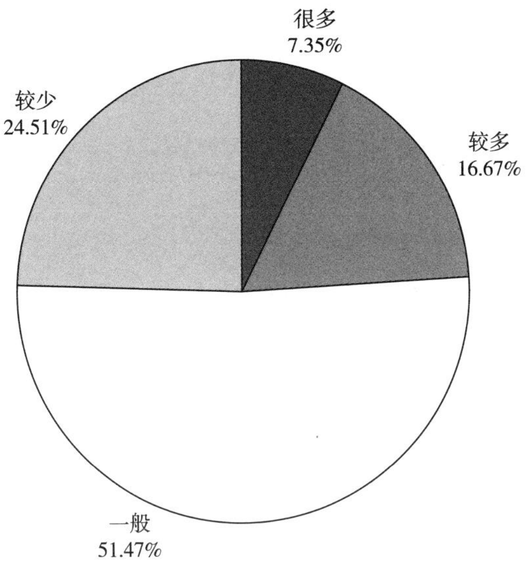

图 4　被访者对报道数量的感知情况

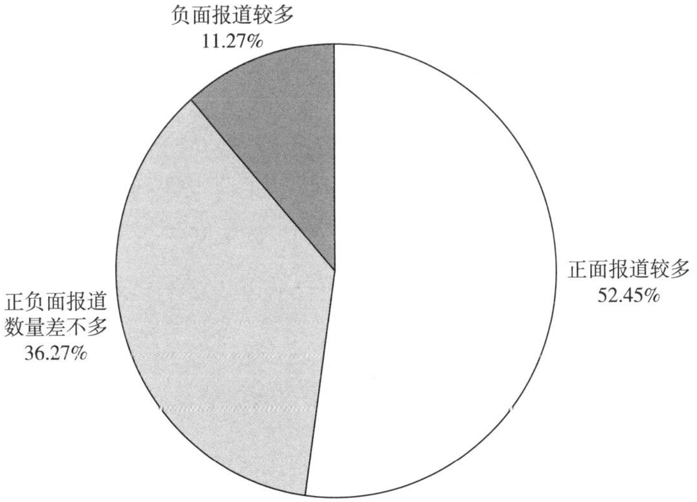

图 5　被访者对甘肃省正负面报道数量的感知情况

别，课题组设计了“您认为网络媒体报道中甘肃形象与现实生活中有没有偏差?”这一问题，58.82%的被访者认为“存在一定偏差”，有 12.25%的被访者认为“无偏差”，有 7.84% 的被访者认为“存在较大偏差”，还有 21.08% 的受访者表示“不确定”（见图 6）。

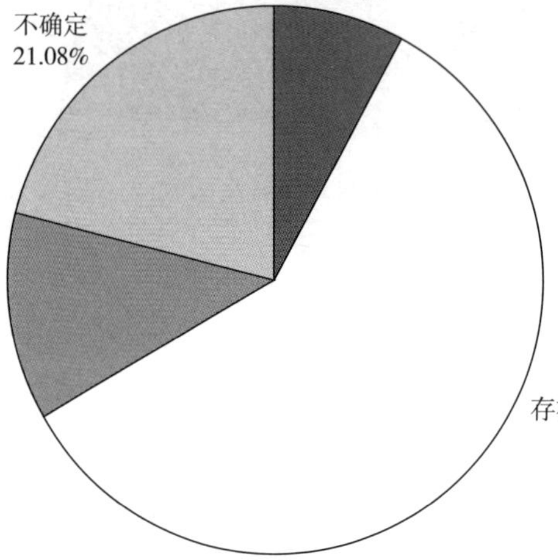

图 6　被访者对甘肃网络形象与现实形象偏差的感知

3. 网络媒体中甘肃形象相关报道的变化特征

近年来，甘肃省为提升区域形象采取了较多措施，那么网络媒体中关于甘肃形象的报道又会表现出什么样的特征，课题组在问卷中设置了相关问题，调查结果显示，133 位被访者认为“内容不断丰富”，占 65.20%，99 位被访者认为“网络报道水平有所提高”，占 48.53%，80 位被访者选择网络传播“在社会经济发展中作用增强”，占 39.22%，76 位被访者认为“正面报道数量持续增多”，占 37.25%，67 位被访者认为“报道的可信度不断增强”，占 32.84%（见图 7）。

（三）甘肃网络形象

1. 总体形象

从被访者对甘肃省网络形象的总体评价来看，选择“一般”的人数最多，有 94 人，所占比重为 46.08%，选择“比较好”的被访者有 78 人，所占比重

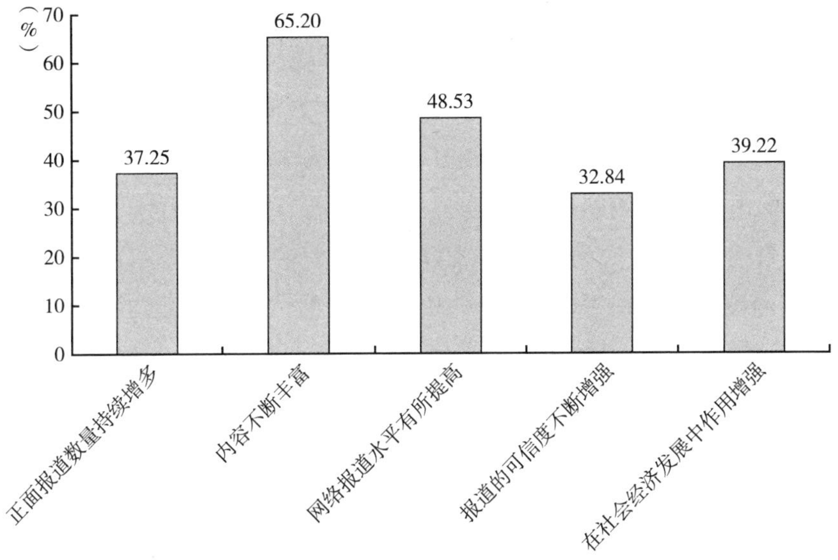

图7　被访者对近年来网络媒体中甘肃形象相关报道的变化特征的感知

为38.24%，17人选择“非常好”，占8.33%，7人选择“比较差”，8人选择“非常差”，占比分别为3.43%和3.92%（见图8），如果将“非常好”“比较好”“一般”“比较差”“非常差”分别赋以5、4、3、2、1分，则基于调查数据计算出的甘肃省区域网络形象的分数为3.44分，处于中等略微偏上水平。

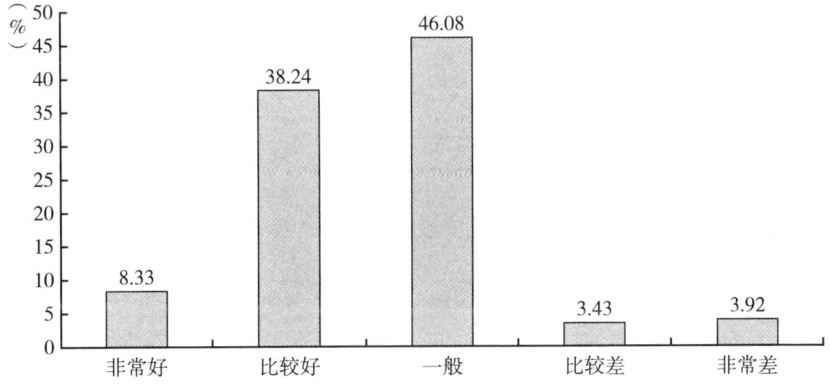

图8　被访者对网络媒体中甘肃总体形象的评价

2. 区域网络形象各组成要素情况

区域网络形象包含的内容十分丰富，本课题从网络媒体中甘肃省的自然环境、法治环境、经济发展、民生环境、环保发展、政治环境、科技发展、文化状况、城市建设等九个方面展开调查，让被访者对网络媒体中甘肃这九个方面的内容进行评价。

就自然环境而言，选择“非常好”“比较好”“一般”“比较差”“非常差”的被访者分别占10.78%、38.24%、37.25%、10.78%和2.94%；从法治环境来看，五个选项的选择比例分别是13.24%、35.78%、43.63%、4.90%和2.45%；从经济发展来看，五个选项的选择比例依次是6.37%、24.51%、40.69%、21.08%和7.35%；从民生环境看，五个选项的选择比例依次为6.37%、31.37%、49.02%、9.31%和3.92%；就环保发展而言，选择“非常好”“比较好”“一般”“比较差”“非常差”的被访者分别占11.27%、31.37%、40.20%、14.22%和2.94%；政治环境一项中，选择“非常好”的占10.78%，选择“比较好”的占35.78%，选择“一般”的占43.63%，选择“比较差”的占6.37%，选择“非常差”的占3.43%；从科技发展看，五个选项的选择比例依次是7.84%、25.98%、38.73%、20.10%和7.35%；从文化状况看，五个选项的选择比例依次是10.29%、38.24%、40.69%、7.35%和3.43%；从城市建设看，五个选项的选择比例依次是8.82%、36.27%、45.10%、5.39%和4.41%（见表2）。

表2　被访者对网络媒体中甘肃形象的评价

内容	A 非常好		B 比较好		C 一般		D 比较差		E 非常差		综合得分
	人数（人）	比例（%）	人数（人）	比例（%）	人数（人）	比例（%）	人数（人）	比例（%）	人数（人）	比例（%）	（分）
总体形象	17	8.33	78	38.24	94	46.08	7	3.43	8	3.92	3.44
自然环境	22	10.78	78	38.24	76	37.25	22	10.78	6	2.94	3.43
法治环境	27	13.24	73	35.78	89	43.63	10	4.90	5	2.45	3.52
经济发展	13	6.37	50	24.51	83	40.69	43	21.08	15	7.35	3.01

续表

内容	A 非常好		B 比较好		C 一般		D 比较差		E 非常差		综合得分（分）
	人数（人）	比例（%）	人数（人）	比例（%）	人数（人）	比例（%）	人数（人）	比例（%）	人数（人）	比例（%）	
民生环境	13	6.37	64	31.37	100	49.02	19	9.31	8	3.92	3.27
环保发展	23	11.27	64	31.37	82	40.20	29	14.22	6	2.94	3.34
政治环境	22	10.78	73	35.78	89	43.63	13	6.37	7	3.43	3.42
科技发展	16	7.84	53	25.98	79	38.73	41	20.10	15	7.35	3.07
文化状况	21	10.29	78	38.24	83	40.69	15	7.35	7	3.43	3.45
城市建设	18	8.82	74	36.27	92	45.10	11	5.39	9	4.41	3.40

依次给选项“非常好”“比较好”“一般”“比较差”“非常差”赋以5、4、3、2、1分，则根据调查数据，计算出群众对甘肃网络形象各组成部分的评价值（见图9）。经计算，群众对网络媒体中甘肃自然环境、法治环境、经济发展、民生环境、环保发展、政治环境、科技发展、文化状况、城市建设的综合评价值均为3～4分，法治环境评价值最高，为3.52分，经济发展评价值最低，为3.01分，说明在群众视野中，甘肃省网络形象的各分项均表现平平。

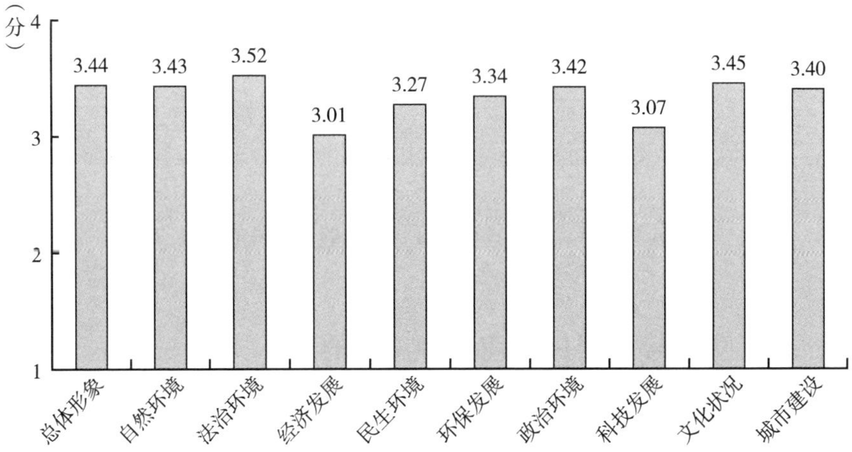

图9　被访者对网络媒体中甘肃形象所包含内容的评价

（四）亲媒度

亲媒度是指政府和官员同网络媒体和普通网民打交道的能力与水平。实践证明，亲媒度越高，越有利于政府形象的打造和区域形象的提升。在问及“您认为甘肃政府和官员的亲媒度如何?”时，共有203人作答，有101名受访者选择“一般”，所占比例为49.75%，56名受访者选择“较强”，所占比例为27.59%，30人选择“较弱”，该选项占比为14.78%，还有16人选择“很强”，比例为7.88%（见图10），可见，群众认为甘肃省政府和官员的亲媒度还有待提升，以便持续优化甘肃省网络形象。

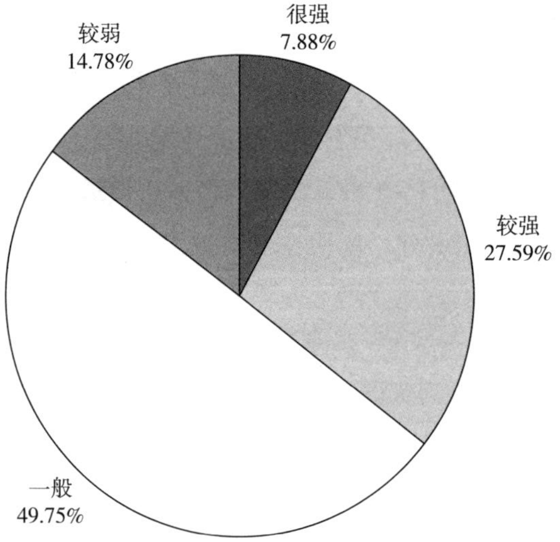

图10　被访者对甘肃政府和官员的亲媒度的评价

（五）网络媒体对甘肃形象宣传效果的评价

为了解网络媒体对甘肃形象建构与传播所起的作用，课题组在问卷中设置了“您认为甘肃省网络媒体对甘肃形象宣传效果如何?”这一问题，共有203人作答，调查结果中，认为“非常好”的被访者占8.87%，分别有85

位被访者认为“比较好”或“一般”，比例均为41.87%，11位被访者认为“比较差”，占5.42%，4位被访者认为“非常差”，占1.97%（见图11）。总体来看，持积极态度的被访者所占比重最大，接着是持中立态度的，持消极态度的被访者比重最小，可见，网络媒体对甘肃形象建构与传播所起的作用值得肯定。

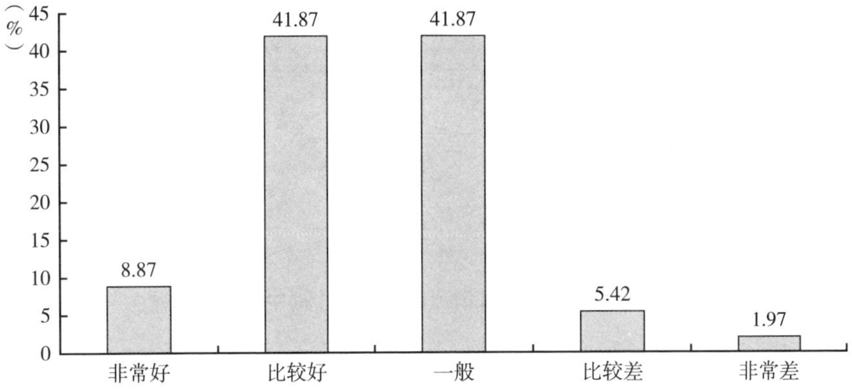

图11　被访者对网络媒体对甘肃形象宣传效果的评价

（六）网络媒体在对甘肃形象建构和传播中存在的问题

甘肃形象在网络传播中存在哪些问题？在设置的八个选项中，有112人认为存在“宣传内容吸引力不足”的问题，所占比例为54.90%，92名受访者选择“宣传力度不够”，所占比例为45.10%，90人选择“网络宣传渠道不够丰富”，该选项占比为44.12%，有79人选择“网络宣传渠道影响力不足”，比例为38.73%，72位被访者认为“不太贴近群众”，占35.29%，另有69位被访者选择“宣传内容较为单一”，比例为33.82%，55位被访者认为“真实性和准确性不高”，比例为26.96%，还有1.47%的被访者选择了“其他”（见图12）。因此，如何采取多种手段增强宣传内容的吸引力是今后甘肃在网络宣传方面首先需要解决的问题。

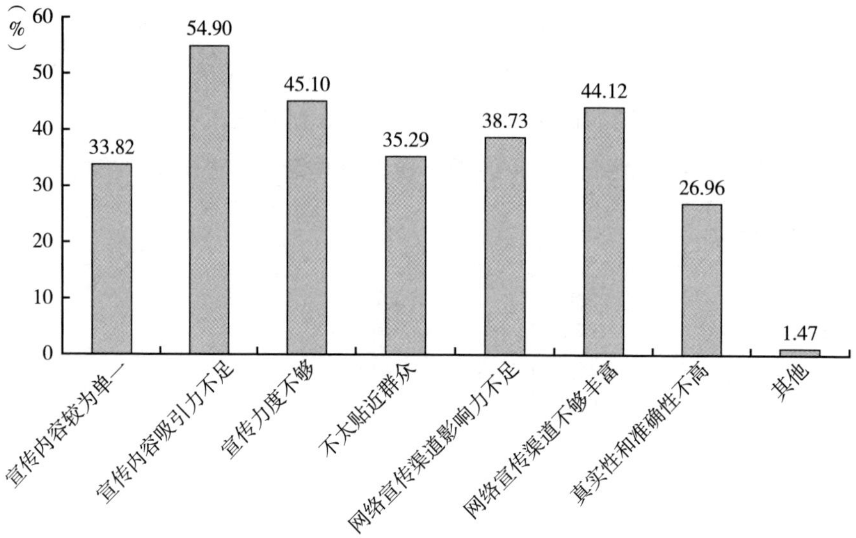

图 12　网络媒体在对甘肃形象建构和传播中存在的问题

（七）加大网络媒体对甘肃形象建构与传播力度的途径

1. 对于“网络媒体在甘肃形象传播方面是否需要改进”的认识

204 名被访群众中，绝大部分人认为需要不同程度的改进，其中 58 人选择“需要大幅改进”，占被访者总数的 28.43%，143 人认为“需要一定改进”，比重为 70.10%，只有 3 人认为“不需要改进”，所占比重仅为 1.47%（见图 13），可见，想要进一步提升甘肃形象在网络媒体中的建构和传播效率，就必须在宣传手段、宣传内容等方面进行提升。

2. 对“如何促进网络媒体在甘肃形象建构和传播方面的发展”的认知

问卷统计结果显示，13 人选择“放任自由”，占被访者总数的 6.37%，98 人认为需要“政府管制”，比重为 48.04%，84 人认为需要“舆论监督”，所占比重为 41.18%，还有 39 人认为网络媒体需要加强“自我约束”，这一比例为 19.12%（见图 14）。可以看出，大部分被访者认为应该从内源或外源两方面入手，提升网络媒体在甘肃形象建构和传播中的效率。

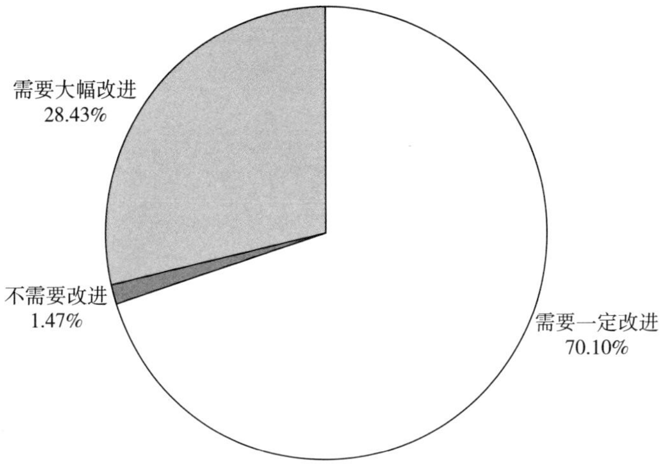

图 13　网络媒体在甘肃形象传播方面是否需要改进

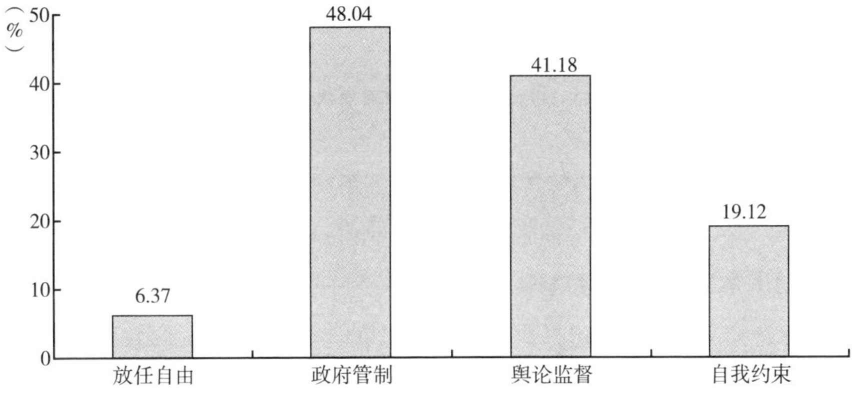

图 14　如何促进网络媒体在甘肃形象建构和传播方面的发展

3. 对“什么样的网络传播更具吸引力”的认知

在问卷设置的5个选项当中，有113位被访者选择了“内容令人印象深刻”，该选项的比例为55.39%，102位被访者选择了“创意性专题策划”，比例为50.00%，有101位被访者选择了“在权威网站发布”，比例为49.51%，有77位被访者选择了“标题吸引眼球”，比例为37.75%，还有

50位受访者选择了“省内外多家网站联合宣传”，比例为24.51%（见图15）。

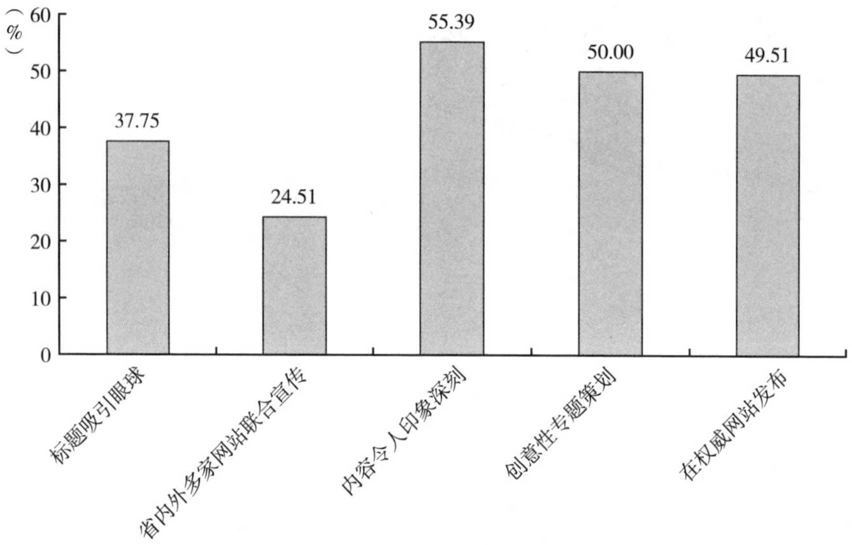

图15　什么样的网络传播更具吸引力

4. 对“网络媒体中建构和传播甘肃形象的重点”的认知

在网络媒体中建构和传播甘肃形象必须有目标、有重点。通过调研发现，对“推动优秀文化产品的数字化、网络化”这一选项的选择人数最多，有129位被访者选择了此选项，选择比例达到63.24%，接着是“提高政府网络传播的透明度”和网络传播内容“贴近群众”，选择人数分别为108人和104人，所占比例分别为52.94%和50.98%，均超过被访总人数的一半。选择“加大网络问政力度”的有71人，比例为34.80%，选择“加大网络论坛博客等的舆论引导力度”的有67人，比例为32.84%，选择“增强网络媒体的公信力”的有59人，比例为28.92%，选择“加强主流舆论的网上传播”的有37人，比例为18.14%，选择“抓好重点网站和网络文化企业建设”“加强网络文化人才队伍建设”“加强优秀网络文化作品的创作生产”的分别有54人、68人和76人，比例分别为26.47%、33.33%和37.25%（见图16）。

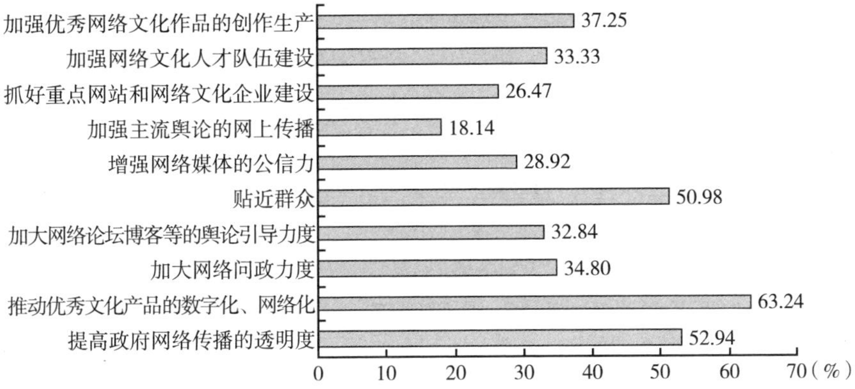

图 16　网络媒体中建构和传播甘肃形象的重点

三　调查结论

（一）网络媒体已成为民众获取信息的重要渠道

随着信息技术的不断发展及网络普及率的快速提高，网络已经成为普通民众获取信息的重要手段，民众较为关注与自身利益切实相关的教育等问题，也很关注所在区域的经济、社会、文化等状况，且民众在日常生活中对新闻网站涉猎最多，虽然其他类型网站也有一定规模的受众，但新闻网站已然成为民众形成区域网络形象认知和传播区域形象的重要平台，也是政府建构和传播区域形象的主阵地，因此，在政府打造区域网络形象的过程中，要重点关注新闻网站平台，同时也要兼顾其他类型的网站。

（二）网络媒体中涉及甘肃的报道数量不多，且与现实感知存在差别

大部分群众认为网络中关于甘肃形象的报道数量不多，且网络媒体中的甘肃形象与现实中大家对甘肃形象的感知有一定差别，虽然报道中正面报道

总体较多，但并未将甘肃形象全面立体地展示出来。近年来，随着政府在区域形象塑造方面投入力度的不断加大，网络媒体中关于甘肃的报道呈现内容不断丰富、水平不断提高、正面报道数量持续增多等特点。

（三）网络媒体中的甘肃形象处于中等水平

通过调查可知，近一半的群众认为网络媒体中的甘肃形象一般，在1～5分的评分区间进行打分，得到网络中甘肃省形象的总体评价值为3.44分，处于中等略微偏上水平。与此同时，网络中甘肃省自然环境、法治环境、经济发展、民生环境、环保发展、政治环境、科技发展、文化状况、城市建设等九个方面的评价值都在3～4分，其中法治环境评价值最高，而经济发展评价值最低，说明群众对网络媒体中甘肃形象的提升存在较多期待。

（四）网络媒体在甘肃形象建构和传播中的作用值得肯定，但仍然存在一些不足

大部分群众认为网络媒体在甘肃形象建构和传播中发挥了积极的作用，以网络为媒介，甘肃省诸多文化和资源被全国乃至全世界知晓。尽管如此，但甘肃网络形象进一步提升还存在一些问题。第一，政府的亲媒度不够，要进一步提升网络媒体中的甘肃形象，必须加强政府与媒体之间的多元互动。第二，由于网络媒体中关于甘肃形象的宣传存在内容创新不足、缺乏吸引力、宣传力度不够等问题，因此，绝大部分群众认为网络媒体在甘肃形象传播方面需要继续改进。

（五）需多措并举提升网络媒体中甘肃形象建构和传播的效率

调查发现，民众认为要进一步促进网络媒体中甘肃形象建构和传播，必须注重宣传内容和形式的创新性，不断推动优秀文化产品数字化、网络化，提高政府信息网络传播的透明度，注重网络报道的群众性。同时，网络媒体受众非常看重宣传内容的质量，因此，甘肃省必须在提高宣传内容质量的同

时，兼顾其创新性、权威性及其他方面的要素，加强与主流媒体的合作。此外，政府也要采取一些手段，使网络媒体加强自我约束，并加强管制和进行舆论引导，在营造良好网络环境的同时，有目标、有重点地对甘肃形象的精髓部分进行宣传，使网络媒体中关于甘肃形象的报道水平逐步提升。

四　提升网络媒体中甘肃形象建构和传播水平的建议

（一）做好甘肃形象设计

区域形象的塑造是一个系统工程，需要政府、专家、媒体、公众等多方面共同发力，并为此形成长远规划，才有可能形成具有区域独特魅力的形象。网络媒体中的区域形象必须是对区域现实原像的反映，因此很大程度上受区域发展水平的影响，甘肃省必须不断增强自身综合实力，才能使区域形象向好发展。甘肃省具有深厚的文化底蕴和丰富的自然资源，但是，受客观因素制约，外界乃至省内群众对甘肃形象形成的刻板印象如贫穷落后、自然条件恶劣等根深蒂固，要改变这一状况，必须从省级层面做好顶层设计。首先，在甘肃省形象设计时，要在政府主导下，对甘肃省各类自然及人文资源进行深入挖掘，统筹过去、现在、未来甘肃的形象定位，初步明确甘肃形象建构和传播的基本思路。其次，开展广泛的群众调查，对甘肃省内外群众对甘肃形象的认识和期待进行调查研究，将甘肃丰富的自然和人文资源融合，在此基础上梳理出能够代表甘肃形象的元素。最后，做好专家咨询，成立甘肃形象及品牌研究团队，立足甘肃发展的现实状况，从更广阔、更专业的视角找出区域形象优劣势、摸清长短板，进而明确甘肃省形象设计的方向和思路，并形成良好而独特的甘肃区域形象。

（二）各行为主体要加强认识，充分发挥自身效用

区域形象塑造的行为主体主要有域内公众、域内企业及政府。公众的素质观念及行为举止都会对区域形象产生影响，在网络通达的现代社会，公众

任何不当言行都会通过网络放大，并迅速传播蔓延，导致区域形象恶化。因此，日常生活中，每个公民都应该加强自我约束，增强自己在区域形象建构和传播中的主人翁意识。政府在区域形象塑造中发挥主导作用，甘肃省政府相关部门和领导应申请和筹划一些重大活动，如重要会议、体育赛事、文艺庆典、经贸交流会、博览会等，并借助网络进行密集报道，进而有效提升甘肃省的形象。在调研时，有 120 位受访者认为通过大型文艺庆典，如争取央视春晚在甘肃设立分会场等方式，可以给域外观众留下深刻印象，增强甘肃区域形象的影响力。甘肃省政府要不断提升亲媒度，加强与主流媒体平台的合作，借助网络媒体将设计包装的甘肃形象进行传播。政府还要加大对网络信息的监督力度，杜绝损害区域形象的不实报道。

（三）促进网络传播平台多样化

随着信息技术的发展，网络传播平台日趋多样化。首先，随着新媒体的兴起，人人都成为区域形象的传播主体，因此，新媒体也具有更大的传播潜力。甘肃作为欠发达地区，区域形象网络传播的形式较为单一，传播力也比较差，因此，亟待充分利用“三微一端”等新媒体平台，将区域优势形象进行有效传播。其次，近年来，以手机、平板电脑为代表的移动设备更使新闻传播具有便捷性和丰富性，甘肃省可以借助现有的 App 资源，传播显性的区域形象要素，还可以通过互动交流传播一些隐性的区域形象要素，例如，在快手 App 中，有大量的服装销售直播间集中在山东省，加深了域外群众对山东省服装生产大省形象的直观认识。再次，要注重甘肃省内网络文化人才的培养及网络文化企业的建设，在区域内成长起来的网络人才及网络文化企业更关注区域形象的塑造，也更加深刻地了解甘肃实际情况，在甘肃省形象传播中更能发挥优势。最后，当前甘肃省内的网络媒体及平台往往影响力较弱，为了在更大范围内取得更好的宣传效果，省内网络媒体要加强与省外网络媒体、全国性主流网络媒体和权威性网络媒体之间的互动合作，做到联合发力，取得更好的效果。

（四）增强甘肃形象宣传内容的吸引力

要达到良好的区域网络形象宣传效果，必须增强宣传内容的吸引力。首先，要对宣传内容进行创意策划，针对不同的受众设计形式多样但内容一致的宣传信息。其次，要推动甘肃省优秀文化资源的数字化和网络化，使静态的文化资源通过网络“走”出去，到达全国乃至全世界的各个角落。最后，要注意宣传内容的群众性和真实性。群众可能更关注身边真实的、接地气的信息，因此，在区域形象创意设计时，必须关注群众的需求，做到设计和报道真实可信，让不断优化的甘肃形象走进更多群众的视野。

参考文献

王芳、李惠民：《网络媒体对欠发达地区区域形象塑造分析——基于新浪网对甘肃的新闻报道》，《科学经济社会》2013 年第 4 期。

赵正芳：《“一带一路”背景下甘肃省区域形象塑造与传播研究》，兰州大学硕士学位论文，2018。

秦欢、马强：《网络媒体中内蒙古区域形象呈现分析——以大公报内蒙古频道为例》，《新闻论坛》2015 年第 6 期。

祁晓娣：《网络媒体中的甘肃形象展现分析——基于“新浪网”的新闻报道分析》，兰州大学硕士学位论文，2012。

B.12 突发事件中政务“两微一端”网络舆情应对机制研究

宋晓琴*

摘　要： 本报告在介绍突发事件的概念、政府应对突发事件网络舆情的措施基础上，借助具体案例就政务“两微一端”应对突发事件的优势、挑战进行了分析，并进一步指出，建立健全政务“两微一端”应对突发事件网络舆情的机制需要重点做好以下几个方面的工作：建立事前预警机制，增强对网络舆情的监测力和研判力；健全媒体运营机制，加强新媒体矩阵体系建设；完善媒体融合机制，创新媒体融合业态；形成绩效考核机制，驱动政务“两微一端”做好做精。

关键词： 突发事件　网络舆情　政务“两微一端”

党的十九大报告指出“全面增强执政本领”，“善于运用互联网技术和信息化手段开展工作”“善于处理各种复杂矛盾，勇于战胜前进道路上的各种艰难险阻，牢牢把握工作主动权”。① 随着我国信息革命逐渐深化和互联网技术的进一步普及，上网设备已向移动端集中，用户对政务服务的需求转

---

* 宋晓琴，硕士，甘肃省社会科学院决策咨询研究所助理研究员，主要研究方向为图书情报、信息技术。

① 《习近平在中国共产党第十九次全国代表大会上的报告（全文）》，求是网，http：//www. qstheory. cn/llqikan/2017 -12/03/c_ 1122049424. htm。

向移动化、服务化和一体化。“两微一端”（微信、微博和手机客户端）已成为在线政务服务的主要发展方向。在应对突发事件网络舆情中，政务“两微一端”更是发挥了不可替代的作用，建立健全政务“两微一端”应对突发事件网络舆情的机制，成为迫切需要解决的问题。

一　政府应对突发事件网络舆情的措施

（一）突发事件网络舆情的特征

《中华人民共和国突发事件应对法》规定“突发事件”是指“突然发生，造成或者可能造成严重社会危害，需要采取应急处置措施予以应对的自然灾害、事故灾难、公共卫生事件和社会安全事件”。[①] 在移动网络通信技术十分普及的今天，现实当中的突发事件在网络空间往往会以几何指数形式爆炸式生成、传播，网络突发事件会在短时间吸引大量网民参与，在持续发酵中，真实信息夹杂着虚假信息，持续形成鱼龙混杂的信息洪流，冲击着广大网民的认识与价值判断，极大地影响着社会秩序的稳定与健康。各级政府已将突发事件网络舆情列入重要工作事项，采取各种措施严阵以待，以营造风清气正的网络生态环境。

突发事件网络舆情有三个明显的特征。一是传播迅速。现实当中的突发事件借助移动社交媒体、大V账号、主流网络媒体等的推介、评论，疾速扩散，引发大量网民的关注、热议及转发，迅速生成突发事件网络舆情。二是影响力大。相比过去依靠传统方式传播的突发事件舆情，突发事件网络舆情由于传播速度快、影响地域广、时空限制少等特征，具有更大的影响力，对社会稳定、公共秩序往往造成更大的冲击。三是易失控。突发事件网络舆情传播迅速、影响力大，如果政务“两微一端”不及时发布权威信息予以

① 《中华人民共和国突发事件应对法》，中华人民共和国应急管理部网站，https：//www.mem.gov.cn/fw/flfgbz/201803/t20180327_231775.shtml。

澄清与回应，走在社会媒体的后面，错过信息发布最佳时间，就极易导致次生网络舆情，使突发事件网络舆情应对丧失主动权与解释权，引发更大的社会负面影响。突发事件网络舆情的这些特征对政府的突发事件网络舆情应对提出更大挑战，需要政府及时采取措施予以对待，① 同时也对政务“两微一端”的专业性提出了更高要求。政务“两微一端”回应舆论的核心关切，体现政府管理部门的责任担当。

（二）突发事件网络舆情的应对措施

突发事件网络舆情的迅速传播、巨大影响力和负面作用引起了政府部门的关注，各级政府大多设立了专门的职责机构负责突发事件网络舆情的应对工作。在国家层面，国务院在2011年5月专门设立了“国家互联网信息办公室”，负责指导、协调、管理、评估全国开展网络安全、网络舆情、网络空间治理、网络建设等涉及互联网生态的各种工作。各级地方政府按照属地管理原则配合国家也设立了相应的互联网生态管理机构，不少政府在宣传部下特意设置网络舆情管理部门，对突发事件网络舆情的预警、研判、汇报、协调、应对是这些部门的核心工作。为顺应深化改革大势，优化应急力量和资源，甘肃省政府在2018年10月30日成立应急管理厅。应急管理厅整合了多家应急部门的职责，借助线上、线下多种渠道努力做好突发事件的应对工作。

各级政府对于突发事件网络舆情的应对工作一般分阶段进行。在事前预防阶段，制定针对不同类型突发事件网络舆情的应急预案，分门别类地指出突发事件网络舆情的应急处置规范与注意事项。② 在事发和事中处置阶段，有的地方政府组织人员实行不间断跟踪策略，采用大数据技术对各种途径产生的信息进行分析、比较、甄别，即时监控舆情走向与潜在风险。有的地方政府协调多个部门及时、审慎地处理突发事件网络舆情，

① 王文君：《网络突发事件中地方政府应对策略研究》，郑州大学硕士学位论文，2017。

② 《国家突发公共事件总体应急预案》，百度百科，https：//baike. baidu. com。

组织新闻记者现场收集第一手信息素材，利用专门的新闻发言人在广播电视、政务“两微一端”及时发布权威的事件演进信息，发动通信员、评论员就事件的关键信息、民众的核心关切展开分析评论，以保证突发事件网络舆情应对工作的主动性、全面性与深入性。有的地方政府加强电子政务平台建设，依托政务“两微一端”及时发布权威信息，让流言蜚语止于信息公开。在事后恢复阶段，各级地方政府借助广播电视、政务“两微一端”及时全面地发布善后处理情况，加速平息突发事件网络舆情。

二　政务“两微一端”应对突发事件网络舆情典型案例

（一）兰州南收费站多车相撞事件

1. 政务“两微一端”应对突发事件网络舆情的过程

2018 年 11 月 3 日 19 时许，一辆辽宁籍半挂车拉运着塔吊行驶在兰海高速公路上，本段高速公路临近兰州南收费站有一段长 17 公里的下坡路，结果该半挂车在距兰州南收费站 50 米处与排队等待缴费的车辆发生碰撞，造成重大道路交通事故。22 时，@新京报于新浪微博首发报道，23：54，@兰州发布于新浪微博更新相关消息（见图 1）。

事故发生后，兰州市各相关部门紧急行动，公安、消防、医务工作者第一时间赶往事发现场，救治伤员、维持秩序、疏散交通，防止发生次生事故。甘肃省主要领导召集省市各相关部门人员紧急赶往现场，指挥救援，统筹各项工作。公安部、应急管理部也组成工作组连夜奔赴兰州指导工作。3 日夜间，甘肃省委省政府召开事故处置现场会，要求甘肃省公安厅对全省可能造成类似事故的情况进行广泛排查，并让甘肃省安委会下发紧急通知，采取多种措施加强司机安全驾驶教育。甘肃多个政务“两微一端”即时发布了事故情况及事故处理进展详情，如新甘肃客户端和甘肃发布微信公众号就伤员的救治和省级领导看望做了跟进报道。

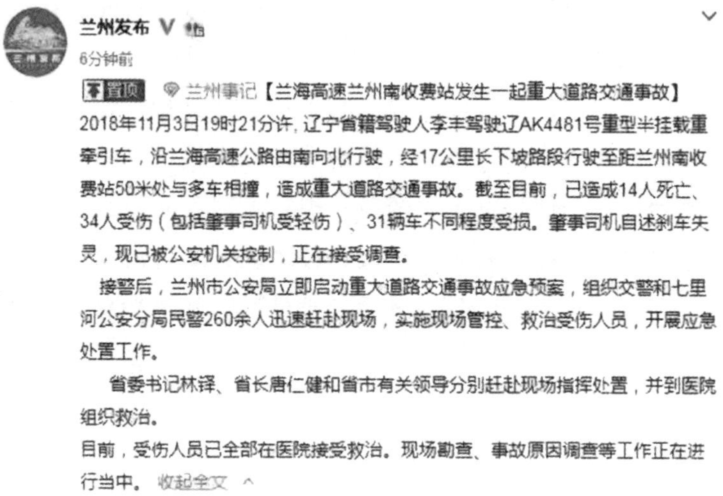
兰州发布

6分钟前

置顶 兰州事记【兰海高速兰州南收费站发生一起重大道路交通事故】

2018年11月3日19时21分许，辽宁省籍驾驶人李丰驾驶辽AK4481号重型半挂载重牵引车，沿兰海高速公路由南向北行驶，经17公里长下坡路段行驶至距兰州南收费站50米处与多车相撞，造成重大道路交通事故。截至目前，已造成14人死亡、34人受伤（包括肇事司机受轻伤）、31辆车不同程度受损。肇事司机自述刹车失灵，现已被公安机关控制，正在接受调查。

接警后，兰州市公安局立即启动重大道路交通事故应急预案，组织交警和七里河公安分局民警260余人迅速赶赴现场，实施现场管控、救治受伤人员，开展应急处置工作。

省委书记林铎、省长唐仁健和省市有关领导分别赶赴现场指挥处置，并到医院组织救治。

目前，受伤人员已全部在医院接受救治。现场勘查、事故原因调查等工作正在进行当中。收起全文

图1　兰州发布在新浪微博转发信息

根据2018年11月4日5时的统计，此次事故造成15人死亡、44人不同程度受伤、31辆车受损。肇始司机受轻伤，及时被救治和被公安机关控制，接受事故调查。根据肇事司机的交代，连续下坡和刹车失灵导致车辆失控，从而引发事故。2018年11月4日14时，@环球网于新浪微博报道事故原因。[①]

2. 对政务“两微一端”应对突发事件网络舆情的分析

通过传播节点可见，该事件为突发性的重大交通事故，事发后由《新京报》于3日22时许在新浪微博进行首发报道。甘肃省委省政府3日夜间召开事故处置现场会，要求甘肃省公安厅对全省可能造成类似事故的情况进行广泛排查。23：54，当地政务微博@兰州发布于新浪微博对事故情况及事故处理进展更新相关消息。因此，该事件的传播过程属于“事件发生—媒体报道—相关部门回应”的自下而上式。广大网民及所有关心此事的人借助政务“两微一端”的权威声音及网络新媒体第一时间了解到真相，以事实为根据，理

① 《兰州南收费站多车相撞事故舆情研判》，品略网站，http：//www.pinlue.com/article/2018/11/0722/247489662023.html。

性地看待此事，政府管理部门人员及时到现场处置事故，对事故责任人按照法律规范流程进行正常处理。此类重大交通事故发展的关键节点在于事故发生的原因，而这也是网民关注的重点。兰州南收费站多车相撞事故目前已初步调查出原因——肇事司机驾驶行为不当，但同时大部分网民也质疑收费站设计不合理。所有这些信息，都为进一步防止类似事件再度发生起到警示与监督作用，也为政府职能部门制定科学决策提供了重要依据。

（二）甘肃宁县校园欺凌事件

1. 政务“两微一端”应对突发事件网络舆情的过程

2018 年 12 月 14 日下午 2 时许，庆阳市宁县和盛镇杨庄小学发生一起校园欺凌事件。该校一年级学生马某某（男，7 周岁）、赵某某（男，6 周岁）以同班同学赵某某（女，8 周岁）偷拿了马某某的一块橡皮、未归还赵某某 1 元钱为由，对赵某某进行殴打欺凌，在赵某某倒地后，马某某、赵某某二人又脱掉赵某某的裤子，用笤帚乱打乱戳其下体，致使其下体受伤。[①] 在 2019 年 1 月 13 日 21：42，新浪微博用户@天山雄鹰 ZH 以题名“甘肃女孩被伤”发博文爆出该事件，网友大量转载，引发网络舆情短时间爆燃。2019 年 1 月 14 日下午，《新京报》《北京青年报》等多家媒体在调查采访的基础上，跟进报道此事件，突发事件网络舆情进一步传播扩散（见图 2）。

2019 年 1 月 15 日，“宁县教育”微信公众号对该校园欺凌事件做出回应，当天就被《人民日报》、“中国新闻网”等媒体转载，事件网络舆情全面爆发，舆情热度即刻沸腾。2019 年 1 月 21 日，当地政府政务账号“庆阳发布”在微信、微博平台同时发布《关于宁县小学生被伤事件的情况通报》，就庆阳市人民政府关于该事件的立场与回应做出全面、权威通报，《人民日报》、“央视新闻”等媒体随后进行了转载与跟评。[②] 借助网络大数

---

① 《甘肃 8 岁女孩遭校园欺凌事件持续发酵，真相到底是什么?》，天涯社区，http：//bbs. tianya. cn/post - feeling - 4426193 - 1. shtml。

② 《甘肃八岁女孩被伤事件舆情分析》，识微商情系统，https：//www. civiw. com/report/20190128103222。

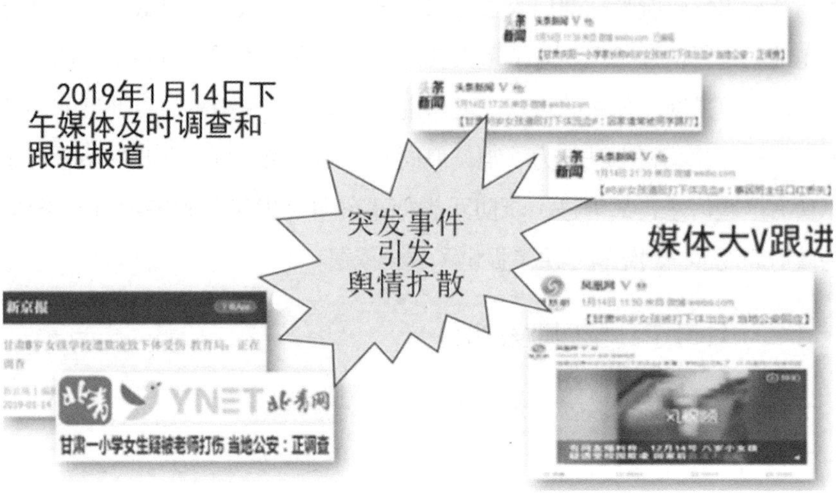

图 2　“甘肃八岁女孩被伤事件”媒体跟进

据统计，2019 年 1 月 13 日至 2019 年 1 月 21 日，宁县校园欺凌事件引发网络舆情信息共 504913 条，这些舆情信息主要集中在社交媒体，占舆情信息总量的 97.91%，剩下的少部分舆情信息主要分布在 App 和其他平台（见图 3）。

2. 对政务“两微一端”应对突发事件网络舆情的分析

宁县校园欺凌事件网络舆情演变过程中，与事件基本情况相关的一些词语成为信息传播的标签符号，尤其是与被打原因相关的词语“1 元钱”“橡皮”“口红”等都成为舆论关注焦点，在媒体传播和网民讨论中，这些词语都被重点凸显与标签化。值得注意的是，此次网络舆情演变过程中，模棱两可、似是而非、多方不一致的说法引发网友的各种怀疑与对谁在撒谎的多种猜测与讨论，并强烈表达出希望警方深入调查，还女孩“公道”的急切情绪。

在此次事件中，1 月 15 日“宁县教育”“宁县公安”在微信、微博平台做出的回应以及这些回应被“中国新闻网”、《人民日报》、《北京青年报》、“凤凰网”等众多主流媒体转载，为整个事件的澄清起到了关键作用，树立了当地政府的公信力，破除了网友对于被打原因的争议，平息了各种模棱两可的流言蜚语。网民及全社会关心此事的人借助政务“两微一端”的权威声音以一种客观的态度理性看待此事（见图 4）。

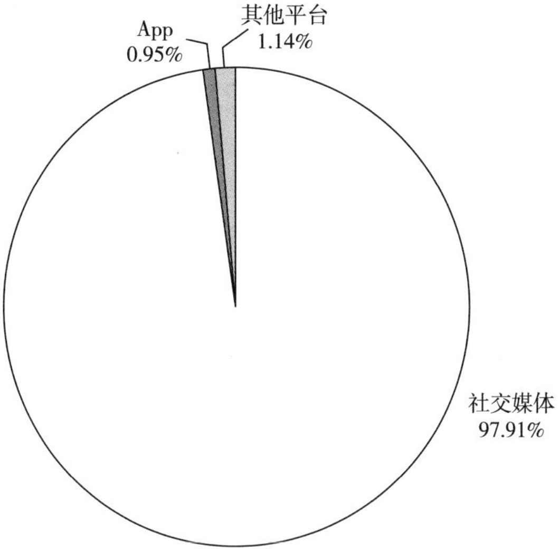

图 3　“甘肃八岁女孩被伤事件”舆情分布

资料来源：识微商情系统，https：//www. civiw. com。

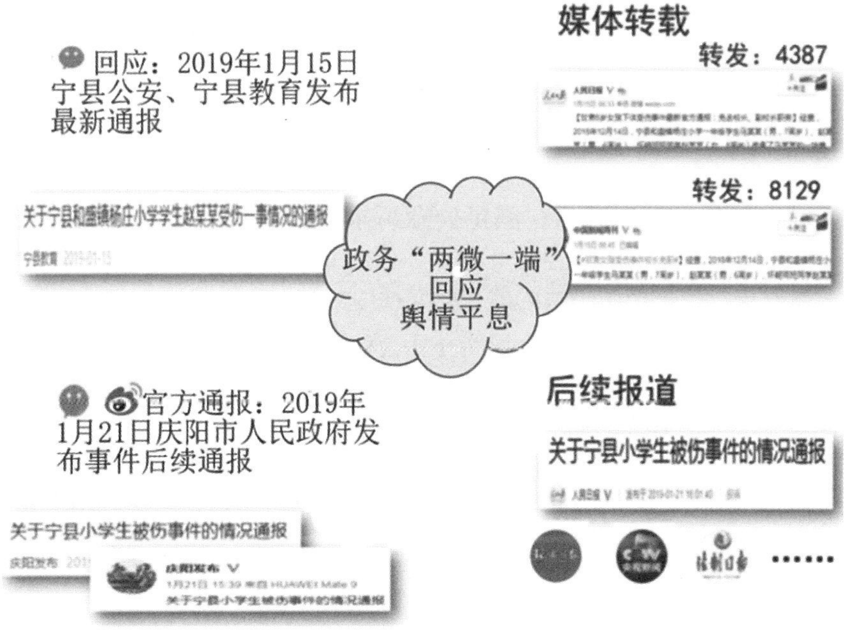

图 4　“甘肃八岁女孩被伤事件”政务“两微一端”回应

三 政务“两微一端”应对突发事件网络舆情的优势

（一）快速反应处置，把握舆论走向

移动通信技术的普及使突发事件迅速在网络空间形成网络舆情，引发民众的关注。在此过程中，各种谣言、不实转述四起，政务“两微一端”可以借助新媒体传播迅速的优点，及时发声，荡涤互联网虚假信息的污泥浊水。常见的突发事件网络舆情基本都属于龙卷风式的危机，网民意见来时排山倒海，去时则神龙见首不见尾。由于网络的跨地域性，各种突发事件在网络上“你方唱罢我登场”，网民对于某个突发事件的兴趣点与关注度持续时间一般不会太长，经常会进行主题转换，因此政务“两微一端”的快速反应显得十分关键，只有这样才能跟上突发事件网络舆情的演变步伐，把握舆论走向。在突发事件网络舆情形成的初期，对网络舆情进行动态实时监控，用政务“两微一端”及时回复网民的各种意见与核心诉求，以事实为根据，防患于未然，是当前突发事件网络舆情应对工作的重点所在。①

（二）公开渠道多样，满足公众诉求

突发事件借助网络迅速扩散，政府部门要确保让社会群众及时获取相关事件的具体情况，以稳定民众情绪与社会秩序。政府需要拓展信息发布的途径，提高信息的透明度和发布的及时性。政府除了在官方网站中开设专门的网页用于信息的发布外，还可以开通政府微信公众号、微博账号等，在突发事件发生之后第一时间将相关信息向社会各界公布，通过微博、微信等平台将事件处理进展及时告知公众，消除公众的猜疑情绪，增强政府管理社会的

① 易楚楠：《突发事件中地方政府的危机沟通策略研究——基于广西的案例研究》，广西大学硕士学位论文，2017。

公信力。这样就可以最大限度减少不实信息的传播，即使互联网中出现谣言，政府也可以通过政务“两微一端”或网站及时辟谣，对虚假信息进行批判与过滤，牢牢掌握网络舆情话语权。①

（三）交流平台开放，推动政民互动

在突发事件发生后，政务“两微一端”除了及时应对，多渠道发布信息外，还需加强与民众的实时互动，使政府与民众在开放的“两微一端”平台展开对话，消除各种疑惑。政务“两微一端”与民众的互动除了把握开放的原则外，还需改进互动的方式。首先，要充分利用好图表、视频、音频等各种手段，通过微直播、微访谈等各种形式，生动、简明地发布各种政务信息，在保证政务信息权威性的基础上尽可能使政务信息更具可读性、可视性，方便不同文化层次的民众理解信息。其次，改进文风，说实在话、说具体话，用便于民众理解的语言与网民互动，使政务“两微一端”的内容更加吸引人、更加亲近民众，增强传播效果。在具体操作中，要注意用语的贴切与谨慎，避免盲目追求词语的花哨和流行，导致语言、形象表达媚俗，适得其反。②

（四）实现资源共享，开展跨越式合作

在应对突发事件时，政务“两微一端”应该与其他新媒体及传统媒体，实现资源共享，开展跨越式合作，这样才能及时、切中舆情走向，创造性地开展工作。政务“两微一端”要有服务、开放、自信的姿态，不能人为地进行信息封锁，垄断权威信息，做信息的“守财奴”。③ 而要具有对网络舆情信息进行共享的认识，开展跨越式合作，更好更准地回应突发事件舆情。

---

① 张舟：《高校突发事件网络舆情的演化规律与监控》，《汉字文化》2018 年第 11 期。

② 杜伟泉：《政务微博与政民互动研究》，《井冈山大学学报》（社会科学版）2016 年第 4 期。

③ 魏辉：《政务新媒体在突发事件中的舆论引领研究》，渤海大学硕士学位论文，2016。

四　政务“两微一端”应对突发事件网络舆情面临的挑战

（一）“两微一端”网络舆情预防预警机制不完善

任何网络舆情的出现、发展与消退背后都存在一些关键影响因素，网络舆情预警就是要找到这些背后的关键影响因素，并且持续地采集、监控、评价这些信息，采用可视化方法表达舆情重点与走势，对突发事件网络舆情的下一步可能动向做出全面预测与评估，最终用等级分类的形式预报网络舆情。在确定突发事件网络舆情种类与等级之后，按照网络舆情预防预警工作机制，向上级领导报告舆情状况，为政府接下来的舆情应对提供决策参考。① 但是，很多突发事件在网络舆情演变过程中预防预警机制不完善，导致政务“两微一端”没有及时引导、控制网络舆情，各种流言随之产生。比如在甘肃宁县校园欺凌事件中，由于在网络舆情生成的初始阶段，政务“两微一端”没有在第一时间澄清校园欺凌事件的“导火索”，造成网民对事件处理过程、处理结果合理性的各种猜忌与怀疑，引发网民一系列探讨，使舆情进一步升温，网民表达出要求警方进一步深入调查以还女孩一个公道的强烈诉求。

（二）“两微一端”新媒体联动机制不健全

互联网技术的不断发展使新的网络生态不断形成与演化，衍生出的不同新媒体往往拥有不同的受众群体，媒体联动强调整合各种新媒体的优势信息资源，依据不同新媒体的呈现方式、传播方式对信息资源进行二次深加工，进行二次传播。② 但在多次传播的过程中务必建立媒体联动机制，否则可

① 吴绍忠、李淑华：《互联网络舆情预警机制研究》，《中国人民公安大学学报》（自然科学版）2008 年第 3 期。

② 汪卉、邱新有：《媒体联动与网络舆情传播研究——以“江西夺刀少年事件”为例》，《新闻传播》2014 年第 17 期。

能导致流言蜚语产生。譬如，甘肃宁县校园欺凌事件经过新浪微博用户@天山雄鹰 ZH 以“甘肃女孩被伤”为题爆出该事件，网友大量转载，引发网络舆情短时间爆燃。但在舆情演变过程中，校园欺凌事件的被打原因“1 元钱”“橡皮”“口红”等不同版本的说法甚嚣尘上，多方不一致的原因分析事实上是由媒体联动机制不完善造成的。如果各种新媒体能够快速整合起来，有针对性地破除各种似是而非的说法，就可以更加及时地消除人们的困惑与疑虑，平息各种煽动情绪，不会使五花八门、模棱两可的观点成为舆情。

（三）“两微一端”新媒体与传统媒体融合度不高

虽然当下新兴的“两微一端”新媒体具有传播速度快、影响面广的特点，也吸引了大量广播电视报刊传统媒体受众，① 但传统媒体有自己的优势，比如所发出的报道往往更加注重细节，更加全面。因此，新媒体与传统媒体的协作成为未来媒体的发展方向。在应对突发事件网络舆情时，新媒体与传统媒体可以分工协作，发挥各自优势，正确、及时、细致、全面地引导舆论，防止网络舆情的负面影响。比如，兰州南收费站多车相撞事故初步调查出的原因在于肇事司机的驾驶行为不当，“两微一端”等新媒体虽然及时报道了调查结果，但寥寥数句的事故归因并不能完全打消民众的各种顾虑与猜疑，如大部分网民同时质疑收费站的设计不合理。这时就要发挥广播电视报刊传统媒体的优势，通过政府发言人、评论员、专业人士等在传统媒体上的权威解读，对事故产生的各种主客观原因进行深入分析，从更加全面的视角回应公众的各种关切，也为进一步防止类似事件发生起到警示与监督作用，同时为政府职能部门制定科学决策提供参考依据。

---

① 呼荣梅：《新兴媒体与传统媒体融合发展面临的难点与应对策略》，《西部广播电视》2018 年第 15 期。

（四）“两微一端”网络舆情应对绩效考核评价体系亟待完善

政务“两微一端”在引导突发事件网络舆情中发挥了难以替代的作用，权威的发布及时平息了网络上各种正、负面的主观臆想，流言蜚语止于政府的权威发声。但是，当下部分政务“两微一端”由于缺乏绩效考核评价体系的规约，仍然存在工作随意任性、不规范、不高效的问题。很多政务“两微一端”缺少做好做精平台工作的“精气神”与“硬实力”，导致在一些突发事件网络舆情应对中，政务“两微一端”反应迟钝、做法随意，没有抓住舆情引导的最佳时机与关键着力点。虽然也有一些第三方机构对各种政务“两微一端”的影响力公布排行榜，但排名并不能解决所有政务“两微一端”的建设与评价问题。政务“两微一端”新媒体舆情应对绩效考核评价体系亟待完善，只有这样才能真正提高和增强政务“两微一端”的专业性与战斗力，以更有力地应对突发事件网络舆情。

五　建立健全政务“两微一端”应对突发事件网络舆情的机制

（一）建立事前预警机制，增强舆情监测力和研判力

突发事件网络舆情应对的第一项重要工作就是预警工作。[①] 预警对网络舆情管理人员有哪些要求，需要借助何种手段，有哪些关键要素，都是建立突发事件预警机制需要回答与解决的问题。在突发事件网络舆情预警中，需要配备高素质的网络舆情管理人员，采用数据挖掘、大数据分析等技术手段，找到网络舆情的“导火索”，分析网络舆情生成的内在逻辑关联，这些条件是做好预警工作的基础保障。一是做好突发事件的应

① 周小情、张梅贞：《新媒体时代网络舆情预警机制研究》，《新闻知识》2014 年第 1 期。

急工作，在突发事件发生后，第一时间搜集舆情并做到及时预警，政府可以借助舆情监测预警软件，进行舆情预警设定，当网络上出现先前设定的关键信息时，舆情监测预警软件就可以完成全方位、多层次、全网全时段的突发事件网络舆情采集工作。二是结合“堵”“疏”“转”等多种方式做好突发事件网络舆情预警。“堵”是屏蔽负面信息，把容易造成网民群众逆反心理的信息从源头上切断，防止网络舆情大爆发。“疏”是官方平台及时出面，发布易于被大众接收的信息、正面的公告，引导和缓解民众对突发事件的“信息饥渴”。“转”即通过别的重大活动或事件，转移民众的注意力。三是事后要对突发事件预警的过程进行总结和反思，形成案例，深入分析网络舆情产生的原因，归纳总结在舆情预警过程中得到的经验。

（二）健全媒体运营机制，加强新媒体矩阵体系建设

最大限度提高政务“两微一端”应对突发事件网络舆情的协同效应，需要健全媒体运营机制，加强新媒体矩阵体系建设。首先要在顶层做好新媒体矩阵的体系设计，规划好新媒体矩阵的主干结构；其次要建设好新媒体矩阵的平台工程，使政民互动、服务民众变得更加规范、便捷；再次要建成以省级政府新媒体客户端为核心，以政务微博和微信公众号为侧翼，涵盖地方各级政务“两微一端”，拥有一批优质精品账号，整体协同、响应迅速的政务新媒体矩阵体系。矩阵不能贪多求大，对有矩阵无聚合，不作为、无实效的政务号、政务新媒体要整改或关停，确保新媒体矩阵体系良性健康发展。

（三）完善媒介融合机制，创新媒体融合业态

一是发挥传统媒体细节解读的优势。在应对突发事件舆情时，面对一些模棱两可、捕风捉影的观点扰乱视听，就不能仅凭政务“两微一端”等新媒体向公众释疑，而要发挥传统媒体，比如广播、电视、报纸、宣传标语等的优势，全面、细致、深入地向公众解释个中缘由与事件的来龙去脉，荡涤

流言蜚语的污泥浊水。健全媒介融合机制，创新媒体融合业态，将新媒体与传统媒体结合起来，更好地引导、阐明、应对突发事件舆情。二是处理好“规范”与“创新”的辩证关系。“规范”就是要求媒体人以传播社会主义核心价值观、服务民众生活为初心，要把新旧媒体的综合运用统一到实现初心上。“创新”则要求媒体人紧跟技术进步、社会发展的潮流，不断学习新的信息生产方式与传播方式，构建新媒体与传统媒体深度融合的业态，提升服务水平。

（四）形成新媒体绩效考核机制，驱动政务“两微一端”做好做精

“两微一端”是新媒体的典型代表，已经融入广大民众的日常生活与工作学习中，其多样、便捷的功能满足了人们社交娱乐、交流信息的需要，成为人们社会活动的有机组成部分。[①] 但是，当下一些政务“两微一端”仍然存在重建设、轻评价的问题，导致在一些突发事件网络舆情应对中，工作随意任性、不规范、不高效，没有抓住舆情引导的最佳时机与关键着力点。移动互联时代，人人可以作为自媒体存在，网络信息竞争的即时性、突发事件网络舆情演变的不确定性，更加需要发挥信息收集、加工与报道的整体推进与协作功能，构建个体与集体绩效关联的绩效考核机制成为当务之急。对于信息采编人员的考核可以尝试个人绩效与部门绩效相结合的方式，让部门绩效占个人绩效考核的一定权重，一方面认可个体对于团队工作的贡献，另一方面鼓励信息采集人员深入一线，在信息的源头上产出更优质的内容，从而吸引更多民众。因此，接下来需要健全绩效考核机制，驱动政务“两微一端”做好做精，这样才能真正增强政务“两微一端”的功能，更有力地应对突发事件网络舆情。

① 张思怡、钟瑛：《微信公众号影响力指数建构与量化评估》，《重庆邮电大学学报》（社会科学版）2019 年第 3 期。

参考文献

《习近平在中国共产党第十九次全国代表大会上的报告（全文）》，求是网，http：//www. qstheory. cn/llqikan/2017 - 12/03/c_ 1122049424. htm。

《中华人民共和国突发事件应对法》，中华人民共和国应急管理部网站，https：//www. mem. gov. cn/fw/flfgbz/201803/t20180327_ 231775. shtml。

王文君：《网络突发事件中地方政府应对策略研究》，郑州大学硕士学位论文，2017。

《中共中央关于全面深化改革若干重大问题的决定》，百度百科，https：//baike. baidu. com。

《国家突发公共事件总体应急预案》，百度百科，https：//baike. baidu. com/。

《兰州南收费站多车相撞事故舆情研判》，品略网站，http：//www. pinlue. com/article/2018/11/0722/247489662023. html。

《甘肃 8 岁女孩遭校园欺凌事件持续发酵，真相到底是什么?》，天涯社区，http：//bbs. tianya. cn/post - feeling - 4426193 - 1. shtml。

《甘肃八岁女孩被伤事件舆情分析》，识微商情系统，https：//www. civiw. com/report/20190128103222。

易楚楠：《突发事件中地方政府的危机沟通策略研究——基于广西的案例研究》，广西大学硕士学位论文，2017。

张舟：《高校突发事件网络舆情的演化规律与监控》，《汉字文化》2018 年第 11 期。

杜伟泉：《政务微博与政民互动研究》，《井冈山大学学报》（社会科学版）2016 年第 4 期。

魏辉：《政务新媒体在突发事件中的舆论引领研究》，渤海大学硕士学位论文，2016。

吴绍忠、李淑华：《互联网络舆情预警机制研究》，《中国人民公安大学学报》（自然科学版）2008 年第 3 期。

呼荣梅：《新兴媒体与传统媒体融合发展面临的难点与应对策略》，《西部广播电视》2018 年第 15 期。

周小情、张梅贞：《新媒体时代网络舆情预警机制研究》，《新闻知识》2014 年第 1 期。

赵正先：《新时代推进媒体融合巩固壮大主流思想舆论之我见——以昆明市西山区媒体融合为例》，《新西部》2019 年第 20 期。

张思怡、钟瑛：《微信公众号影响力指数建构与量化评估》，《重庆邮电大学学报》（社会科学版）2019 年第 3 期。

B.13

兰州民众对城市交通建设的感受与评价

张　拓*

摘　要： 城市交通的发展水平是衡量城市建设发展的重要指标。近年来，兰州市的城市交通建设水平不断提升，城市交通环境得到有效改善，对兰州市的社会经济发展起到了积极的推动作用。市民对交通出行需求的增加，为兰州市的城市交通建设提出了新的挑战。本报告在参考已有研究成果的基础上，结合兰州市城市交通建设的现状，通过问卷调查及实地调研的方式了解和掌握兰州民众对城市交通建设的认识和需求，为兰州市城市交通现状存在的问题提出有针对性的意见和建议，为营造良好的城市交通环境提供理论支持。

关键词： 民众　城市交通建设　交通治理

一　调查对象基本情况

兰州市城市交通发展与民众的生活息息相关，了解兰州民众对近几年城市交通建设的感受和评价，掌握民众的实际感受与需求，对进一步完善兰州市城市交通具有重大的现实意义。本报告调研采用社会学问卷调研法和访谈调研法，运用文献分析法对问题进行梳理，使用 SPSS 软件对调研数据进行统计。

* 张拓，法学硕士，甘肃省社会科学院马克思主义研究所助理研究员，主要研究方向为地方法治、社会治理。

本次调查共发放问卷250份，回收问卷247份，有效问卷为242份，问卷回收率为98.80%，有效问卷回收率为96.8%。

本次调查的主要对象为兰州市城关区、七里河区、安宁区、西固区的居民，分为10个社会阶层，按照各区的常住人口比例确定样本容量。其中城关区发放问卷127份；七里河区发放问卷58份；安宁区发放问卷27份；西固区发放问卷38份。问卷调查样本的性别、年龄、文化程度、月收入、阶层如表1所示。

表1　调查问卷统计分布情况

单位：人次，%

		频次	比例
性别	男	155	64.05
	女	87	35.95
年龄	20岁以下	11	4.55
	20~30岁	71	29.34
	30~50岁	93	38.43
	50岁以上	67	27.69
文化程度	初中及以下	32	13.22
	高中／中专／职高	82	33.89
	大专	34	14.05
	本科	79	32.64
	硕士及以上	15	6.20
月收入	1500元及以下	14	5.79
	1501~3000元	67	27.69
	3001~4500元	75	30.99
	4501~6500元	44	18.18
	6501~10000元	28	11.57
	1万元以上	14	5.79
阶层	国家与社会管理者阶层	21	8.68
	经理人员阶层	12	4.96
	私营业主阶层	14	5.79
	专业技术人员阶层	36	14.88
	办事人员阶层	29	11.98
	个体工商户阶层	44	18.18
	商业服务业员工阶层	15	6.20
	产业工人阶层	30	12.40
	农业劳动者阶层	25	10.33
	失业人员阶层	16	6.61

二　问卷调查分析

问卷调查显示，兰州民众对城市交通建设现状的满意程度较高，受访者对城市交通现状表示满意的为52人，占受访者的21.49%；认为比较满意的为77人，占受访者总数的31.81%；认为一般的有89人，占比为36.78%；表示较差的为24人，占比为9.92%（见图1）。

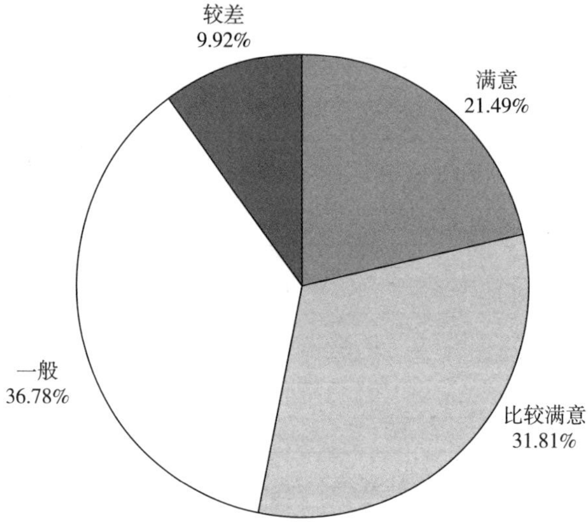

图1　民众对兰州城市交通现状的满意程度

（一）早晚高峰期拥堵现象严重，出行时间成本过高

高德地图与中国社会科学院社会学研究所、未来交通与城市计算联合实验室、阿里云等单位共同发布了《2018年度中国主要城市交通分析报告》，报告基于路网行程延时指数对国内50个大中城市进行比对分析，在该指数的中国堵城排行榜中，兰州路网高峰行程延时指数为1.738，平均车速为23.87km/h，列第21位。

问卷调查显示，七成以上的受访者表示兰州市的城市交通拥堵较为严重。认为交通畅通的为 22 人，占受访人数的 9.09%，认为交通情况良好的为 37 人，占受访人数的 15.29%。31.82% 的受访者认为交通比较拥堵，43.80% 的受访者认为交通非常拥堵（见图 2）。

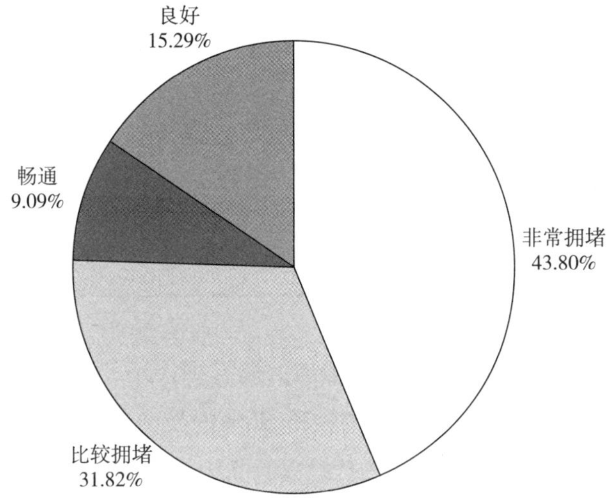

图 2　兰州市城区交通状况调查

兰州市近年来采取多项积极措施缓解早晚高峰拥堵情况：解除外地号牌机动车高峰限行，执行尾号限行措施；运用自主研发的智能交通管控平台，对主干道实行早晚高峰交通信号“慢进快出”的优化策略，通过视频监控调整信号灯时间，缓解道路拥堵情况；交通管理部门落实高峰勤务机制，实行早高峰路口交通秩序整治常态化管控模式，在各主要路口设点加大各类交通违法整治力度，有效缓解了早晚高峰期拥堵现象。

通过调查发现，早晚高峰期是交通拥堵较严重的时间段，在交通拥堵较严重的时间段中，选择 6：30 ~ 9：00 早高峰时段的人数占受访者的 89.67%，选择 17：30 ~ 19：00 晚高峰时段的人数的占比为 77.69%（见表 2）。

表 2　交通拥堵严重时间段调查

单位：人次，%

时间段	频次	比例
6:30~9:00	217	89.67
9:00~11:00	99	40.91
11:00~13:00	106	43.80
13:00~15:00	83	34.30
15:00~17:00	122	50.41
17:30~19:00	188	77.69
19:00~21:00	129	53.31
其他	6	2.48

在交通拥堵导致出行时间成本增加的调查中，18.18%的受访者表示每日出行所耽误的时间在10分钟以内；36.36%的受访者所耽误的时间在10~20分钟；31.82%的受访者选择每日耽误时间为20~30分钟；有13.64%的受访者选择每日耽误时间在30分钟以上（见图3）。

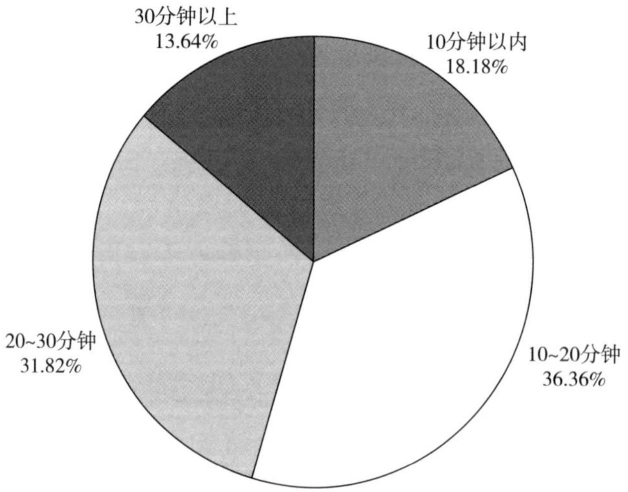

图3　交通拥堵导致出行时间增加调查

（二）路网规划不合理、道路维护修缮过于频繁、机动车保有量过高、公共停车场地不足是兰州市城市交通建设存在的主要问题

在兰州市城市交通建设存在的主要问题调查中，选择路网规划不合理的有 200 人，占 82.65%；认为道路维护修缮频繁的有 171 人，占 70.66%；认为机动车保有量过高和公共停车场地不足的分别占 66.12% 和 76.45%；选择机动车道与非机动车道设置不合理的有 117 人，占受访者的 48.35%；认为公交系统不完善的有 119 人，占 49.17%；认为违章现象时有发生和交通信号灯设置不合理的分别占 45.87% 和 44.21%（见图 4）。

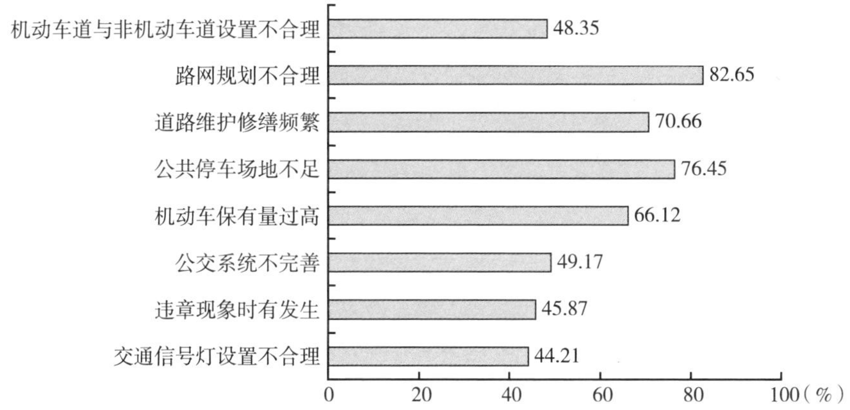

图 4　兰州市城市交通建设存在的主要问题

1. 路网规划不合理

截至 2018 年，兰州市城区道路全长约 1260 公里，城区跨黄河大桥 10 余座，人行过街天桥和地下通道 100 余座。九条主干道构成东西方向的交通主框架，九条主干道分别为：南滨河路、北滨河路、北环路、南环路、西固路、安宁东西路、西津东西路、庆阳路、东岗东西路。黄河两岸以十座跨黄河大桥为连接点构成了南北方向的主要交通网，十座黄河大桥分别为：西沙黄河大桥、深安黄河大桥、银滩黄河大桥、七里河黄河大桥、小西湖黄河大

桥、中山桥、元通黄河大桥、城关黄河大桥、中立黄河大桥和雁滩黄河大桥。南北绕城高速的建设及轨道交通的开通运营使兰州市的立体交通网络逐步完善。

通过对受访者的调查了解到，兰州市的路网规划存在的问题有以下几点。一是路网结构单一，路网功能不健全。二是路网布局缺乏长期规划性，断头路、瓶颈路仍然存在。三是路网系统平面化，高架桥数量较少，不能有效连接各个区域形成立体道路网络。四是路网比例失调，缺乏城市快速道路，次、支干道与主干道连接不畅，起不到集散车辆、缓解交通压力的作用。

2. 道路维护修缮过于频繁

近年来，兰州市空气质量明显好转，降雨量持续增加，尤其是在汛期，降水、极端天气均有增加，导致路面坍塌事故频发，道路积水现象严重。北环路曾多次发生山体滑坡事件，导致车辆无法通行，给市民的交通出行带来了不便。

部分受访者表示，道路养护工程的施工时间长，长期占用城市道路，极易造成交通堵塞和安全事故，频繁的道路维护和修缮及长期的轨道交通建设工程是造成兰州市交通拥堵的很大原因。负责道路养护的相关部门和单位要在质量上做到严要求、严把关，避免出现重复修缮和多次返工的现象，要做到及时掌握路面状况，排除道路安全隐患，保证路面的平整、卫生，让市民舒心出行。交通主管部门要对施工路段及时疏通引导，及时更新路情、路况，引导车辆分流，保证车辆正常通行。

3. 机动车保有量过高，公共停车场地不足

截至 2018 年 10 月，兰州市的机动车保有量为 104 万辆，小汽车保有量超过 70 万辆。相较于 2013 年的保有量翻了一番。全市现有 28599 个公共停车泊位，占小汽车保有量的 4.08%，远低于每百辆小汽车停车位不少于 20 个的国家规定标准。机动车保有量过高、公共停车场地不足导致城区车辆乱停乱放现象严重，道路空间不断被侵占，车辆正常通行受到影响。

为解决“停车难”的问题，兰州市出台了《兰州市机动车停车场管理

办法》《兰州市公共停车场（库）建设审批办法》等管理办法和政策，成立了停车场建设服务大厅，向社会提供停车设施建设咨询、受理、联审联批等一站式服务。加快建设兰州市智慧停车信息综合管理服务平台，结合兰州市区道路交通特点，科学规划，确定24小时禁停、限时停车、夜间停车等路段，分类规范，严格管理，提升路面停车管理工作规范化水平。

为解决“乱收费”的问题，兰州市于2019年正式启用新“停车场收费公示牌”，要求各停车场（所）经营者严格执行规定的收费标准，不得擅自提高标准多收费，切实维护停车场（所）经营者和消费者的合法权益，严厉打击欺行霸市等各类违法行为。

（三）公共交通建设及服务水平有待提升，地铁出行成为新潮流

公共交通的发展能最直观地反映城市整体面貌的变化与发展，是城市交通建设的主阵地。近年来，兰州市从解决市民最关心、最直接、最现实的出行利益问题入手，全力打造“精致公交”，不断提升城市公共交通供给能力，通过大力推广低能耗、低排放新能源公交车，引进掌上公交系统，提升公交服务质量，以多种手段打造公交优先的“协调工程”。轨道交通1号线的运营开通，标志着兰州正式迈入“地铁时代”。

调查问卷结果显示，兰州市民的出行方式以公共交通为主，选择公共交通为主要出行方式的人数较多。其中选择公交车的为88人，占36.36%；选择地铁出行的为67人，占受访者人数的27.69%；选择出租车和自行车为主要出行方式的人数分别为26人和17人，占10.74%和7.02%；选择自驾或摩托车出行的为33人，占13.64%；选择以步行为主要出行方式的为11人，占4.55%（见图5）。在兰州城市公共交通系统整体建设及服务水平满意度问卷调查中，对目前兰州市公共交通建设及服务水平表示满意的受访者中表示非常满意的为45人，占18.60%；表示比较满意的为63人，占26.03%；认为公共交通建设及服务水平一般的为86人，占受访者人数的35.54%；表示不满意的为48人，占19.83%（见图6）。

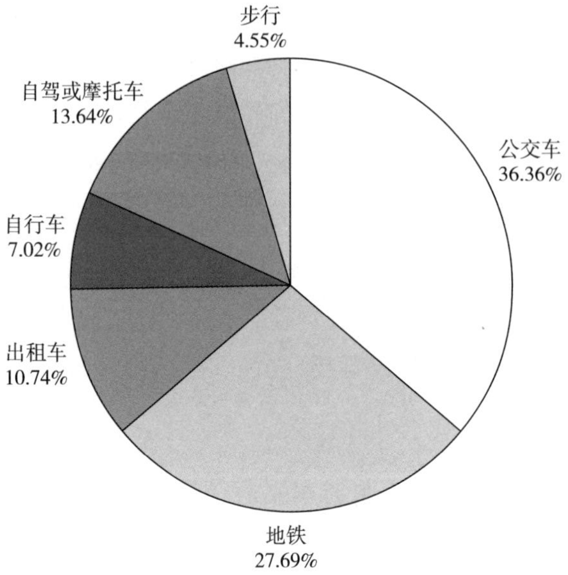

图5　主要交通出行方式调查

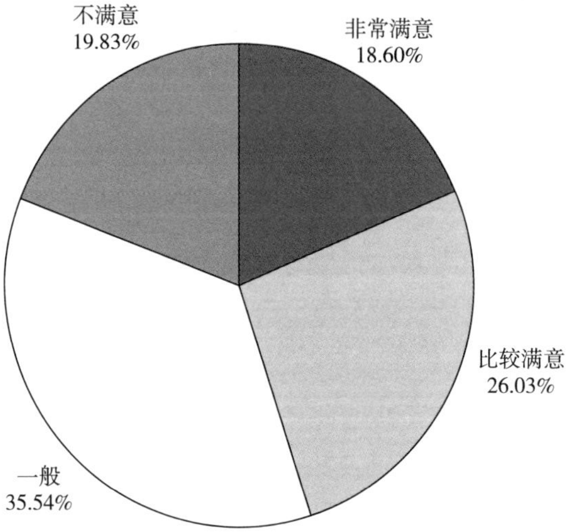

图6　城市公共交通建设及服务水平满意度调查

1. 持续提升公交服务质量，加强出租车规范管理

据统计，兰州市现有公交线路134条，公交车数量为3029台左右，日

均运送乘客 215 万人次，年客流量为 7.86 亿余人次。运营线路总长度为 4110 公里，运营车辆为 3011 台，其中新能源车辆为 1303 台，占全市出行分担率的 32.3%，平均每车每日载客量在 800 人次以上，中心城区公交站点 500 米覆盖率达到 84.5%。水上巴士于 2014 年 6 月开通，运营线路为 3 条，年载客量超过 20 万人次，不仅为市民出行提供了方便，也满足了外地游客游览黄河的需求。

调查问卷显示，受访者对乘坐公交车的方便程度认可度较高，认为乘坐公交车非常方便的为 43 人，占受访者总人数的 17.77%；认为比较方便的达到 131 人，占 54.13%；认为一般和不方便的分别为 50 人和 18 人，占 20.66% 和 7.44%（见图 7）。在对公交车（站）硬件设施建设的满意度调查中发现，受访者对兰州市公交车（站）的硬件设施建设现状满意度不高，选择非常满意的为 33 人，占 13.64%；选择比较满意的为 69 人，占 28.51%；认为一般的达到 105 人，占受访者人数的 43.39%；认为不满意的为 35 人，占 14.46%（见图 8）。

在调查采访中发现兰州市公交建设和服务主要存在的问题有以下几点。一是线路规划不合理，公交线路的布局和选择缺乏整体规划性，市区及主干道公交线路过多，线路重复系数大，郊区及偏远地区覆盖面不广，公交盲区现象依然存在。二是公共交通服务水平较低，公交车及站台设施的更新维护较为滞后，公交专用道设置不合理，公交优先的保障措施落实不到位。三是市区内地铁站、机场、火车站、高铁站、汽车站、公交枢纽站等公共交通资源之间衔接方式过于单一、路网不畅，地面交通的接驳换乘无法做到无缝衔接。

兰州市于 2017 年 1 月 1 日起正式施行《兰州客运出租汽车管理条例》，规范出租车行业。2019 年，甘肃省政府办公厅印发了《关于进一步加强出租汽车行业管理工作的意见》，进一步深化出租车行业改革，完善出租车价格形成机制和利益分配机制，引导巡游出租车与网约车良性竞争，优化出租车企业营商环境，加大非法营运活动的处罚力度。截至 2019 年 3 月，兰州市共有营运出租汽车 10151 辆，万人保有量为 27.23 辆，满足《城市道路交

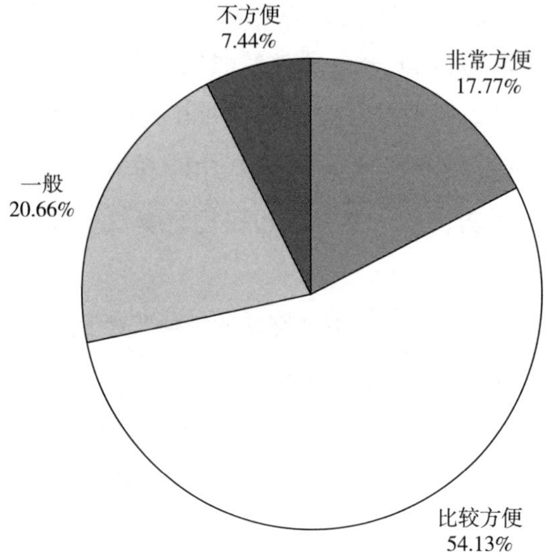

图 7　乘坐公交车方便程度调查

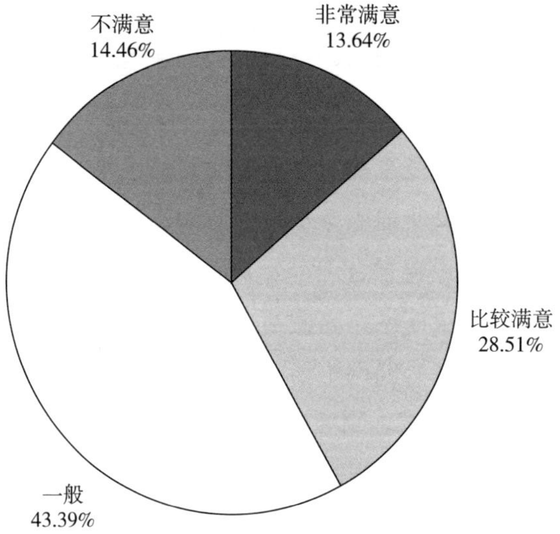

图 8　对公交车（站）硬件设施建设的满意度调查

通规划设计规范》（GB 50220－95）大城市不低于 20 辆/万人的标准，符合甘肃省交通厅确定的省内城市每万人有 20～30 辆的标准，基本满足市民个性化出行需求。在轨道交通1号线开通前，出租车以“门到门”的优势挑起高铁站输送旅客的重担，兰州市采取公司包干制、高峰时段抽调运力、号牌扫描统计进站车辆等措施，确保到站高铁旅客快速输送。截至2018年7月，兰州市出租汽车行业累计完成兰州高铁旅客输送量1000万人次，日均进入兰州西站出租车为6500辆次，出色地完成了高铁运力保障工作。

兰州市于2017年4月出台了《网约车管理实施细则》，已有13家网约车平台公司取得了兰州市“网络预约出租汽车经营许可证”。网约车实行市场调节价，各网约车平台都已上线了公开定价机制，但定价标准略有不同。受访者表示，相较传统巡游出租车，网约车在车内卫生状况、方便程度等方面表现较好；价格方面，短途费用要比传统出租车高一些，长途费用性价比较高，公开透明的乘客评价系统和定价标准也为网约车的服务提供了保障。

受访者在访谈中表示，兰州市的出租车运营和服务仍存在许多问题：早晚高峰“打车难”问题突出；出租车随意停靠拉客、违法停车现象频发；部分出租车驾驶员素质不高，服务意识不强；出租车交通事故频发率过高；驾驶员遵守交通法规意识淡薄；政府对出租车行业的管理不够规范、合理化。

2. 地铁出行成为市民出行新选择

2019年6月23日，兰州轨道交通1号线一期工程开通试运营，金城兰州正式迈入“地铁时代”。兰州轨道交通1号线东起城关区东岗，西至西固区陈官营，全线正线长约25.9公里，全部为地下线，共设20座车站，地铁试运营首周，客运量为144.7330万人次，日均客运量为18.0916万人次，列车正点率和运行图兑现率均达100%。轨道交通1号线的开通试运营成为兰州市民新的出行方式，兰州市正式步入轨道、公交、慢行三网融合的公共交通立体时代。

调查问卷显示，233位受访者认为乘坐地铁的主要原因是地铁速度快，占受访者总数的96.28%，地铁的开通大大降低了市民出行的时间成本；选择安全舒适的为192人，占79.34%；选择转乘方便的为75人，占

30.99%；认为环境整洁和不拥挤是乘坐地铁主要原因的人数分别为147人和88人，占60.74%和36.36%；选择其他原因的人数为46人，占受访者人数的19.01%（见图9）。

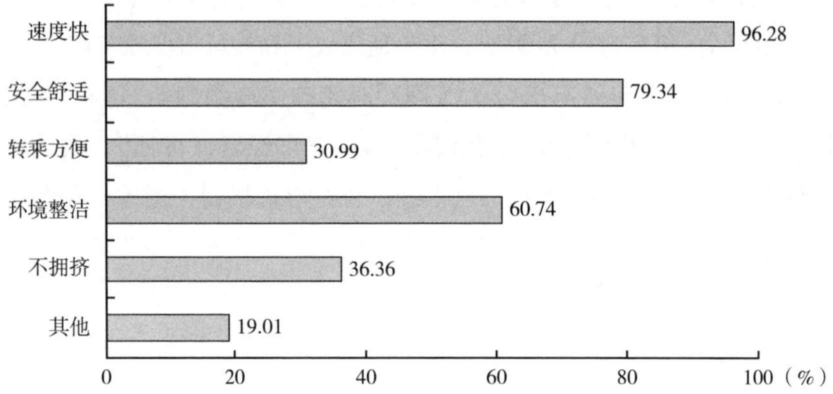

图9 乘坐地铁原因调查

在兰州市轨道交通（地铁）建设还存在的问题的调查中，117个受访者认为地铁票价过高，占受访者总数的48.35%。兰州轨道交通1号线的起步价为2元，起步里程为4公里，全线最高票价为7元，相较于其他开通地铁的城市，价格适中。34位受访者表示地铁站内外引导标识不清晰，占14.05%。49人认为售票系统不够方便快捷，占20.25%。兰州地铁采用自助式售票方式，站点都设置了自助购票机，支持现金或二维码扫码支付，乘客也可以选择“交通一卡通”、“兰州轨道”App、信用卡、银联手机闪付等快捷乘车方式出行。84人认为地铁站工作人员服务水平不高，占34.71%。43人认为环境秩序及卫生状况不好，占17.77%。135人认为换乘其他交通工具不方便，占55.79%。轨道交通1号线的运行线路集中在市区中心路段，路面交通复杂，与部分公交运行线路重复，应加强与内外交通枢纽的连接，在站外增设公共自行车租赁点，形成城市客运转乘立体网络。99人认为市民对地铁的安全常识了解不够，占40.91%。兰州地铁开通运营时间短，市民对地铁相关的安全常识了解不够，政府应加大对地铁安全常识的宣传力度，让市民做到文明出行、安全出行。76 人认为轨道交通列车首末班时间设置不合理，占 31.40%（见图 10）。兰州轨道交通列车首末班车发车时间为 6：30、22：30，上线列车在高峰时段为 17 列，行车间隔 6 分 20 秒，基本符合大部分市民的出行需求。

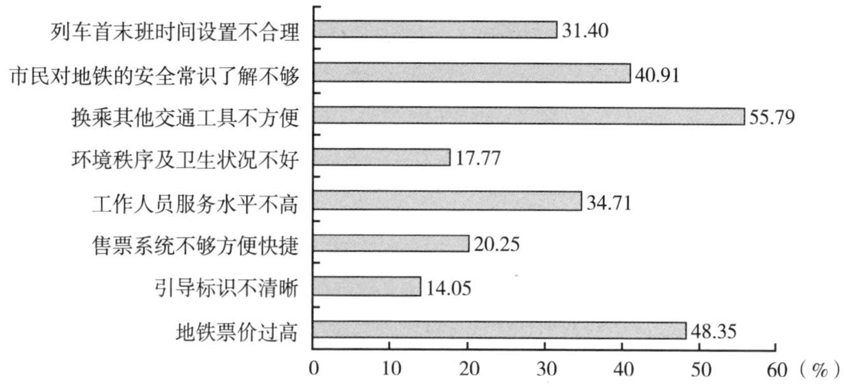

图 10　兰州市轨道交通建设存在的问题调查

3. 公共自行车谢幕，共享单车市场趋于稳定

2014 年，兰州市公共自行车系统开通运营。截至目前，运营最高峰累计投放公共自行车万余辆，累计租用人次为 4800 万余次，投放服务网点 376 个，有效解决了市民“最后一公里”出行问题。2017 年 3 月共享单车正式登陆兰州，其灵活的运营模式和便捷优惠的措施给兰州公共自行车的运营带来了巨大的冲击。通过近几年的发展，兰州市公共自行车租赁系统设备已趋于老化，骑行安全风险增高，整体使用情况下滑，而各类共享单车陆续出现并不断“升级换代”，在功能和服务上逐渐取代了公共自行车。2019 年 8 月 24 日，陪伴了兰州市民 5 年多的兰州市公共自行车租赁系统宣告关闭。

共享单车经过几年来一轮轮的市场洗礼，行业的竞争环境和市场格局趋于稳定。酷骑单车、ofo 小黄车逐渐退出了人们的视野，哈罗、摩拜、青桔等品牌，通过健康、可持续的运营逐渐占领市场。兰州市城区目前规划近 3000 个单车停放点位，可供约 10 万辆共享单车停放。政府与共享单车企业共同合作，通过智能化技术手段实现单车的科学投放与智能化高效管理；利用大数据优势，精准调度车辆，实行网格化管理；通过共享单车专项整治活动，规范单车停放，营造洁净有序环境；共享单车的使用率不断提高，基本满足了兰州市民的出行需求。在使用共享单车存在的问题的问卷调查中，40.91%的受访者表示停放点与实际目的地较远；31.82%的受访者认为存在无车可租的现象；14.05%的受访者表示系统故障多；34.71%的受访者认为单车零部件故障率较高；45.87%的受访者表示租赁程序过于复杂；53.31%的受访者认为租赁使用费用过高；11.16%的受访者选择了其他原因（见图11）。

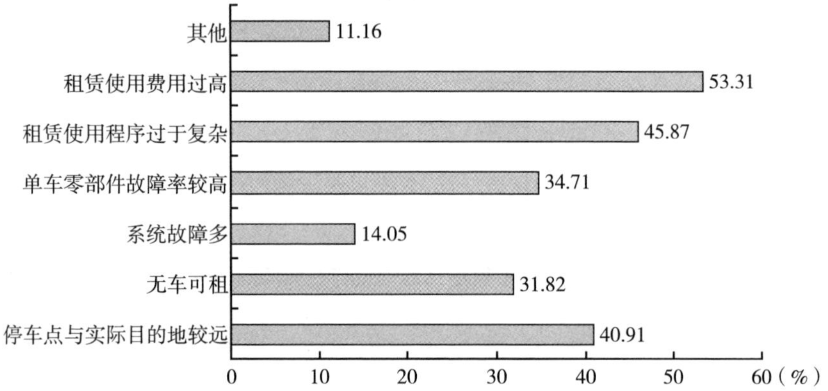

图11　共享单车使用中存在的问题调查

三　完善兰州市城市交通建设的对策及建议

（一）合理规划城市交通，加大基础设施投入力度

一是加强城市交通的整体规划。在城市交通建设的过程中不能只考虑局部利益，要以全局性和整体性为出发点，做好建设规划，协调好道路交通与其他社会因素的关系，保障城市交通的快速发展。尤其是要处理好中心城区与郊区的道路交叉问题，实现轨道交通与其他地面交通的无缝衔接，对车流和人流进行合理分流，减少城市中心区的交通压力。二是改进城市道路交通规划。加快建设城市立体交通网络，加快南北环路与中心城区出入口的对接

工作，改善高速公路出入口车辆拥堵状况，打通断头路、瓶颈路，增强道路的通行能力；完善行人上跨下穿工程，合理设置地下通道、人行过街天桥和人行横道，保障行人的安全出行；加强公共停车场管理，引进发展先进的停车设施，对部分道路实行错时停车、归类停车、分段停车，有效利用道路资源，鼓励和引导企业的停车场对外开放。三是加大基础设施的投入力度。加快跨河大桥、高架桥、人行天桥、轨道交通、快速公交等交通设施建设发展，对公共交通站台及设施及时修护更新，对交通信号灯、指引标识牌、道路标志线要及时更新亮化，尤其是要加快建设城市交通与城际交通间、城乡交通间的道路衔接。

（二）打造“精致公交”，推广绿色出行

调整结构，优化路线，完善公共交通立体网络。及时调整公交线路，减少与轨道交通重复的线路，做好与轨道交通的零换乘。合理设置公交线网和公交站点，避免出现公交盲区。做好城乡公共交通延伸工作，合理运用过剩运力补充公交服务盲点。形成以轨道交通为龙头、以地面交通为主体的立体公共交通网络。

加强公交场站建设，保障公交路权优先。大力推进公交场站建设，合理选址规划公交枢纽站，做好公交枢纽站与其他公共交通的换乘工作。加快快速公交、公交专用道、公交港湾的建设改造速度，保障公交路权优先，提升公交运行的畅通性、安全性和准时性。

推广绿色出行，合理控制机动车数量。大力推行绿色出行，对公交车辆及时更新换代，选用电动、混合能源等新能源车辆开展运输工作。加强对自行车出行的监督管理，加强对共享单车行业的调控和引导，优化自行车市场环境，合理规划自行车专用道，引导市民安全骑行。合理把控机动车数量的增长速度，完善机动车限行管理措施，引导市民规范使用机动车。

（三）提高交通服务及执法水平，引导市民参与交通治理

加大对兰州市城市交通建设的投资力度，建立以交通部门为主体，其他

相关部门协调配合的综合服务管理机构，明确各部门分工，加强部门之间的协调配合。加快城市交通网络智能化建设，提高交通治理的科技管理水平，实现智能化管理和调控。完善交通法规，提升交通执法水平，加大对车辆管理、交通安全事故、交通秩序管理的执法力度。增强市民文明交通意识，引导社会公众参与交通治理。加大对交通安全宣传的力度，提高市民遵守交通法规的自觉性。积极引导公众参与城市交通建设，政府部门负责协调和引导公众参与，提高公众参与城市交通治理的有效性，健全和完善公众参与相关保障机制，调动公众参与热情，提升公众参与能力。

B.14
甘肃法治政府建设的进展与成效评估

梁海燕*

摘　要： 近年来，甘肃法治政府建设沿着社会主义法治道路，换挡提速，砥砺前行，成效显著。问卷调查结果显示，被访者总体认可本地法治政府建设工作，肯定依法行政的进展，对法治政府建设各项工作满意度较高。但法治政府建设是一项刀刃向内的自我革命，需要多年扎实细致的工作，新时代将甘肃法治政府建设向前推进，要坚持问题导向，精准施策，从“放管服”改革、作风建设、规范执法、行政决策、行政监督等方面发力，切实提高法治政府建设的实效。

关键词： 法治政府　进展　评估

法治是人类政治文明发展的必然，“奉法者强则国强”。建设法治政府是依法治国的重要内容，是新时代中国特色社会主义的本质要求和重要保障。改革开放特别是党的十八大以来，在全面依法治国的号角声中，甘肃法治政府建设以习近平新时代中国特色社会主义思想为指导，换挡提速，砥砺前行，在制度建设、规范执法、政务公开、权力监督、法治意识等方面取得一系列理论、制度和实践成果，为建设幸福美好新甘肃创造了良好的法治政务环境。为了全面反映新时代甘肃法治政府建设的新实践、新进展，本课题从民众舆情评价的视角，调查民众对甘肃法治政府建设进

* 梁海燕，法学硕士，甘肃省社会科学院助理研究员，主要研究方向为地方法治、法社会学。

展与成效的评价，以客观分析和评价甘肃法治政府建设的成就和问题，并针对存在的问题号脉问诊，进一步加快甘肃法治政府建设，提高政府依法行政水平。

一 被访者的基本情况

2019 年 8 ~9 月，课题组在甘肃省兰州市、天水市、武威市等地进行了问卷调查，辅以座谈访谈。调查共发放问卷 250 份，回收有效问卷 238 份，有效问卷回收率为 95.2%。被访者基本情况为：男性占 57.14%，女性占 42.86%；18 ~25 岁占 25.21%，26 ~35 岁占 33.61%，36 ~45 岁占 29.41%，46 ~60 岁占 11.76%；小学文化程度占 1.68%，初中文化程度占 7.56%，高中（职中）文化程度占 19.75%，大专文化程度占 22.69%，大学本科文化程度占 40.76%，研究生以上文化程度占 7.56%；企业职工占 18.49%，农民（农民工）占 7.56%，个体户、私营企业者占 15.13%，商业服务业人员占 15.55%，专业技术人员占 20.59%，党政机关工作人员占 16.81%，其他占 5.88%（见表 1）。

表 1 被访者的基本情况

单位：人，%

		人数	比例
性别	男	136	57.14
	女	102	42.86
年龄	18 ~25 岁	60	25.21
	26 ~35 岁	80	33.61
	36 ~45 岁	70	29.41
	46 ~60 岁	28	11.76
文化程度	小学	4	1.68
	初中	18	7.56
	高中(职中)	47	19.75
	大专	54	22.69
	大学本科	97	40.76
	研究生以上	18	7.56

续表

		人数	比例
职业	企业职工	44	18.49
	农民(农民工)	18	7.56
	个体户、私营企业者	36	15.13
	商业服务业人员	37	15.55
	专业技术人员	49	20.59
	党政机关工作人员	40	16.81
	其他	14	5.88

二　民众对甘肃法治政府建设进展的舆情评价

近年来，甘肃省全面落实《法治政府建设实施纲要（2015—2020年）》《甘肃省法治政府建设实施方案（2016—2020年）》，在依法治国实践中聚焦矛盾、针对问题、深化改革、务实前行，法治政府建设成效明显，营商环境持续优化，各级政府依法行政水平不断提高，民众的满意度和获得感较高。

（一）八成以上民众认可本地法治政府建设工作，肯定依法行政的进展

近年来，甘肃省以建设职能科学、权责法定、执法严明、公开公正、廉洁高效、守法诚信的法治政府为目标，深入推进依法行政，在全面履行政府职能、依法科学民主决策、提高政府立法质量、推进规范执法、强化对行政权力的制约和监督、深化政务公开、加强和创新社会治理、提高依法行政观念和能力等方面协同推进，步调稳健，亮点突出，呈现全面推进的良好态势，一些地方法治政府建设走在前列。如2017年嘉峪关市委托第三方对全市法治政府建设进行了评估，成绩为95.17分，展现了法治政府建设的成就。问卷调查中，就“您对本地区推进法治政府建设的基本评价如何”，26.90%的被访者认为“好”，55.88%的被访者认为“比较好”，合计占82.78%（见图1）。

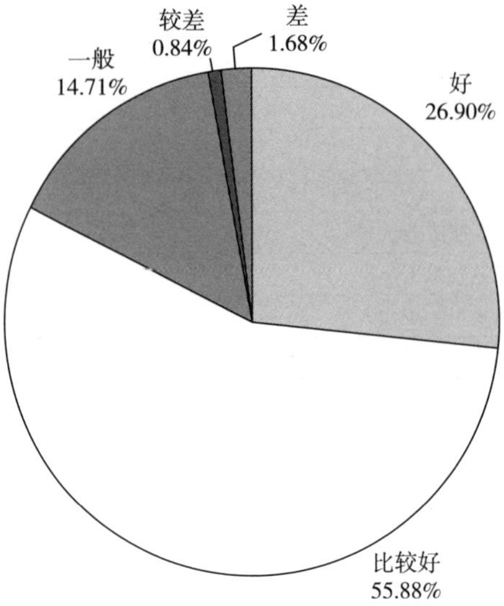

图1　被访者对本地区推进法治政府建设工作的评价

问卷调查中，问及“您认为当地政府依法行政与前几年相比进展如何”，33.19%的被访者认为“进展明显”，47.06%的被访者认为“有进展，进展不大”，13.03%的被访者认为“进展一般”，6.30%的被访者认为“没什么进展”，0.42%的被访者认为“越来越差”（见图2）。近年来，在全省各级政府的不懈努力下，甘肃法治政府建设在政务改革、规范执法、政府信息公开、法治宣传等方面取得明显进展，得到多数被访者肯定，民众的法治获得感得到提升。

民众对行政机关的满意度体现着民众对政府的信任度，也是衡量政府法治建设成效和政府公信力的重要标准。问卷调查结果显示，大量被访者对当地行政机关依法行政工作表示满意。如“您对行政机关依法行政满意度的评价”，25.63%的被访者表示“满意”，55.04%的被访者表示“比较满意”，合计占80.67%，另有13.03%的被访者表示“一般”，4.20%的被访者表示“不太满意”，2.10%的被访者表示“不满意”，反映出民众总体认可当地行政机关依法行政工作。

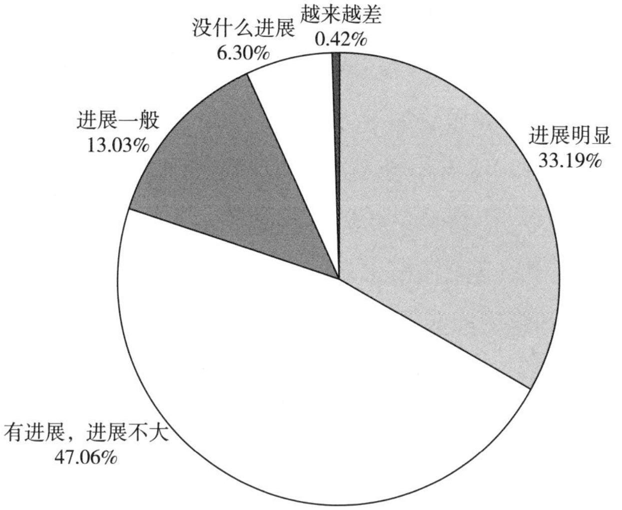

图 2　被访者对当地政府依法行政与前几年相比进展的评价

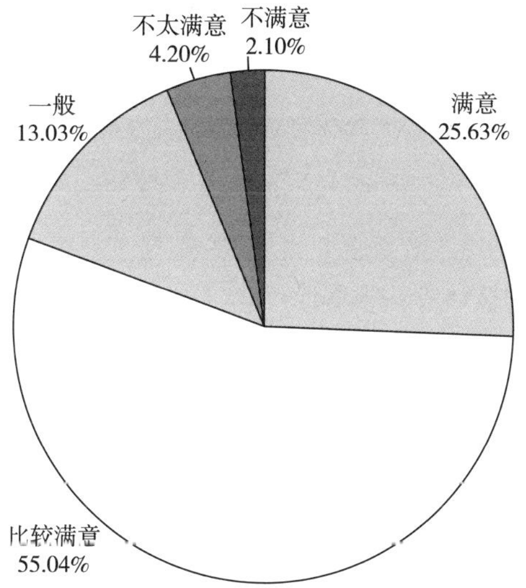

图 3　被访者对当地政府依法行政满意度的评价

（二）各级政府简政放权、深化改革、推动依法全面履行职能，民众评价度较高

依法全面履行政府职能是法治政府建设的内在要求。近年来，甘肃省将

深化“放管服”改革作为推进政府职能转变的关键举措，持续简化办事流程、缩短办事时间、减少办事环节、优化政务服务、创新办事方式，政府行政效能得到提高。主要做法如下。一是实行“三张清单一张网”，不断推进简政放权。2011～2018年，全省累计取消、下放行政审批事项22批2175项，减幅达到94%。[①] 为减少群众办事堵点、痛点问题，开展“减证便民”专项行动，证明事项实现清单化管理。问卷调查中，被访者对本地政府推进“放管服”改革和减少证明事项改革的满意度都比较高，有15.97%的被访者认为本地政府部门“放管服”改革“进展快”，64.71%的被访者认为“进展比较快”，合计占80.68%；13.07%的被访者认为本地政府部门减少证明事项改革“进展快”，56.72%的被访者认为“进展比较快”，合计占69.79%（见图4）。二是规范政务大厅建设和管理服务，推行“一窗办、一网办、简化办、马上办”改革，及“一窗受理，集成服务”等便利化改革，努力实现让群众“最多跑一次”的目标。至2018年底，1644件政务服务事项实现一次办结，企业开办时间压缩到8.5天，不动产登记5天内办结，民众满意度较高。问卷调查中，80.25%的被访者认为本地政府行政服务中心（服务大厅）的办事效率“高”和“比较高”（见图5），62.18%的被访者认为当地政府的行政服务中心（服务大厅）能够实现“一窗办、一网办、简化办、马上办”，81.93%的被访者认为本地行政机关工作人员服务态度“积极热情”和“比较热情”。三是加快推进“互联网+政务服务”。目前，省级政务信息资源共享平台实现与国家平台互联互通，一半以上市级平台实现与省级平台对接，网上政务服务能力大幅提升。至2018年底，全省7.94万项政务服务事项可在网上办理，网上办件量达到78.9万件，[②] 全国31个省份中甘肃省级政府网上政务服务能力总体排名第16，[③] 实现了数据多跑路、群众少跑腿。

---

① 《全面推进“四办”改革持续推进简政放权——省政府2018年依法行政工作成效明显》，《甘肃日报》2019年5月17日。

② 《2018年甘肃省取消证明事项987项》，《甘肃经济日报》2019年3月29日。

③ 《省级政府网上政务服务能力调查评估报告（2018）》，中国电子政务网，http：//www.e-gov.org.cn/article-166521.html。

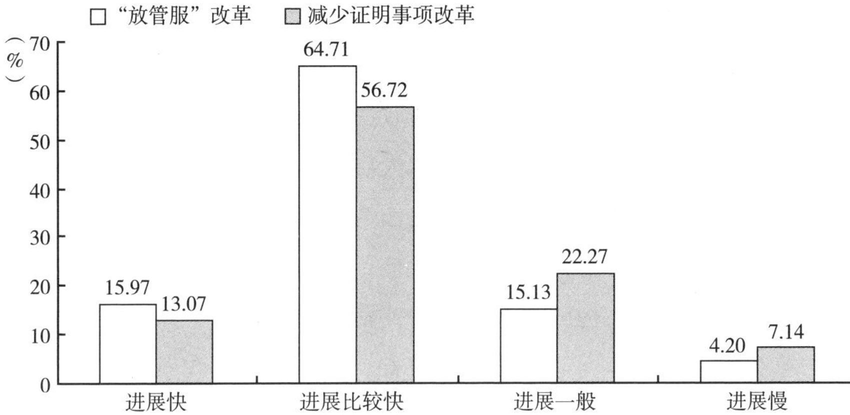

图 4　被访者对本地政府部门"放管服"改革和减少证明事项改革的评价

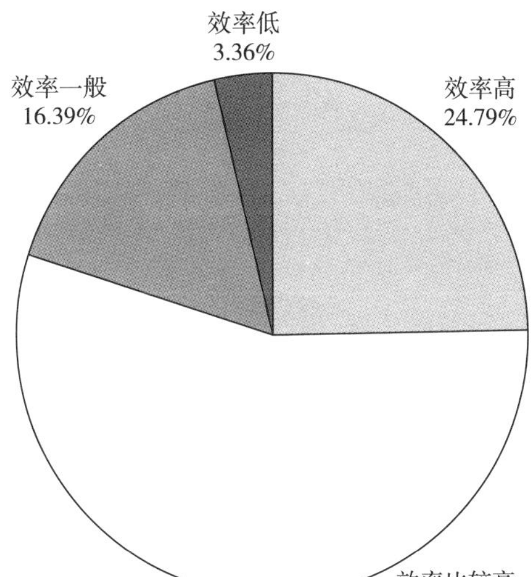

图 5　被访者对本地政府行政服务中心（服务大厅）办事效率的满意度

（三）七成以上被访者对当地政府依法科学民主决策满意

行政决策是法治政府建设的关键环节。近年来，甘肃省各级政府不断健全依法科学民主决策机制，将公共参与、专家论证、风险评估、合法性审查和集体讨论决定作为重大决策的必经程序，对政府重要行政行为、重大投资项目、行政合同等由法制机构从合法性、可行性、法律后果等方面进行合法性审查。各地积极探索重大行政决策风险评估，普遍推行行政决策后评估制度，省、市、县、乡四级重大决策、重大项目、重大合同等实现评估全覆盖，张掖市政府将风险评估作为决策出台的前置程序，白银市将风险评估化解纳入年度目标责任制考核，定西市建立部门论证、专家咨询、公众参与和专业机构测评相结合的评估机制。推行法律专家咨询委员会、法律智库、法律顾问等制度，目前省、市、县三级政府法律顾问实现全覆盖，乡镇法律顾问在逐步推进。省司法厅开展“一村一法律顾问”工作，张掖市推行法律顾问“一对一”保障服务工作机制，兰州市出台法律顾问工作管理办法，发挥“外脑”作用，提升了行政决策质量。问卷调查中，七成以上被访者对当地政府依法科学民主决策表示满意，其中21.42%的被访者表示“满意”，49.16%的被访者表示“比较满意”（见图6）。

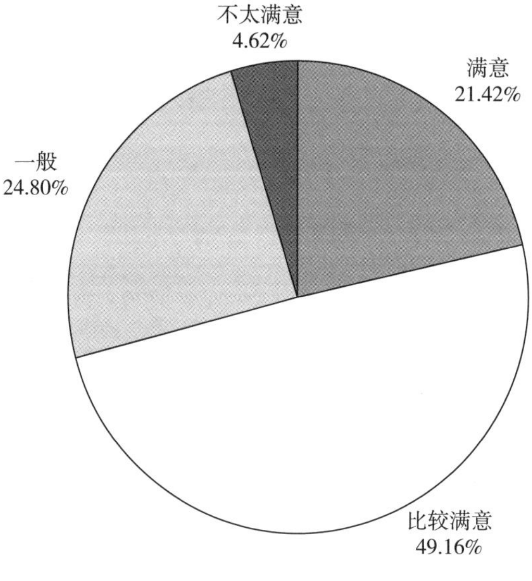

图6　被访者对当地政府依法科学民主决策的满意度

（四）各级政府严格规范文明执法，七成以上被访者评价较高

“法贵必行”，行政执法是直接贴近群众，群众感触最为明显的。近年来，甘肃省制定《甘肃省重大行政执法决定法制审核办法》《甘肃省行政执法信息公示办法》《甘肃省行政执法全过程记录办法》，构建起规范行政执法制度体系的“四梁八柱”。各级政府在依法行政中，全面落实行政执法公示、全过程记录、重大执法决定法制审核三项制度，规范执法和依法行政的实效不断提升，2017 年“甘肃省城市管理行政执法指南”项目获第四届“中国法治政府奖”，2018 年临夏回族自治州“以地为主，兼顾房屋”的征地拆迁补偿模式项目获第五届“中国法治政府奖”。甘肃省自 2017 年被国务院确定为重大执法决定法制审核制度试点省份以来，各级政府积极创新，促进规范执法，如金昌市从非执法人员中确定法制审核员、张掖市将法律顾问确定为审核员、天水市建立了重大执法决定备案和定期通报制度、省发改委编制了审核目录清单、省审计厅将审计项目列入审核目录。同时，《甘肃省城市管理行政执法人员文明执法规范》《甘肃省城市管理行政处罚文书制作规范》等制度规范的出台，进一步明确了行政处罚自由裁量权，促进了规范执法。各级政府、部门普遍建立行政执法听证制度，采用“指尖政务”、“网上办案”、网上考评等方式在规范执法中提升服务水平，并建立执法人员信息管理系统，对执法人员资格审查、信息管理、信息查询、教育培训、考试考核等实行网络化管理，未取得执法资格的不允许从事执法活动，推进了严格规范文明执法。总体上，甘肃法治政府建设实效在依法行政实践中不断提升，受到群众的好评和赞誉。问卷调查中，七成以上被访者对行政机关规范执法的评价度高，其中，25.63% 的被访者认为“好”，51.68% 的被访者认为“比较好”，合计占 77.31%；认为“较差”和“差”的仅占 4.20%（见图 7）。

（五）信息公开全面推进，八成以上被访者表示满意

信息公开是法治政府建设的重要衡量标准。近年来，甘肃省严格落实

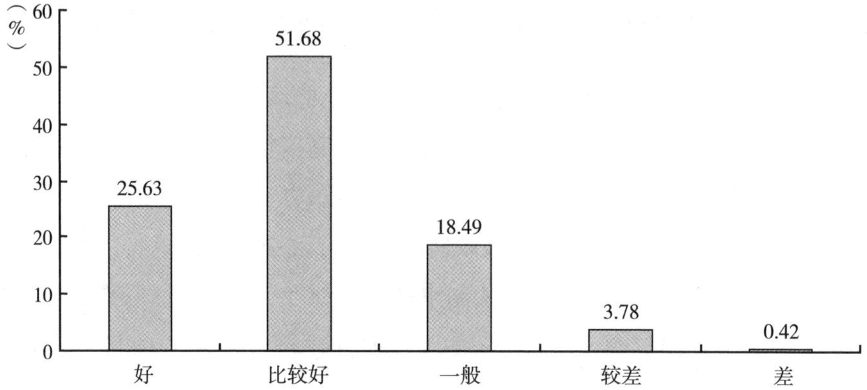

图7　被访者对行政机关规范执法的评价

《政府信息公开条例》，持续深化政府信息公开，在提升服务水平、制度建设、搭建平台、主动公开、回应关切等方面积极作为，并把政务公开纳入对市州和省政府部门年度绩效考核中，成效明显，服务实效不断提升。从2014～2018年政府信息公开情况来看，甘肃省各级政府主动公开信息数量持续攀升（见图8）。2018年，全省各级政府及其部门收到的政府信息公开申请为2333件，是2008年6件的389倍。在2018年国务院办公厅政府信息与政务公开办公室组织开展的第三方评估中，甘肃省年度报告、平台建设、监督保障机

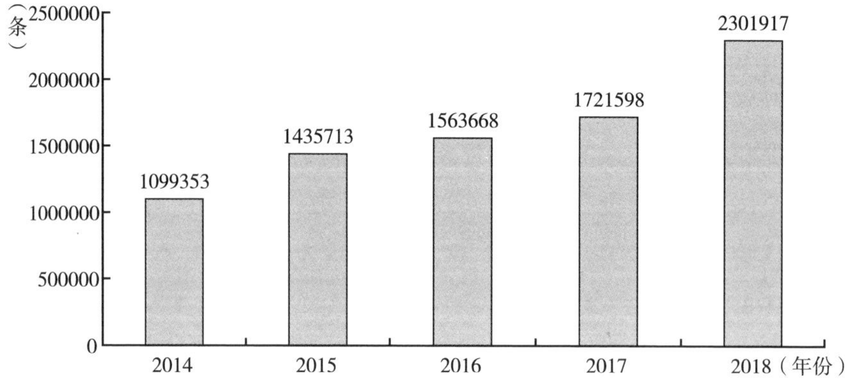

图8　2014～2015年甘肃省各级政府主动公开政府信息情况

制三项工作被评价为“较好”。问卷调查显示，被访者对本地政府信息公开满意度较高，问及“您认为本地政府信息公开程度怎么样”时，18.91%的被访者表示“完全公开”，63.87%的被访者表示“比较公开”，合计占82.78%，但也有近两成被访者认为“一般”、“不公开”和“不清楚”（见图9）。

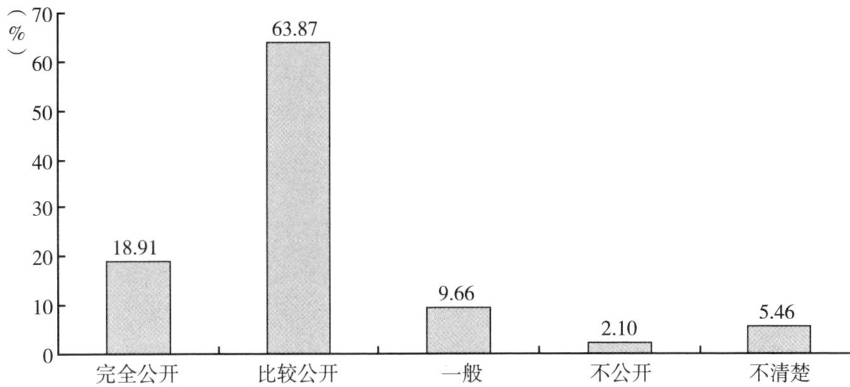

图9　被访者对本地政府信息公开程度的评价

（六）依法有效化解矛盾纠纷，七成以上被访者对人民调解组织和公共法律服务体系作用发挥感受良好

政府化解矛盾纠纷的能力是评价法治政府建设成效的重要标准。实践中，甘肃各级政府积极践行新时代“枫桥经验”，构建以人民调解为基础，人民调解与行政调解、司法调解联动的工作机制，不断健全调解组织网络，乡镇（街道）和村（社区）人民调解委员会实现全覆盖，同时积极推行人民调解协议“四联单”、“口袋调解”、“阳光调解”、网上信访调解制度等，健全多元化化解矛盾纠纷机制，大量矛盾纠纷得到解决。武威市创建的“马有信调解工作室”取得较好的运行效果，平凉市“和事佬”人民调解专业团队受到群众欢迎，陇南市开展的“阳光调解”做法在2017年被中央综治办纳入矛盾纠纷多元化解创新试点项目。问卷调查中，

问及“您认为所在农村、城镇社区人民调解组织作用发挥如何”时，7.56%的被访者认为“好”，70.59%的被访者认为“比较好”，合计占78.15%（见图10）。

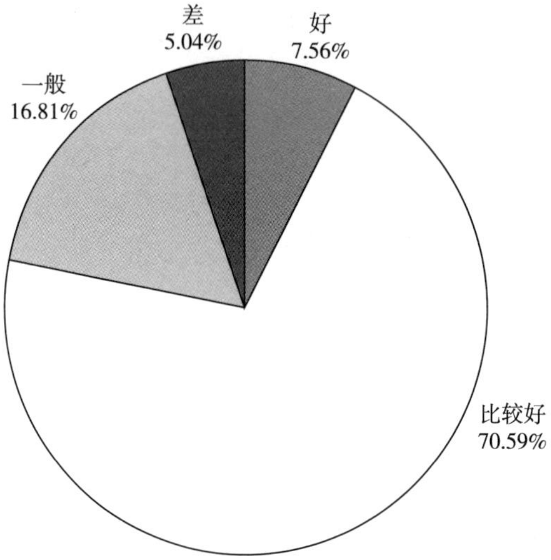

图10 被访者对人民调解组织作用发挥的评价

同时，甘肃省深入推进公共法律服务体系立体化建设，开通运行“12348”法律服务电话热线，86个县市区全部建成公共法律服务中心，建成使用甘肃省法律援助信息管理系统，市、县法律援助机构与基层法律援助网络平台有效对接，政府社会治理和法律服务的品质得到提升。问卷调查中，被访者对公共法律服务体系建设评价度较高，12.61%的被访者认为本地公共法律服务体系“进展快”，65.13%的被访者认为“进展比较快”，合计占77.74%（见图11）；76.47%的被访者表示如果有法律方面的需求，会优先考虑寻求公共法律服务平台帮助。问及“您对公共法律服务平台建设的使用和满意程度如何”时，10.92%的被访者表示“满意”，57.98%的被访者表示“基本满意”，9.66%的被访者表示“不满意”，21.44%的被访者表示“说不清楚”。从公共法律服务的了解渠道来看，238名被访者中，69.92%的被访者是通过“媒体宣传介绍”了解的；45.34%的被访者是通过“司法行政机关宣传”了解的；通过“朋友介绍”和“其他渠道”了解的被访者分别占 38.56% 和 15.68%。

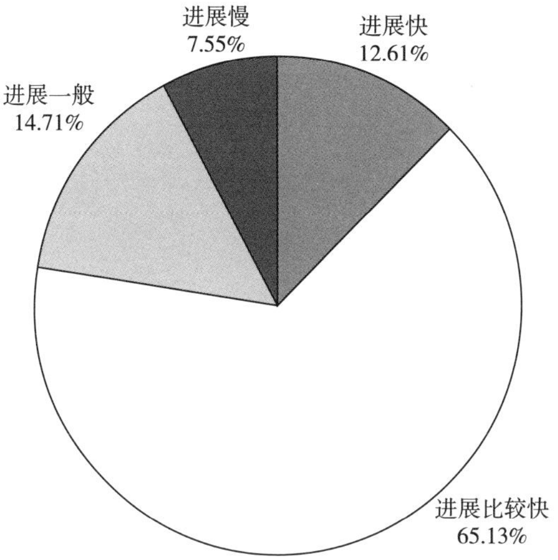

图 11　被访者对甘肃省公共法律服务体系建设的评价

（七）推进作风转变，优化营商环境，七成以上被访者表示满意

法治是最好的营商环境。群众对行政机关办事人员依法行政观念和意识的感受反映出法治政府建设的成效。在法治政府建设实践中，各级政府比较重视政府工作人员法治思维和依法行政能力的提升，通过“一把手讲法”、“会前学法”、公务员法律培训、法治县（区）示范创建、法治政府建设宣传等方式，着力培育公务员特别是领导干部“关键少数”的法治意识，政府工作人员依法行政观念和意识不断增强，得到群众点赞。问卷调查中，对于行政机关办事人员依法行政观念和意识，11.76% 的被访者认为“好”，58.82% 的被访者认为“比较好”，合计占 70.58%，认为“较差”和“差”的仅占 6.73%（见图 12）。

为营造更好的营商环境，甘肃省深入开展“转变作风改善发展环境建设年”活动，集中整治形式主义、官僚主义、推诿扯皮、办事拖沓等影响法治政府建设的作风问题，成效突出。问卷调查中，50.84% 的被访者认为

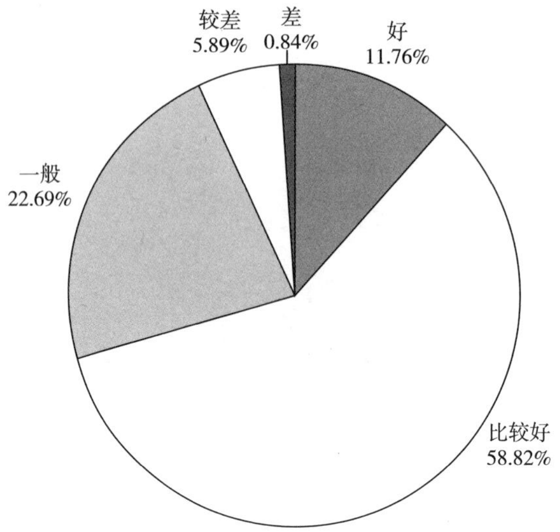

图 12　被访者对行政机关办事人员依法行政观念和意识的评价

行政机关不存在形式主义、走过场、不求实效的问题，46.22%的被访者认为行政机关不存在担当不够、敷衍塞责、推诿扯皮、官僚主义、衙门作风的问题，48.32%的被访者认为行政机关不存在行政效能低下或执法不公的问题（见图 13）。

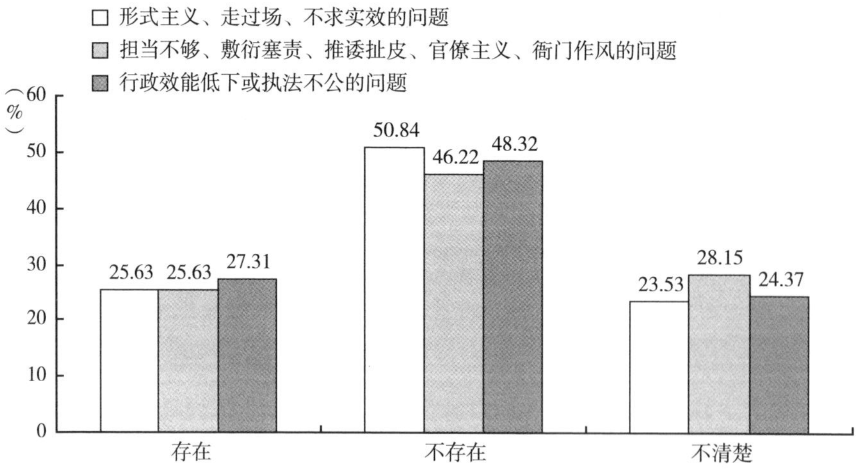

图 13　被访者对行政机关作风问题的评价

三　甘肃法治政府建设存在的突出问题

法治政府建设是一项长期工程、复杂工程，是一项刀刃向内的自我革命，尽管近年来甘肃省法治政府建设取得较快进展和显著成效，民众的评价度较高，但是，甘肃法治政府建设距离甘肃经济社会发展的要求，与广大群众对法治政府建设的期待，还存在差距。问卷调查中，监督机制不健全、政府办事效率不高、缺乏公众参与是被访者反应比较强烈的问题，选择比例分别为57.14%、55.46%、55.04%（见表2）。结合问卷调查和访谈，甘肃法治政府建设存在的主要问题如下。

表2　被访者对当地法治政府建设存在问题的看法（多选题）

单位：人次，%

选项	频次	比例
监督机制不健全	136	57.14
政府办事效率不高	132	55.46
缺乏公众参与	131	55.04
政务信息不够公开	118	49.58
行政决策不科学、不民主	110	46.22
领导干部缺乏法治素养	91	38.24
执法随意、乱执法	84	35.29
政府转变职能不够	73	30.67
其他	5	2.10

（一）市州之间、部门之间法治政府建设存在不平衡

调研发现，甘肃省市州之间、部门之间法治政府建设水平差异较大，发展不平衡。主要表现在：一些地方对建设法治政府的重要性、紧迫性认识还不到位，依法行政进展不明显；一些地方或部门运用法治思维和法治方式开展工作的意识不强、能力不足，如有的部门行政应诉案件较多，但其负责人从不出庭应诉；个别区县和部门行政决策的程序意识、履约意识有待增强；

部分地方法治政府建设中还存在形式主义、官僚主义的问题，表面上抓得紧、实际上不落实。

（二）“放管服”改革还没有完全到位

近年来，甘肃省“放管服”改革正在稳步推进，但还存在一些难点、痛点和堵点问题，主要表现如下。一是行政效能还不高。有些地方存在审批难、审批繁、审批慢、不作为、慢作为甚至假作为等问题，行政效能还不高。问卷调查中，27.31%的被访者认为行政机关存在行政效能低下或执法不公等影响营商环境的问题；30.67%的被访者认为“政府职能转变不够”。二是制度创新水平需要提升。“放管服”改革中的一些问题缺乏法律法规支持，如公共资源改革中有的政策概念模糊，有的指向不明确，有的相互冲突；有些地方缺人员、缺技术、缺设备，个别审批事项下放后，承接有困难，给深化改革带来羁绊和困难。三是部门数据壁垒尚未真正打通，政务环境和营商环境还需进一步优化。问卷调查中，29.84%的被访者认为本地行政机关一类事项由一个部门统筹，一件事情由一个部门负责“没有做到”或“不清楚”。

（三）执法不规范问题突出

甘肃法治政府建设实践中，执法不规范的问题还在各地不同程度存在，主要表现如下。一是一些基层执法人员程序意识不强，重实体、轻程序，如执法中存在多头执法、重复执法、扰企扰民问题；有的询问、勘察等执法活动流于形式，个别案件证据收集不全面，主要证据缺少相互印证。问卷调查中，35.29%的被访者认为当地法治政府建设中存在的突出问题是“执法随意、乱执法”。二是执法信息化建设滞后。一些地方执法信息平台建设滞后，执法中对现代技术设备的应用不够。三是执法监督薄弱。一些地方对行政执法的监督比较薄弱，执法过错责任追究不到位，制约执法质量。

（四）行政监督乏力，事中事后监管有待完善

问卷调查中，57.14%的被访者表示“监督机制不健全”是法治政府建设存在的突出问题。行政监督乏力主要表现在监督机构不能有效监督，监督存在失守和层层减压问题，事中事后监督机制有待进一步完善。一是一些地方重大行政决策听取各方面意见不够充分，有的决策过程不公开、不规范；有的公众参与不够，参与实效不强，问卷调查中有55.04%的被访者认为“缺乏公众参与”是当地法治政府建设存在的主要问题。二是监管力量薄弱，如公共资源交易中事前事中事后的监管缺失或不到位等问题依然存在，平台交易面临较大的廉政风险，特种设备“人机矛盾”突出；农村文化市场的监管比较薄弱，监督系统建设和使用相对滞后。三是未形成监管合力。部门之间缺乏统一有效协调，沟通不够，跨部门协同监管还不够充分。

（五）政府法制机构和队伍建设仍需不断加强

政府法制机构承担着法制宣传、政府立法、法制咨询、行政复议、行政应诉、规范性文件审查等工作，是政府推进依法行政的参谋助手，但新形势下，政府法制机构力量配备仍然薄弱，行政立法、行政复议与应诉、规范性文件备案审查、重大执法决定法制审核等专业人才十分缺乏，不少市、县（区）行政执法部门未设置法规科（股）室，合法性审查机构不完整，专业人员缺乏，难以适应新形势新任务新要求。市州政府由于立法人才缺乏、立法经验不足，使重点领域、重大项目、急需规范的领域立法相对滞后，立法保障经济社会发展的作用未能充分发挥。

（六）法治教育与法治实践存在脱节

“徒法不足以自行”，要使法治真正成为治国理政的基本方式，必须将法治内化为法治思维，外化为法治方式。调研中发现，甘肃法治政府建设存在法治教育与法治实践脱节的问题，普法宣传形式单一、针对性不强、效果不明显等问题仍在不同层面存在；一些法治培训流于形式，培训内容与实际

工作脱钩，对工作的指导作用不强；一些基层法制工作人员凭经验摸索，工作的科学性不够。

四　推进甘肃法治政府建设的对策建议

新时代，甘肃法治政府建设要从全面依法治国的新方位新高度出发，坚持问题导向，精准施策、多措并举，推动法治政府建设各项任务落地落实，取得新成效。被访者对甘肃法治政府建设推进重点的看法见表3。

表3　被访者对甘肃法治政府建设推进重点的看法（多选题）

单位：人次，%

选项	频次	比例
全面清理废除地方各种妨碍统一市场公平竞争的规定	157	66.24
清理有违公平的地方政府规章或行政规范性文件	139	58.65
认真履行在招商引资、政府与社会资本合作等活动中与投资主体签订的各种合同	138	58.23
加强事中事后监管	138	58.23
完善依法行政制度	137	57.81
全面清理涉企收费、摊派事项和各类评比达标活动	126	53.16
健全行政复议体制机制	107	45.15
全面清理行政审批中介服务	94	39.66
推进涉企信息归集共享	69	29.11
进一步压缩企业开办时间	52	21.94
其他	18	7.59

（一）坚持党对法治政府建设的绝对领导

坚持党的领导是法治政府建设的核心和根本。甘肃法治政府建设要坚持政治引领、党建先行，把党的领导贯穿到法治政府建设的全过程。各级政府要进一步增强建设法治政府的紧迫感和责任感，在党委统一领导下，围绕《法治政府建设实施纲要（2015—2020年）》，谋划和落实好法治政府建设的各项任务，主动向党委报告法治政府建设中的重大问题，切实把法治政府建设向前推进。

（二）深入推进“放管服”改革

要将深化“放管服”改革作为甘肃法治政府建设的首要重点，切实简政放权，提升服务效能，优化营商环境。一要进一步简政放权。持续推进“最多跑一次”改革，聚焦重点领域，建立一体化办事规范和办理流程，实现“一窗受理”，探索取消审批、审批改备案、简化优化审批流程、实行告知承诺制等多种改革方式在不见面审批中的应用，统一不见面审批的标准，进一步实现政府权力“瘦身”、职能“健身”。二要深化“互联网+政务服务”。打通公安、建设、工商、税务等条线自建系统，推动数据共享，特别是推进涉企信息归集共享，“让数据多跑腿”，提高群众办事便利度。三要做好商事、司法、职业资格、证明清理等配套改革，重点做好全面清理废除地方各种妨碍、统一市场、公平竞争的规定和做法，认真履行在招商引资、政府与社会资本合作等活动中与投资主体签订的各种合同，全面清理涉企收费、摊派事项和各类评比达标活动，全面清理行政审批中介服务等，以改革促进形成最能聚人聚财、最有利于甘肃发展的法治营商环境。

（三）转变作风改善营商环境

当前，履职担当不够，敷衍塞责、推诿扯皮、官僚主义、衙门作风、搞形式主义、走过场、不求实效以及欺上瞒下、庸懒散漫等问题，既影响行政效能，又损害改革成效。对此，第一，要以人民为中心，把关注民生、切实保障公民的合法权益作为法治政府建设的根本任务，在提升服务质量、打造服务政府上出真招、见实效，提高群众获得感。第二，突出基层依法行政着力点，重点加强基层行政执法窗口单位建设，切实解决基层电子政务水平不高、可在线办理事项极为有限的问题，以及办事人员的能力水平和素质不能适应形势的问题。第三，整治干部作风，提高行政效能。要直面问题，整风肃纪，向企业和群众频频吐槽的痼疾开刀，清理有违公平的地方政府规章或行政规范性文件，切实整治形式主义、官僚主义、担当不够、敷衍塞责等作风问题，努力营造更好的政务营商环境。

（四）严格执行依法决策程序

提升行政决策的科学化民主化法治化水平，要严格执行依法决策程序，规范决策流程。一要健全完善依法决策机制，将科学民主依法决策的要求贯穿于形成决策草案、审查决定、决策执行与调整等决策全过程。二要严格执行规范性文件合法性审查、集体讨论决定和公开发布制度，全面落实规范性文件“三统一”制度。三要建立决策问责和纠错制度，形成以决策后果倒逼决策行为的约束机制，有效减少决策失误。

（五）推进严格规范文明执法

行政执法成效是衡量法治政府建设成效最直观、最普遍、最可信的标尺。[①] 深化甘肃行政执法实践，一要积极推进行政执法“三项制度”改革，健全相关制度，规范行政许可、行政处罚、行政征收、行政强制、行政检查等行政执法行为，进一步优化营商环境，为全省高质量发展提供保障。二要落实行政执法责任制。建立起较为完整、科学合理的执法监督机制和责任追究机制，进行执法主体、执法职权、执法事项的清理，加强对日常执法活动的监管，用制度约束执法活动。三要加强考核评价，严格行政问责。明确依法行政在目标责任制量化考核中的权重，加大对执法机关和执法人员行使职权和履行法定义务情况的评议考核和结果运用力度，对不合格的执法人员及时清理，以考核倒逼执法的规范化。

（六）加强对行政权力的制约监督

加强对行政权力的制约监督，一要完善问责清单体系。政府权力行使不

---

① 袁曙宏：《建设法治政府》，《人民日报》2017 年 12 月 27 日。

仅需要权力清单，还要配套责任清单和负面清单，要结合正在推行的“三张清单一张网”，完善问责清单体系，为规范程序、适用范围等列出清单，将其作为追责的依据，并对责任进行量化，建立容错免责机制。权力清单、责任清单和负面清单在形成之后均要向社会公开，防止暗箱操作。二要建立监督实效的评估制度。[①] 建立具体可行的监督标准，科学设定评估指标，制定具体实施细则，对监督的效益、效度、效率、效果进行评估，促进依法行政和高效监督。三要发挥现代技术监督的作用。通过电子监督平台、政务公开栏目、与公众利益相关的重大决策视频公开等方式，对政府权力行使进行监督。

（七）提升领导干部法治素养和依法行政能力

各级领导干部在推进依法治国方面肩负着重要责任，全面依法治国必须抓住领导干部这个“关键少数”。提升领导干部法治素养和依法行政能力，一要创新学法方式，积极推广“一把手”讲法释法活动，加强领导干部法治实践，对深化改革、推动发展、化解矛盾、维护稳定的问题首选法治方式，让领导干部养成依法办事习惯，在实践中提升依法行政能力。二要完善法治建设考核制度，将法治建设纳入绩效考核指标，进一步细化指标，如可将指标划分为“共性指标、专业化指标、社会评价指标”，要通过民主评议、第三方评价等，增加群众评价的应用。要将法治思维和依法行政能力作为选拔任用干部的考核指标，推动营造信法奉法的社会氛围。

（八）加强政府法制机构和队伍建设

加强政府法制机构和队伍建设，一要推进机构职能优化，科学设置内设科室，强化人员配备和经费保障，充分发挥政府法制机构统筹规划、督促协

① 文丰安：《新时代基层领导干部权力监督体系的构建与实现》，《探索》2018 年第 4 期。

调和考核评价的功能。二要加强对法制干部的培养。探索建立政府法制机构与公安、检察院、法院工作人员的交流机制，加强业务培训，提高法制干部理论和业务能力。三要健全正向激励机制。注重对政治素质高、业务素质强并且具有法律工作经验干部的提拔使用，充分调动法制干部的工作积极性，激发他们担当作为的动力。

皮 书

智库报告的主要形式
同一主题智库报告的聚合

皮书定义

皮书是对中国与世界发展状况和热点问题进行年度监测，以专业的角度、专家的视野和实证研究方法，针对某一领域或区域现状与发展态势展开分析和预测，具备前沿性、原创性、实证性、连续性、时效性等特点的公开出版物，由一系列权威研究报告组成。

皮书作者

皮书系列报告作者以国内外一流研究机构、知名高校等重点智库的研究人员为主，多为相关领域一流专家学者，他们的观点代表了当下学界对中国与世界的现实和未来最高水平的解读与分析。截至 2020 年，皮书研创机构有近千家，报告作者累计超过 7 万人。

皮书荣誉

皮书系列已成为社会科学文献出版社的著名图书品牌和中国社会科学院的知名学术品牌。2016 年皮书系列正式列入“十三五”国家重点出版规划项目；2013~2020 年，重点皮书列入中国社会科学院承担的国家哲学社会科学创新工程项目。

中国皮书网

（网址：www.pishu.cn）

发布皮书研创资讯，传播皮书精彩内容

引领皮书出版潮流，打造皮书服务平台

栏目设置

◆ **关于皮书**

何谓皮书、皮书分类、皮书大事记、

皮书荣誉、皮书出版第一人、皮书编辑部

◆ **最新资讯**

通知公告、新闻动态、媒体聚焦、

网站专题、视频直播、下载专区

◆ **皮书研创**

皮书规范、皮书选题、皮书出版、

皮书研究、研创团队

◆ **皮书评奖评价**

指标体系、皮书评价、皮书评奖

◆ **互动专区**

皮书说、社科数托邦、皮书微博、留言板

所获荣誉

◆ 2008 年、2011 年、2014 年，中国皮书网均在全国新闻出版业网站荣誉评选中获得“最具商业价值网站”称号；

◆ 2012 年，获得“出版业网站百强”称号。

网库合一

2014年，中国皮书网与皮书数据库端口合一，实现资源共享。

S 基本子库
SUB DATABASE

中国社会发展数据库（下设 12 个子库）

整合国内外中国社会发展研究成果，汇聚独家统计数据、深度分析报告，涉及社会、人口、政治、教育、法律等 12 个领域，为了解中国社会发展动态、跟踪社会核心热点、分析社会发展趋势提供一站式资源搜索和数据服务。

中国经济发展数据库（下设 12 个子库）

围绕国内外中国经济发展主题研究报告、学术资讯、基础数据等资料构建，内容涵盖宏观经济、农业经济、工业经济、产业经济等 12 个重点经济领域，为实时掌控经济运行态势、把握经济发展规律、洞察经济形势、进行经济决策提供参考和依据。

中国行业发展数据库（下设 17 个子库）

以中国国民经济行业分类为依据，覆盖金融业、旅游、医疗卫生、交通运输、能源矿产等 100 多个行业，跟踪分析国民经济相关行业市场运行状况和政策导向，汇集行业发展前沿资讯，为投资、从业及各种经济决策提供理论基础和实践指导。

中国区域发展数据库（下设 6 个子库）

对中国特定区域内的经济、社会、文化等领域现状与发展情况进行深度分析和预测，研究层级至县及县以下行政区，涉及地区、区域经济体、城市、农村等不同维度，为地方经济社会宏观态势研究、发展经验研究、案例分析提供数据服务。

中国文化传媒数据库（下设 18 个子库）

汇聚文化传媒领域专家观点、热点资讯，梳理国内外中国文化发展相关学术研究成果、一手统计数据，涵盖文化产业、新闻传播、电影娱乐、文学艺术、群众文化等 18 个重点研究领域。为文化传媒研究提供相关数据、研究报告和综合分析服务。

世界经济与国际关系数据库（下设 6 个子库）

立足“皮书系列”世界经济、国际关系相关学术资源，整合世界经济、国际政治、世界文化与科技、全球性问题、国际组织与国际法、区域研究 6 大领域研究成果，为世界经济与国际关系研究提供全方位数据分析，为决策和形势研判提供参考。

法律声明